사랑의교회갱신공동체 10년사
왜 대형 교회는 추락하는가?

사랑의교회갱신공동체 10년사
왜 대형 교회는 추락하는가?

초판 1쇄 발행 2025년 4월 30일

지은이 | 구권효
펴낸이 | 이용필

펴낸곳 | 뉴스앤조이
등 록 | 제2016-000072호
주 소 | 서울시 중구 퇴계로 36가길 97
전 화 | 02-744-4116
이메일 | task@newsnjoy.or.kr

디자인 | 디자인 봄봄

ISBN 978-89-90928-60-3 (03230)

* 이 책은 신저작권법에 의하여 국내에서 보호를 받는 저작물입니다.
  출판사와 협의 없는 무단 전재와 무단 복제를 엄격히 금합니다.
* 잘못된 책은 서점에서 교환하여 드립니다.
* 책값은 뒤표지에 있습니다.

왜 대형 교회는 추락하는가?

사랑의교회갱신공동체 10년사

구권효 지음

NEWS&JOY

뉴스앤조이는 교회 권력을 감시하고 소외된 목소리에 귀 기울이며
건강한 신앙을 돕는 개신교 독립 언론입니다.
그리스도인들의 신앙 성숙을 돕는 출판 콘텐츠를 제작하기도 합니다.
www.newsnjoy.or.kr

| 목차 |

1부 태동

- **1장** '아름다운 세대교체'에서 '너의 정체는 무엇인가'로 • 11
- **2장** 시한폭탄 '서초 센터'의 탄생 • 21
- **3장** 표절과 거짓말 • 33
- **4장** 마당 기도회의 시작 • 49

2부 투쟁

- **5장** 터져 나오는 의혹들 • 65
- **6장** 참제자의 길, 사랑의교회갱신위원회 • 77
- **7장** 사랑의교회 회계장부를 보기까지 • 89
- **8장** 너의 정체는 무엇인가 • 105
- **9장** '영적 공공재'는 없다 • 127

3부 과제

- **10장** 옥한흠과 오정현을 넘어 • 145
- **11장** 사과하지 않는 목사 • 159
- **12장** 내부의 과제, 외부의 과제 • 173

4부 사진으로 보는 사랑의교회갱신공동체 10년사

부록

부록1 2008년 6월 1일 옥한흠 목사가 오정현 목사에게 보낸 편지 • 213
부록2 2012년 9월 2일 김진규 교수가 오정현 목사에게 보낸 편지 • 220
부록3 2013년 3월 13일 사랑의교회 당회 대책위원회 보고서 • 225
부록4 옥한흠 목사 노트북 반환 소송 판결문 • 262
부록5 옥한흠 목사 노트북 포렌식 조사 결과 • 269
부록6 오정현 목사 위임 결의 무효 확인소송 판결문 • 278
부록7 공공 도로 점용 허가 무효 확인소송 판결문 • 334

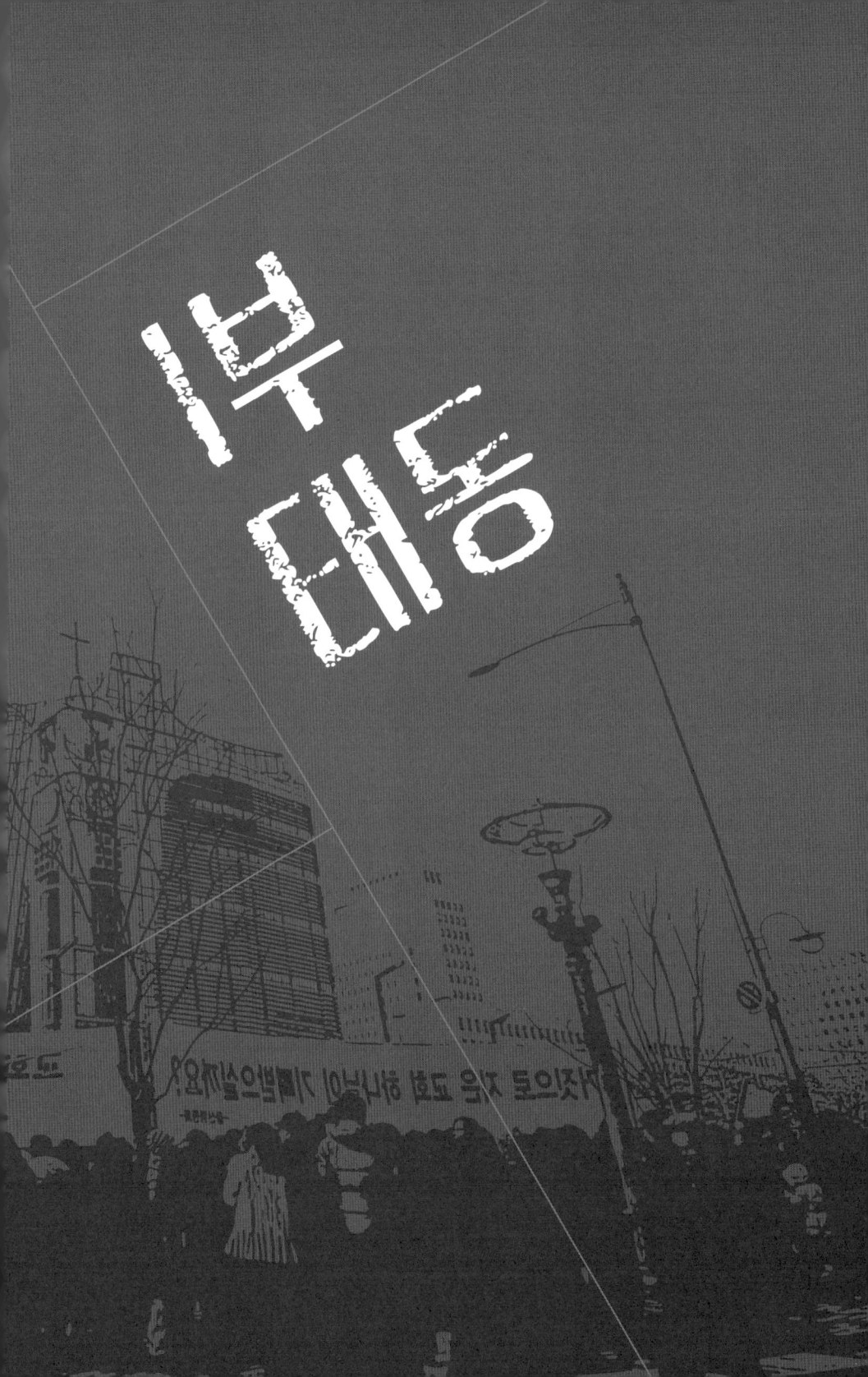

1장 '아름다운 세대교체'에서 '너의 정체는 무엇인가'로

사랑의교회는 1978년 고 옥한흠 목사가 강남은평교회를 설립하며 시작됐다. 상가 건물에서 시작한 교회는 금세 성장했다. 1981년 이름을 사랑의교회로 바꾸고, 1985년 강남역 인근에 예배당을 신축했다. 출석 교인이 1000명이 되지 않을 당시 2300석 규모의 본당으로 건물을 지었는데, 1980~1990년대 한국교회 폭발적인 성장과 함께 교인 수가 급증했다. 2000년대 들어서 사랑의교회는 출석 교인이 2만 명이 넘는 초대형 교회가 됐다.

'강남'이 한국에서 자본주의의 메카로 부상하며 세속화의 상징으로 여겨졌지만, 그 한복판에 있는 사랑의교회 이미지는 달랐다. 기복주의에 경도돼 풍선처럼 규모만 커진 여느 대형 교회와는 다른 인상을 풍겼다. 여기에는 옥한흠 목사가 정립한 '제자 훈련'이 큰 역할을 했다. 옥 목사는 평신도를 깨워 예수의 제자로 만든다는 제자 훈련에 평생을 바쳤다. 이에 사랑의교회는 강남에 있는 메가처치였는데도 '제자 훈련 하는 교회'라는 고상한 이미지를 입을 수 있었다.

세기 말부터 한국교회 성장과 함께한 1세대 목사들이 아들·사위에게 교회를 물려주는 '세습'이 본격적으로 시작됐다. 특히나 대형 교회 세습은 부와 권력을 대물림한다는 데에서 교계와 사회의 비판을 피할 수 없었다. 사랑의교회는 여기서도 다른 모습을 보여 줬다. 옥한흠 목사는 정년보다 5년 빠른 만 65세에 은퇴를 결정했고, 후임으로 당시 미국 남가주사랑의교회 담임이었던 오정현 목사를 데려왔다. 옥 목사는 2003년 9월부터 12월까지 4개월간 오 목사와 공동 목회 후 2004년 1월 공식 은퇴했다.

'아름다운 세대교체.' 교계와 사회에서 극찬이 쏟아졌다. 대형 교회와 선교 단체의 연이은 세습으로 오명을 뒤집어썼던 개신교가 오랜만에 어깨를 펴는 일이었다. 물론 교회라면 응당 그래야 하기에 칭찬할 일이 아니라는 의견도 타당했지만, 그때는 초대형 교회 목사가 조기 은퇴하고 친족이 아닌 사람을 후임자로 청빙했다는 사실이 파격적으로 느껴졌다. '역시 사랑의교회'라는 이미지는 더욱 굳어졌다.

오정현 목사는 옥한흠 목사가 주도해서 데려온 인물이었다. 오정현 목사가 사랑의교회에 부임한 2003년만 해도, 그는 옥한흠 목사를 따라 제자 훈련으로 남가주사랑의교회를 부흥시켰다는 평가를 받았다. 젊고 힘 있는 이미지였다. 옥한흠 목사는 그런 목사가 사랑의교회에 새 힘을 불어 넣어야 할 때라고 생각했다. 무엇보다 옥한흠 목사는 오정현 목사가 자신과 스타일은 달라도 '본질적으로는' 같다고 믿었다. 제자 훈련 목회 철학으로 무장한, 한 영혼의 귀중함을 아는 목회자라고 믿었다.

주변에서 오정현 목사 청빙을 반대하는 사람들도 있었지만 옥한흠 목사는 개의치 않았다. 옥한흠 목사는 오정현 목사를 후임으로 내정하고 있었고, 자신의 은퇴 계획을 내비칠 때부터 교인들에게 오 목사를 소개했다. 평소 교인들에게 큰 존경을 받았던 옥한흠 목사의 뜻을 거스르는 사람은 거의 없었다. 사랑의교회는 청빙위원회를 구성하거나 후임 담임목사 공고를 내지 않았다. 오정현 목사는 '자연스럽게' 공동의회 96%의 지지를 받아 후임자로 청빙됐다. 오정현 목사를 향한 신뢰라기보다 그를 후임으로 밀어붙이는 옥한흠 목사에 대한 신뢰 때문이었다.

~~~~~~~~

오정현 목사는 2003년 9월 사랑의교회에 부임하자마자 40일 특별새벽 기도회를 열었다. 새벽 기도회는 성공적이었다. 매일 4000명 이상이 모였다. 언론에서는 연일 사랑의교회 새벽 기도회를 조명했다. '특새'라는 말이 새로 생겨날 정도였다. 특새는 사랑의교회 교인들에게 새로운 경험이었다. 수천 명이 함께 큰 소리로 끊임없이 찬양과 기도를 하며 감정을 고양하는 예배 방식은 옥한흠 목사 시대의 사랑의교회에서는 흔치 않은 일이었다.

10여 년이 지난 2014년 1월, 옥한흠 목사의 장남 옥성호 씨는 〈왜 WHY?〉(도서출판 은보)라는 책을 펴내며, 이 특새가 사랑의교회의 본질을 바꿔 버렸다고 평가했다. 특새를 '오정현 목사의 사랑의교회'를 만든 결정적인 사건으로 봤다.

"사랑의교회에서 있었던 2003년 가을 특새는 제자 훈련을 보강하기보다 제자 훈련의 본질 자체를 바꾸었다고 생각한다. 왜냐하면 오정현 목사라는 개인의 스타일을 백분 드러낸 이벤트가 되었기 때문이다.

(중략) 매일 새벽 본당에 들어가기 위해 집회 시작 몇 시간 전부터 줄을 서고 이렇게 40일을 보낸다면, 그것은 '일상생활'의 포기를 의미한다. 일상을 포기한 새벽 기도와 찬양, 이것이 어떻게 세상으로 나아가는 제자와 양립할 수 있을까?"[1]

"나는 단언한다. 그 특새 이후 사랑의교회는 더 이상 말씀이 필요한 교회가 아니라고 말이다. 겉으로는 '제자 훈련'을 떠들어도 실상은 '더 큰 자극'만을 추구하는 군중들의 집단으로 점점 더 변해 갔다."[2]

옥한흠 목사도 이를 모르지 않았다. 옥성호 씨가 〈왜 WHY?〉에서 공개한 옥한흠 목사의 이메일에서 이런 부분이 잘 드러난다. 특새가 진행 중이던 2003년 10월 초, 사역 차 미국에 있던 옥한흠 목사는 오정현 목사에게 이메일을 보냈다. 물론 옥한흠 목사는 새벽 기도회가 성공적으로 이어지고 있고 자신의 아내 또한 특새를 통해 은혜를 받았다는 소식을 전해 들었다며 기쁜 마음을 감추지 않았다. 그러나 오정현 목사의 건강과 특새와 같은 방식의 사역을 우려하는 마음도 담겨 있었다.

"어떤 자극이든지 그 자극은 점점 더 크고 강한 자극을 요구한다. 만일 이전보다 자극이 약하면 반응 지수는 자연적으로 떨어진다. 이것은 영적인 세계

---

[1] 옥성호, 〈왜 WHY?〉(도서출판 은보), 88쪽
[2] 위의 책, 102쪽

에서도 통하는 법칙임을 나는 여러 번 체험했다. 우리가 자주 말하는 사역의 균형을 심각하게 고려해야 할 때가 되었다고 생각한다. 우리는 은혜의 맛을 본 성도들의 어린애 같은 요구를 일 년 내내 들어 줄 수 없다는 사실을 잊어서는 안 된다. 뜨거울 때도 있고, 차가울 때도 있고, 기쁠 때도 있고, 슬플 때도 있는 것이 은혜의 세계라는 것을 점잖게 가르쳐 주어야 한다. 아직은 이르다. 특새가 끝나면 그 점을 고려해 보라는 말이다. 특새 후에도 무엇인가 비슷한 분위기를 유지하기 위해 고민할 필요는 없다고 본다. 주먹을 꽉 쥐고 있었다면 잠깐 풀어 주는 시간도 있어야 한다. 특히 너에게 필요하다."[3]

오정현 목사가 부임한 이후 사랑의교회가 무언가 이상해지고 있다고 느끼는 교인이 하나둘 생겨나기 시작했다. 그러나 대다수 교인은 옥한흠 목사가 생각했던 것처럼, 그것은 원로목사와의 스타일 차이지 '본질'의 문제는 아니라고 믿으며 애써 좋게 생각하려 했다. 실제로 당시 오정현 목사가 큰 문제를 일으키지는 않았다. 오히려 사랑의교회 교인은 점점 늘었고 오정현 목사의 대외 사역도 활발했다. 그는 남북통일 비전을 이야기하며, 복음주의 사회 선교 진영에서도 일정 역할을 감당했다.

하지만 시간이 갈수록 오정현 목사의 실체를 드러내는 일들이 일어나기 시작했다. 오정현 목사는 2008년 1월, 당시에도 논란이 컸던 이명박 전 대통령의 대운하 공약을 지지하는 칼럼을 〈국민일보〉에 써서 빈축을 샀다. 논리도 억지스러울 뿐더러, 이명박 씨가 대통령 당선인

---

[3] 위의 책, 100쪽

시절이었을 때라 대통령의 눈에 들려는 것 아니냐는 의심을 사기도 했다.

"최근 대운하로 국론이 분분하다. 경제 혹은 환경적인 담론은 전문가의 식견에 맡기기로 하고, 대운하를 소통의 측면에서 생각해 보고 싶다. 대운하의 본질을 제대로 보려면 문명사적 접근이 필요하다. 물길이 통하면 정신이 통하게 마련이다. 대운하가 한국 전체를 관통하면 산간벽지에까지 이어지는 물길의 소통으로 우리 민족의 암적 존재인 지역 분열의 종식과 통합을 이루는 역사적인 전환점이 될 수 있지 않을까."[4]

2008년 5월에는 당시 정부의 미국산 소고기 수입 정책에 따른 광우병 우려가 전 국민적으로 이슈가 됐다. 서울 광화문에서는 연일 대규모 촛불 시위가 열렸다. 오정현 목사는 11일 주일예배 설교 시간, 광우병 때문에 사람 한 명 죽지 않았는데 온 나라가 난리가 났다며 시민들의 시위를 폄하했다. 12일에는 〈국민일보〉에 비슷한 내용의 칼럼을 실었다. 목사가 민의를 읽지 못하고, 특히나 "사람 한 명 죽지 않았는데"라고 말하는 것에 대중은 분노했다. 옥한흠 목사의 생각대로 그가 "한 사람을 천하보다 귀하게 여기는 주님의 심정을 가지고 있"다면 절대 할 수 없는 말이었다.

"우리는 지난 2주간 참 희한한 사건을 겪었다. 광우병의 바이러스가 온 한국

---

4 오정현, '대운하와 문명사적 소통', 2008년 1월 13일 〈국민일보〉

을 강타해 가지고 애들부터 촛불 들고 와 가지고 난리가 났다. 나는 거기에 대해서 호불호를 말하고 싶지 않다. 내가 또 무슨 얘기를 하면 뭐라고 할 테니까. 근데 참 희한한 사실은 사람 한 명 죽지 않았는데, 누가 뭐 광우병 때문에 죽은 사람 있나? 사람 한 사람 죽은 사람 없는데도 불구하고 온 나라가 시끄럽다."[5]

오정현 목사가 교계와 사회의 지탄을 받는 일이 연달아 터지고, 무엇보다 오정현 목사의 사랑의교회는 옥한흠 목사의 사랑의교회와는 본질적으로 달라지고 있다는 인식이 퍼지기 시작했다. 그러나 옥한흠 목사는 여기에 아무런 반응을 보이지 않았다. 2006년 폐암이 발견돼 수술과 항암 치료를 받는 등 육신이 약해지기도 했다. 평소 한국교회의 타락을 걱정하며 타락의 1차 원인은 목회자들에게 있다고 매섭게 질책하던 그였지만, 오정현 목사에게만은 말을 아꼈다. 그렇게 2010년 9월 옥한흠 목사가 별세할 때까지 사랑의교회 원로와 후임 사이는 견고해 보였다.

사후에 밝혀진 내용이지만, 옥한흠 목사도 오정현 목사를 우려하고 있었다. 그가 오정현 목사를 질책하지 않았던 이유는 사랑의교회, 나아가 한국교회 때문이었다. 지금도 그렇지만 당시에도 한국교회에는 원로와 후임 간 갈등이 교회 분쟁으로 번지는 경우가 많았다. 이는 한

---

[5] 정효임, '오정현 목사, "광우병 때문에 죽은 사람 있나?"', 2008년 5월 13일 〈뉴스앤조이〉.

국교회를 병들게 한 '세습'의 주요 근거이기도 했다. '교회 분쟁을 피하기 위해서라도 자식을 후임으로 세워야 한다'는 논리다. '아름다운 세대교체'라고 칭송받던 사랑의교회마저 원로와 후임의 갈등이라는 프레임에 말려 든다면, 그것은 사랑의교회를 넘어 한국교회 전체에 큰 악영향을 미칠 것이었다.

오히려 옥한흠 목사는 오정현 목사의 문제를 누구보다 잘 알고 있었다. 오정현 목사가 대운하와 광우병을 소재로 글을 쓰고 설교를 해, 오 목사는 물론 사랑의교회까지 여론의 뭇매를 맞고 있다는 사실도 알고 있었다. 오정현 목사의 박사 학위논문 표절 사건이 불거진 2013년 2월, 옥성호 씨는 아버지의 노트북에서 발견한 편지 하나를 공개한다. 옥한흠 목사가 2008년 6월 1일, 오정현 목사와의 만남을 앞두고 이야기할 주제들을 정리한 편지다. 이 편지에서 옥한흠 목사는 오정현 목사에게 "너의 정체가 정말 무엇인지 다시 한번 확인해야겠다"고 강하게 표현했다.

"그래서 나는 오 목사와 만나 다음 몇 가지 질문을 통해 너의 진심이 어디에 있는지, 너의 정체가 정말 무엇인지 다시 한번 확인해야겠다는 생각을 하게 되었다. 그렇지 않고는 내 속에 소리 없이 쌓이는 불신의 먼지를 털어 낼 수 없을 것 같다. 원로는 되도록이면 빨리 죽는 것이 좋다는 말이 있다. 그러나 죽지 않고 살아 있는 이상 후임자와 한 배를 타야 한다고 생각한다. 나 자신을 위해서가 아니라 교회를 위해서다. 내가 평생 생명처럼 사랑한 양 떼들을 위해서다. 그들을 위해 지도자 된 우리는 좋지 못한 일로 욕을 먹어서는 안 된다. 교회가 돌을 맞아서도 안 된다. 무엇보다 중요한 것은 목회가 본질을

벗어나면 절대로 안 된다는 것이다."⁶

옥성호 씨의 증언에 따르면, 이 편지는 당시 옥한흠 목사의 비서를 통해 오정현 목사에게 전달됐다. 그러나 오정현 목사는 이 편지를 받은 적이 없다고 부인했다. 이 편지가 오정현 목사에게 전달됐는지, 그래서 편지 내용대로 둘의 대화가 있었는지, 이제 그 진실을 아는 사람은 오정현 목사밖에 없다. 확실한 건, 옥한흠 목사가 우려했던 그대로 오정현 목사는 점점 더 자신의 욕망을 드러냈고 이는 오정현 목사는 물론 사랑의교회 본질을 완전히 뒤바꿔 버렸다는 것이다.

옥한흠 목사의 진의眞意가 담긴 편지는 그의 사후 몇 년이나 지난 시점에 공개된 것이다. 당시 사랑의교회 교인들은 옥한흠 목사가 이런 생각을 하고 있는지 알 수 없었다. 오정현 목사는 옥한흠 목사의 영적 아들을 자처했고, 옥한흠 목사 또한 표면적으로는 오정현 목사를 지지했다. 사랑의교회의 본질이 변질됐다는 사실을 만천하에 알리게 된 '서초 예배당 신축'에 대해서도 그랬다.

---

6   옥한흠 목사의 편지 전문은 이 책 '부록1'에 실어 놓았다.

2장 시한폭탄 '서초 센터'의 탄생

사랑의교회는 2009년 서울 서초역 앞에 초대형 예배당을 신축하겠다고 발표하면서 다시 한번 구설에 올랐다. 당시 부지 매입 비용과 공사비를 합쳐 총 2100억 원이라는 전무후무한 비용이 드는 예배당 신축이라는 점이 알려지면서, 교계는 물론 사회에서도 비판이 쏟아졌다.

사랑의교회 건축은 교인들에게 구체적인 내용을 알리지 않은 채 시작됐다. 2009년 5월 23일 당회가 부지 매입을 결정하고, 나흘 뒤인 27일 제직회에서 이를 승인했다. 닷새 뒤 6월 1일, 땅 소유자였던 대림산업과 토지 매매 계약을 체결했다. 당시 교회는 교인들에게 이러한 사실을 알리지 않았다. 이미 매매 계약까지 체결한 후인 6월 7일 자 주보에 작은 글자로 다음과 같이 알린 것이 처음이었다.

"사랑의교회의 새로운 예배, 교육, 선교 공간을 위한 부지 매입을 당회 및 제직회에서 의결하여 계약을 체결하고, 은행으로부터 자금 차입 등 필요한 절차를 진행하고 있습니다. 성도 여러분의 많은 기도를 부탁드립니다."

이때까지는 건축 규모나 비용 등이 대중에게까지 알려지지 않았다.

사랑의교회가 그해 11월 대대적으로 '건축 헌금 작정'을 교인들에게 권하면서 건축 규모가 알려지기 시작했다. 사랑의교회는 11월 15일과 22일 주일예배에서 건축 헌금을 독려했다. 두 주 만에 약정서 1만 4259장, 약 1300억 원의 헌금이 작정됐다. 오정현 목사는 "목표한 헌금액보다 더 많이 나왔기 때문에 할렐루야다"라며, 그다음 주일인 11월 29일을 '할렐루야 주일'이라고 명명했다.

교계와 사회의 비판을 인식했는지, 사랑의교회는 건축 헌금 작정을 마친 다음 날인 11월 23일 기자 간담회를 열고 새 예배당 건축에 대한 내용을 알렸다. 교회의 명분은 분명했다. 강남 예배당은 1985년 교인 1000명도 되지 않을 때 지은 것인데, 2009년 당시 사랑의교회 교인은 4만여 명이었다. 강남 예배당으로는 도저히 교인들을 수용할 수 없어 주일마다 큰 불편을 겪고 있으며, 예배당이 노후해 교인들, 특히 아이들이 위험하다는 것이었다. 교회 측은 '분립'도 고려했으나 현실적인 방안이 아니었다고 밝혔다.

사랑의교회가 초대형 예배당 신축 계획을 공식적으로 발표하면서 비판은 더욱 거세졌다. 교회개혁실천연대와 〈뉴스앤조이〉, 당시 전도사였던 이진오 목사(세나무교회)를 중심으로 긴급 토론회와 기자회견 등이 열렸다. 건축에 반대하는 사랑의교회 교인들은 극소수였지만, 토론회에 참석하거나 예배당 앞에서 1인 시위를 하는 등 반대 활동을 이어 갔다. 사랑의교회 건축과 관련한 수많은 기사와 기고가 쏟아졌다. 이진오 목사는 '사랑의교회 건축, 어떻게 된 것인가(하우사랑)'라는 온라인 카페를 만들었고, 이곳에서도 교회 안팎의 사람들이 활발히 의견을 주고받았다.

그러나 사랑의교회는 이러한 비판을 아랑곳하지 않고 건축을 강행했다. 수많은 언론 기사와 기고 등을 통해 초호화 예배당 건축의 문제점과 교회의 대형화, '메가처치' 현상에 따른 병폐가 지적됐지만, 이듬해인 2010년 1월 사랑의교회 교인들은 공동의회에서 94.2%의 압도적인 찬성으로 예배당 신축에 대한 안건을 통과시켰다. 오정현 목사는 교회 안팎에서 쏟아지는 반대 의견들을 묵살하며, 예배당 신축의 당위성을 강조하기 바빴다.

~~~~~~~~~~

서초 예배당 신축을 반대했던 이들의 주된 주장은 몇 가지로 정리할 수 있다. 건축에 총 2000억 원이 들어간다면 최소 수백억 원을 대출받아야 할 텐데, 그 대출금의 이자만 해도 어마어마하다. 이것은 곧 교회의 다른 사역, 구제와 선교 등도 축소될 수밖에 없다는 뜻이다. 본질적으로는 한 교회가 계속해서 커지는 현상이 성경적으로 바람직하지 않고, 교인이 많아졌으니 더 큰 예배당을 지어야 한다는 명제는 성경이 아닌 자본주의 논리라는 문제 제기가 이어졌다. 교인들의 의사를 배제한 채 땅 구입까지 마쳐 이미 돌이킬 수 없는 상태에서 공동의회를 열고 추인하는 식의 의사 결정 과정을 문제 삼는 사람도 있었다.

무엇보다 이 모든 것은 '사랑의교회다운' 일이 아니라는 게 가장 큰 이유였다. 사랑의교회는 여느 대형 교회와는 다른 이미지였기 때문이다. 실제로도 "다른 대형 교회가 이런 계획을 발표했다면 이렇게까지 큰 반대 여론이 일어나지는 않았을 것"이라는 의견이 지배적이었다. 그만큼 사랑의교회는 단순히 규모만 큰 교회가 아니라는 기대를 받고 있었다. 이런 기대는 옥한흠 원로목사에게서 기인한 것이었다. 오정현 목사가 간간이 물의를 일으키긴 했지만, 그 역시 "제자 훈련 정신으로 무장했다"며 옥 목사가 데려온 인물이었고, 옥 목사에게 수십 년간 제자 훈련을 받았던 교인들은 뭔가 달라도 다를 것이라 여겨졌기 때문이다. 당시 유행처럼 돌던 '사랑의교회, 너마저!'라는 탄식은 이런 기대를 반영하는 것이었다.

실제 옥한흠 목사는 사랑의교회가 예배당 신축을 발표하기 직전 의미심장한 말을 남기기도 했다. 사랑의교회가 만든 국제제자훈련원에서 발행하는 간행물 〈디사이플〉 2009년 11월호에는 옥 목사의 인터뷰가 실렸다. 그는 여기서 "나의 교회론과 제자 훈련은 엇박자가 된 것 같다"며 사랑의교회가 너무 비대해져 버린 것을 후회하는 발언을 했다. "좋은 지도자를 세워 독립시켜 사랑의교회와 같은 교회론을 가진 제2, 제3의 사랑의교회를 뿌리내리도록 했으면, 지금과 같이 실패했다는 감정을 갖지 않았을 수도 있었을 것이다", "사랑의교회가 초대형화하는 것은 바람직하지 않다고 본다"는 말도 했다.

"그러나 은퇴 후 저는 제 목회가 자체적으로 자기 모순을 갖고 있지 않았나 하는 우려를 합니다. 왜냐하면 교회를 너무 키워 버렸다는 생각 때문입니다. 제 교회론에 부합한 교회는 너무 비대해져 버리면 그 정신을 살리기가 굉장히 어렵다는 것은 숨길 수 없는 사실입니다. 이런 의미에서 제 목회가 교회론과 제자 훈련이 엇박자를 이룬 것 같습니다. 한 사람을 그리스도의 온전한 제자로 세우는 것은, 양이 많아져 버리면 그것을 성취할 수 있는 확률이 그만큼 떨어져 버리게 됩니다. 제가 은퇴할 때 사랑의교회가 주일 출석 장년 교인 수

2만 3000명, 전체 등록 교인 수 5만 명, 벌써 너무 커져 버렸습니다.

저의 교회론에 일치하는 목회를 위해서 적정 수준의 교회 사이즈를 유지했으면 싶었습니다. 그런데 왜 그렇게 안 했느냐고 묻는다면, 인위적으로 교인 수를 유지하고 관리하는 것은 교회의 성격과 맞지 않는다고 봤기 때문입니다. 씨를 뿌려서 최대한의 수확을 거두는 것은 영적 농사인 목회에도 그대로 적용될 수 있다고 봅니다. 그렇기 때문에 인위적으로 교회 사이즈를 획일화해서 성장을 억제하는 것은 성경적이라고 말하기 어렵습니다.

그러나 교인이 2000명이 넘어가면 제 교회론에 일치하지 않는 목회 즉, 잘못하면 속 빈 강정이 될 수 있는 위험성이 있습니다. 그렇다면 어떻게 할 것인가? 좋은 지도자를 세워 독립시켜 사랑의교회와 같은 교회론을 가진 제2, 제3의 사랑의교회를 뿌리내리도록 했으면, 지금과 같이 실패했다는 감정을 갖지 않았을 수도 있었을 것입니다.

지금 사랑의교회는 어찌 보면 상당히 위험한 상황에 놓여 있습니다. 제자 훈련의 선두 주자로서 교회론으로 볼 때, 그 정신을 잃어버릴 확률이 높아졌습니다. 또 교회론의 본질에서도 위선자적인 입장에 빠질 수 있어 고민이 됩니다. 후임자도 같은 고민을 하고 있을 것입니다. 담임목사 한 사람이 아무리 조직을 튼튼히 해서 자신과 같은 분신 부교역자 수백 명과 함께 사역을 한다고 해도 규모가 너무 비대해 버리면 한계에 직면할 수 있기 때문입니다. 가짜, 쭉정이가 나올 수 있고 본질이 흐려질 가능성이 크다는 말입니다.

이런 의미에서 사랑의교회가 초대형화되는 것은 바람직하지 않다고 봅니다. 제가 주장했던 것과 실제 현실 목회에는 차이가 있었습니다. 그러나 이런 상황이 되기 위해 일부러 노력한 것은 아니었습니다. 나름대로 최선을 다한다고 했는데, 교회가 저절로 자라 버렸던 것입니다. 그렇다고 교회를 잘 지어서 교인들이 편안했다면 모르겠는데, 사랑의교회처럼 시설이 불편한 교회도 없을 것입니다.

그럼에도 불구하고 교회는 양적으로 너무 비대해져 버렸습니다. 교회론대로 목회했다면 다른 방향으로 나타나지 않았을까 생각합니다. 즉, 사랑의교회라는 개교회가 성장하는 것이 아니라 하나님의 나라가 성장하도록 좀 더 구체적으로 실천하는 목회를 했어야 했지 않나 생각합니다. 그러나 현실은 그렇지 못한 것 같아 하나님 앞에 죄송스럽습니다."[7]

인터뷰 내용에 따른다면 교계와 사회에서 질타를 받는 2000억 원짜리 초대형 예배당 건축을 옥한흠 목사가 동의할 것이라고 보기 힘들다. 하지만 이 인터뷰가 공개된 후 얼마 지나지 않아 옥한흠 목사가 건축 헌금을 독려하는 영상이 사랑의교회 주일예배 시간 상영됐다. 사랑의교회가 대대적으로 건축 헌금 작정을 종용하던 때다. '옥한흠 목사도 건축에 찬성했다'는 말의 영향력은 컸다. 실제로 교인들 중에는 옥 목사의 건축 헌금 독려 영상을 보고 건축 헌금을 작정한 사람이 많았다. 옥 목사의 영상 때문에 작정 금액 뒤에 '0'이 하나 더 붙었다는 이야기도 있었다. 무엇보다 '옥한흠 목사도 건축에 찬성했다'는 명제는 건축하는 내내 오정현 목사를 보호하는 방패막이 역할을 했다.

"사랑의교회 건축을 놓고 너무 거액을 건물에다가 투자한다고 하는 것은 바

---

[7] 우은진, "'나의 교회론과 제자 훈련은 엇박자가 된 것 같다'", 2009년 11월호 〈디사이플〉

람직하지 않다는 시각을 가진 분이 계십니다. 충분한 이유가 있는 반론이고 생각이라고 생각합니다. 그 돈을 가지고 선교하고, 그 돈을 가지고 그리스도의 사랑을 실천하고, 그 돈을 가지고 한국 사회에 감동을 줄 수 있는 일을 할 수 있다면 얼마나 좋을까 하는 생각을 저도 합니다. 그런데 한 가지 우리가 알아봐야 합니다. 그렇게 거액이 들어가는 이유는, 우리 교회 사이즈가 너무 크기 때문에 그만 한 투자를 안 하면 우리 교회가 사용할 수 있는 건물을 지을 수가 없어요. 서초동 일대에서 그래요. (중략) 우리 사이즈가 크고 위치가 워낙 비싼 데 있기 때문에 어쩔 수 없는 투자예요.

그런데 보통 생각할 때, 그 돈 가지고 다른 데 쓰면 주님께 영광을 돌린다는 말도 일리가 있지마는 실제성이, 현실성이 없는 이야기예요. 교회 건축 안 하면 사람들이 2000억을 모으느냐, 안 모으죠. 헌금하느냐, 안 하죠. 교회가 진짜 사회를 위해서, 하나님의 나라를 위해서 일하는 것은, 인프라를 위해서 교회가 투자하고, 그 인프라를 바탕으로 해서 거기서 축적된 힘을 발휘해서 사회를 위해서, 가난한 자를 위해서, 선교를 위해서, 다음 세대를 위해서 투자하는 거예요. 이거 지난 우리 30년 교회 역사를 통해서 증명을 했잖아요."[8]

수많은 사람이 오정현 목사뿐 아니라 옥한흠 목사에게도 해명을 요구했다. 특히 같은 시기 나온 옥한흠 목사 인터뷰 내용과 건축 헌금 독려 영상 내용이 본질적으로 다르다고 느껴졌기 때문에, 옥 목사가 건축 헌금 영상을 찍은 데는 모종의 이유가 있을 거라는 추측도 있었

---

[8] 윤희윤, '사랑의교회 건축, 옥한흠 목사의 진짜 생각은?', 2009년 11월 23일 〈뉴스앤조이〉

다. 그러나 옥 목사는 2010년 3월 22일 제자 훈련 지도자 세미나에서 다시 한번 예배당 신축을 지지하는 발언을 했다.

> "나는 사람만 눈에 보이지 건물을 보는 눈이 없어서 기회를 놓쳤어요. 몇천 명 모일 때 교회를 지었어야 했어요. 그러면 옮기기도 쉬웠고 그랬는데. 수만 명이 어디로 옮긴다고 그러면 주변에 주민들이 가만히 있겠어요? 옴짝달싹 못하게 돼 버렸어요. 그런데도 위대한 우리 오정현 목사님이 칼을 뺐죠. 그래서 내가 쌍수 들고 환영을 했어요. 해 보라고. 잘될지 안 될지 모르겠어요. 하도 욕을 해 가지고…."[9]

사랑의교회의 서초 예배당 신축에 대한 거센 비판은 사랑의교회와 옥한흠 목사에 대한 기대에서 비롯된 것이지만, 이미지만 점잖았지 사랑의교회도 여느 대형 교회와 본질적으로 다르지 않고 옥 목사 또한 대형 교회 목사일 뿐이라는 비판도 있었다. 철저히 대형 교회의 사고 방식을 따라 온 사랑의교회가 관성대로 행하는 것이라는 지적이었다. 분명한 것은 서초 예배당 신축 발표로 사랑의교회가 교계와 사회에서 수십 년간 쌓아 왔던 '제자 훈련 하는 교회'라는 이미지에 돌이킬 수 없는 금이 가 버렸다는 점이다.

---

[9] 조혜진, '옥한흠 목사, "교회 건축 필요하다"', 2010년 3월 24일 〈크리스천노컷뉴스〉

"3년 내 건축을 완공하여 글로벌 교회로서 준비하고, 5년 내에 중국 교회에 대한 소명을 감당하고, 7년 내에 통일을 준비할 것입니다."

"앞으로 경인 운하가 완공되면 중국 교회 본부가 있는 상해에서 기독교 지도자들이 배를 타고 반포에서 내려 사랑의교회에서 예배하게 될 것입니다."[10]

무수한 비판을 뒤로 하고, 사랑의교회는 결국 서초구청으로부터 건축 허가를 받아 공사에 착수했다. 2010년 6월 20일, 신축 예배당 부지에서 열린 기공 기념 예배에는 교인 1만여 명이 참석했고 국내외 유명 목사들의 축사가 이어졌다. 오정현 목사는 '글로벌', '중국 교회', '통일' 등을 언급하며 새 예배당을 통한 포부를 밝혔다. 당시 박성중 서초구청장과 사랑의교회 교인이자 서초구갑 국회의원이었던 이혜훈 의원도 참석했다. 기공식을 시작으로 건축은 차례차례 진행됐고, 시간이 지남에 따라 반대 여론도 점점 식어 들었다.

그러나 서초 예배당의 운명을 좌우할 리스크는 따로 있었다. 바로 '건축 특혜'. 2011년 3월, 〈한겨레〉는 사랑의교회가 서초 예배당 신축 과정에서 서울시와 서초구청으로부터 특혜를 받았다는 의혹을 최초로 제기했다. 서울시와 서초구청이 사랑의교회 새 예배당을 위해 지구 단위 계획을 변경해, 서초역 지하철 출구 2개가 없어지고 예배당과 직접 연결되는 출구 1개가 개설되며, 기존 공공 보행로를 폐지하고

---

[10] 유연석, '사랑의교회, '첫 삽' 뜨다', 2010년 6월 21일 〈뉴스앤조이〉

교회 건물 사이로 지나가는 보행로를 신설한다는 내용이었다. 대법원 앞인데도 파격적으로 고도 제한을 해제해 줬다는 이야기도 나왔다.

가장 큰 문제는 사랑의교회가 신축 예배당 바로 뒤에 있는 공공 도로 '참나리길' 지하 부분 점용을 허가받은 것이다. 사랑의교회가 점용한 부분은 본당 강대상과 여러 시설이 있는 부분이라, 서초 예배당이 존재하는 한 사실상 공공 도로 지하를 영구 점용하는 것이었다. 공공 시설물이 아닌데 공공 도로를 영구 점용하는 사례는 없었다. 이와 함께 2008년 동대문구의 한 교회가 공공 도로 지하에 통로를 만들려고 했다가, 동대문구청의 불허로 통로를 만들지 못했고, 법원도 동대문구청의 불허가 정당하다고 판결했다는 내용도 알려졌다.

여기에 이혜훈 의원이 기공 기념 예배에서, 사랑의교회 건축 허가를 위해 "날마다 이리 뛰고 저리 뛰며 노력했다"고 발언한 사실은 의혹을 더욱 짙게 했다. MBC PD수첩은 2011년 4월 사랑의교회 건축 특혜 논란을 모아 보도했는데, 박성중 서초구청장은 PD수첩 취재진과의 인터뷰에서 사랑의교회 건축 허가 때문에 '전직 청와대 인사'의 연락을 받았다고도 이야기했다.

'건축 특혜' 의혹은 사랑의교회 예배당 신축 사건의 국면을 바꿔 놓았다. 이전까지의 비판이 메가처치 현상의 폐해와 사랑의교회에 대한 기대 등 신학적·도덕적 층위였다면, 건축 특혜 의혹은 사랑의교회가 '불법'을 저질렀다는 법적 문제가 될 수 있었다. 이는 사랑의교회 예배당 신축이 더 이상 교계 안의 문제가 아니라 사회문제로 대두된다는 것을 뜻했다.

서초구의회와 서초구민들이 움직이기 시작했다. 2011년 6월 야당이었던 민주당과 국민참여당 구의원 5명은 의회에 사랑의교회 건축 특혜를 조사하는 조사특별위원회를 만들자는 안건을 발의했다. 이는 당시 서초구의회 과반을 차지하고 있던 한나라당 의원들의 반대로 통과되지 못했지만, 직후 서초구민 10명이 사랑의교회의 공공 도로 점용 등 특혜로 인한 허가를 취소해 달라는 행정소송을 제기했다. 이 소송은 그해 10월 원고 자격 등을 이유로 각하됐다.

하지만 건축 특혜를 문제 삼는 움직임은 끊이지 않았다. 서초구민과 시민단체, 종교 단체들은 뜻을 모아 2011년 12월 서울시에 사랑의교회 건축 허가에 대한 '주민 감사'를 청구했다. 서울시는 이 청구를 받아들여 감사한 끝에, 2012년 6월 사랑의교회 신축 예배당이 공공 도로 지하를 점용하는 것은 부당하다고 결론 내리고 서초구청에 시정을 명령했다. 이유는 간단했다. 예배당은 공공 시설물이 아니라는 것이다. 하지만 서초구청은 서울시 시정 명령을 이행하지 않겠다며 외려 사랑의교회 편에 섰다.

이에 서초구민들과 시민단체들은 '주민 소송단'을 꾸려 그해 8월 서초구청을 상대로 사랑의교회 공공 도로 점용 허가를 취소하라는 '주민소송'을 제기했다. 이 소송이 무려 7년을 돌고돌아 어떤 결과를 가져올지 그때는 아무도 예상하지 못했다.

불법을 돌이킬 기회는 있었다. 그러나 오정현 목사는 그럴 생각이 아예 없었다. 몇 년이 지나 밝혀진 내용이지만, 오정현 목사는 당시 서울시 감사 결과와 주민 소송 대해 "서울시가 뭐라 하든 누가 뭐라 하든 간에, 우리는 늘 얘기하듯이 세상 사회 법 위에 도덕법 있고 도덕법 위에 영적 제사법이 있다고"라며 공공 도로 점용을 정당화했다.

그는 2012년 8월 교역자 수련회에서 "교회에서 앞장서서 일하는 분 중 한두 분이 '목사님, 이면 도로 밑에 공간은 포기하고 본당을 좀 줄여서 조그마하게 하면 어떻겠습니까' 하는데, 그건 하나님이 우리에게 주신 기회를 잘 감당하지 못하는 이야기"라며 그런 말은 결국 건축을 하지 말자는 것과 같다고 했다. 오정현 목사는 "이미 출사표를 던졌고 배수진을 쳤다", "더 이상 이런저런 이야기가 나오면 안 되고 집중해서 나아가야 한다"고 말했다.[11]

건축 특혜 의혹에 사랑의교회 내부도 술렁였다. 오정현 목사를 비롯한 사랑의교회 지도자들은 새 예배당이 공공 도로 지하를 점용한다는 사실을 교인들에게 알리지 않았다. 대부분 교인은 언론 보도를 보고 새 예배당의 문제점을 알게 됐다. 건축에 찬성하고 건축 헌금을 작정했던 교인들조차, 이렇게까지 해서 새 예배당을 지어야 하는지 의문을 가지기 시작했다.

사랑의교회갱신공동체가 촉발한 2013년 전까지, 사랑의교회는 이처럼 시한폭탄을 품은 것처럼 위태로운 상태였다. 옥한흠 목사가 쌓아 올린 사랑의교회에 대한 신뢰는 무너져 내리고, 오정현 목사는 초호화 예배당 신축으로 욕망의 이빨을 드러내고 있었다. 그리고 사랑의교회를 결코 이전과 같은 모습으로 되돌릴 수 없는 '그 사건'이 벌어지고 말았다.

---

11 https://www.youtube.com/watch?v=UuCSqSNin8Y

3장 표절과 거짓말

사랑의교회가 서초 예배당 신축에 집중하고 있었던 2012년 6월 20일, '나비의 날갯짓'이 된 짧은 글이 소셜미디어에 올라왔다. 당시 백석대학교 구약학 교수로 재직 중이던 김진규 교수는 자신의 페이스북에 글을 하나 올렸다. '어느 초대형 교회 원로목사의 탄식'이라는 제하의 글에는, 과거 서울 강남의 한 초대형 교회 원로목사와의 통화 내용이 쓰여 있었다. 전문은 다음과 같다.

어느 초대형 교회 원로목사의 탄식

황우석 교수의 표절 문제로 한국에서 한창 시끄러울 때 일입니다. 지금은 소천하신 강남 어느 초대형 교회의 원로목사님이 저에게 전화를 요청했습니다. 그분은 그 이전부터 알고 있던 사이였습니다. 전화의 용건은 자신의 후임자로 부임해 온 목사의 표절 문제에 대한 질문이었습니다. 이분이 전화한 용건은 과거에 이분이 요청한 글을 써 준 적이 있느냐는 질문이었습니다. 10여 년 이전에 그분의 후임자가 미주에서 목회할 당시에 저는 부교역자로 봉사하고 있었던 어느 날, 선임 부교역자로부터 한국 어느 유명 월간지의 글을 쓰라는 부탁이 있었습니다. 부교역자들이 하나씩 나누어 썼는데, 나중에 출판된 것을 보니 담임목사의 이름으로 모든 것이 출판되었습니다. 제2차 글을 요청했을 때는 단호히 거절했죠. 이는 명백한 표절 이상의 죄이기 때문에 다시는 쓰지 않겠다고 했습니다. 그 이후로 그분과 관계가 좀 서먹하게 되었죠.

그 원로목사님께 사실대로 말했더니, 더 놀라운 사실을 말씀하셨습니다. 혹시 자신의 후임자의 박사 학위논문을 다른 사람이 써 준 사실을 아느냐고 질문하셨습니다. 저에게는 금시초문이었습니다. 사실 그 원로목사님이 저에게까지 전화를 요청한 것은 후임자의 박사 학위논문을 누군가 대서해 준 사실을 뒤늦게 알고 자신의 후임자의 표절에 대해서 심층 조사를 하기 위해였습니다. 과거의 대서(표절) 전력을 생각하면 그렇게 하고도 남을 사람임을 저는 이미 알고 있었죠. 그러나 이미 때는 너무 늦었습니다. 한국 언론에 부자 계승의 전통을 깨고 훌륭한 후임자를 청빙하게 되었다고 대문짝만 한 기사가 실렸는데, 어찌 되무를 수가 있겠습니까? 이제 와서 표절의 문제가 불거지게 되면, 그 교회의 위치를 생각할 때 한국교회 리더십의 대망신일 뿐입니다.

그 후임자는 지금 한국의 스타급 목사가 되어, 국가조찬기도회를 비롯하여 최고위급 강사로만 불려 다니는 지체 높은 분이 되었습니다. 황우석 교수 사건을 생각하면 사회에서는 생매장되어야 할 사람이 한국교회에서는 누구나 흠모하는 대상이 되었으니, 하나님께서 보시기에 한국교회의 리더십이 얼마나 부끄러운 모습일까요?

손봉호 박사님이 여러 차례 강조하셨듯이, 한국교회의 심각한 문제는 도덕성의 문제입니다. 한국교회 지도자들의 도덕성이 땅에 떨어진 현실을 우리 하나님은 누구보다 잘 아십니다. 우리는 한국교회 리더십의 진정한 회개를 위해서 기도해야 하겠습니다. 한국교회 목회자들의 표절의 문제는 하루 이틀의 문제가 아닙니다. 많은 대형 교회 똑똑한 부목사들이 담임목사의 목회학 박사 학위논문을 써 준 사례가 많다는 소문을 들었습니다. 표절은 명백한 도둑질입니다. 남의 지식을 도둑질해 가는 행위입니다. 철저히 근절되어야 할 일입니다.

또한 한국교회의 문제도 있다고 생각합니다. 대형 교회들은 담임목사를 청빙할 때, 박사 학위 소지자들을 기본 자격으로 삼고 있습니다. 목회하는 데는 M. Div.(목회학 석사)면 충분합니다. 헛된 허영에 결코 빠져서는 안 되겠습니다. 하나님께서 우리 한국교회와 리더십을 불쌍히 여기시도록 함께 기도해야 하겠습니다.[12]

---

[12] 이 글의 파장이 커지자 김진규 교수는 하루 만에 페이스북에서 글을 내렸다. 원문은 사라졌지만 이 글은 당시 인터넷 카페 '하우사랑'에 게재돼 퍼져 나갔고, 지금도 '하우사랑' 카페에서 찾아볼 수 있다.

전체적인 글 내용은 한국교회 목회자들의 도덕성, 특히 표절 문제에서 자유롭지 못한 목사들에 대한 이야기였지만, 글에 등장하는 '초대형 교회 원로목사'가 누구인지 궁금해하는 사람이 많았다. 그리고 교계 소식에 밝은 사람들은 글에 나오는 사람이 누구인지 알아 내는 데 긴 시간이 걸리지 않았다. 글에 등장하는 '초대형 교회 원로목사'는 옥한흠 목사였다. "황우석 교수의 표절 문제로 한국에서 한창 시끄러울 때"는 2005년 말이다. 옥한흠 목사는 2005년 말, 그러니까 오정현 목사가 사랑의교회에 부임한 지 2년 정도 되었을 때 이미 그의 박사 학위논문이 대필 혹은 표절이라는 소문을 듣고 여기저기 수소문하는 중이었다는 것이다.

김진규 교수의 글을 본 옥성호 씨는 이것이 아버지 이야기라는 사실을 단박에 알아차릴 수 있었다. 당시 국제제자훈련원 본부장으로 일하던 옥성호 씨는 다음 날인 21일 사랑의교회 당회원들에게 이메일을 보내, 오정현 목사의 박사 학위논문 대필·표절 의혹을 정식으로 조사해 달라고 요청했다. 당시 오정현 목사는 외국에 있어 소통이 원활하지 않았고, 김진규 교수의 글은 온라인상에서 일파만파 퍼지고 있었다. 당회원 장로들은 오정현 목사가 절대 그럴 리 없다고 생각하고 사실을 바로잡자는 차원에서, 그해 6월 24일 '담임목사 학위 관련 TF팀(조사위원회)'을 만들었다. 조사위원 4명은 장로들 중에서도 대학교수인 사람들이 맡았다. 현직 대학교수들이 검증한다면 유언비어도 금세 사라질 것이라 생각했다.

위원장은 권영준 장로가 맡았다. 그는 당시 경희대학교 교수로 재직 중이었고 경제정의실천시민연합(경실련) 경제정의연구소 이사장을 맡고 있었다. 사랑의교회에서는 장로로서, 2006년 오정현 목사가 '정감운동'을 출범했을 때 이 사역을 맡아 진행했다. 정감운동은 '정직'과 '감사'가 이 땅의 문화가 되게 하자는 사랑의교회 5대 사역 중 하나로 꽤나 비중 있는 일이었다. 오정현 목사의 측근으로 정직과 감사 운동을 함께해 왔기에, 권영준 장로만큼 조사위원장에 적합한 인물은 없었다. 권 장로 또한 오 목사의 박사 학위논문 대필·표절 의혹은 터무니없는 것이라고 믿었다.

당시 사랑의교회에서는 당회원 장로들도 오정현 목사를 만나기가 쉽지 않았다. TF팀은 7월 1일 일요일, 예배와 예배 사이 잠깐 쉬는 시간에 해외에서 돌아온 오정현 목사를 만날 수 있었다. 10~20분 짧은 시간, 조사위원들은 그에게 박사 학위논문 대필·표절 의혹에 대해 물었다. 오정현 목사는 펄펄 뛰었다. 그 자리에서 그는 이렇게 말했다.

"본인이 작성한 박사 학위논문에 대해 표절이나 대필의 의혹을 제기하는 것은 용납할 수 없습니다. 지도 교수 두 분 중에 한 분은 아직도 살아계시고, 본인의 양심과 명예를 걸고 떳떳하게 본인이 작성한 논문임을 밝힙니다. 만약에 추후에라도 본인의 박사 학위논문에 대한 대필이나 표절 등 그 어떤 부정직한 증거라도 나온다면 본인은 사랑의교회 담임목사직에서 사퇴하겠습니다."

일주일 후 7월 8일에는 처음 페이스북에 글을 올렸던 김진규 교수가 오정현 목사와 TF팀이 모인 자리에 와서 사과문을 제출하는 일도 있었다. 이에 TF팀은 7월 13일, 오정현 목사의 박사 학위논문 대필·표절 의혹은 김진규 교수가 옥한흠 목사와의 통화 내용을 근거로 추측성 글을 올린 것이라며 근거가 없다고 보고했다. 그렇게 오정현 목사의 박사 학위논문 대필·표절 의혹은 한 달도 되지 않아 정리되는 듯 보였다.

2013년이 되자마자 사랑의교회는 첫주부터 2차 건축 헌금 작정을 독려했다. 교회는 1월 6일 일요일, 건축 헌금 작정을 독려하는 홍보물을 제작해 배포했다. 여기에는 사랑의교회 서초 예배당 신축의 당위성과 비전 등이 적혀 있었는데, 그중에는 역시나 '옥한흠 목사도 찬성했다'는 내용이 들어가 있었다.

"옥한흠 목사님도 2009년 당시 구입할 대지를 둘러보시면서 너무 좋다고 말씀하셨습니다. 2009년 2월 9일 옥한흠 목사님이 일기에 적으신 내용입니다. '오 목사와 함께 서초동 땅을 돌아보았다. 금융 위기 때문에 나온 땅이라고 한다. 이 땅은 놓치면 안 될 것 같다. 장로님들과 빨리 진행해서 확보부터 하라고 하였다.'"

이 글을 본 옥성호 씨는 분노했다. 아버지가 개인적으로 쓴 일기 내용을 교회가 유족의 동의 없이 인용했을 뿐더러, 그 출처가 되는 아버지의 유품(수첩)이 여전히 교회 측에, 오정현 목사의 손에 있다는 의미였기 때문이다. 옥성호 씨는 이미 2년 전에도 오정현 목사가 '옥한흠 목사도 건축에 찬성했다'며 옥 목사의 개인 수첩 내용을 인용했을 때, 아버지의 수첩을 돌려 달라고 요청한 바 있었다. 오정현 목사는 거의

1년이 지나 이를 돌려주었다. 오 목사에게 불리한 내용들이 여기저기 훼손된 상태였다.[13] 그런데 이번 건축 헌금 독려에 옥한흠 목사의 또 다른 수첩에서 나온 개인적인 일기 내용을 사용한 것이다.

옥성호 씨는 1월 20일 오정현 목사와 당회원들에게 메일을 보내, 아버지의 수첩을 돌려놓을 것과 더 이상 예배당 신축에 아버지를 이용하지 말 것을 요구했다. 그는 2년 전 오정현 목사에게 아버지의 수첩을 돌려 달라고 요구한 일화부터, 옥한흠 목사가 오정현 목사의 성화에 못 이겨 건축 헌금 독려 영상을 찍었다는 사실까지 폭로했다. 또한 이미 불법 건축 의혹에 휩싸인 지금과 같은 예배당 신축은 아버지가 절대 찬성하지 않았을 것이라고 단언했다.[14]

옥성호 씨의 메일 내용은 곧바로 사랑의교회 예배당 신축 반대를 위해 만들어진 온라인 카페 '하우사랑'에 게재돼 퍼져 나갔다. 옥한흠 목사 사후 2년 반이 지난 시점이기는 했지만, 여전히 사랑의교회 안에서는 '옥한흠 목사도 예배당 신축에 찬성했다'는 말의 의미가 컸다. 옥성호 씨의 폭로는 교회를 술렁이게 했다. 살아생전 옥한흠 목사는 오정현 목사와 돈독한 관계인 것 같아 보였으나, 그것이 진실은 아닐 수도 있다는 생각이 교인들 사이에 퍼지기 시작했다.

뒤숭숭한 분위기 속에서, 열흘 후인 1월 31일 청천벽력 같은 일이 벌어진다.

---

13 옥성호, 〈WHY? 그 이후〉(도서출판 은보) 87~91쪽
14 예배당 신축에 대한 옥한흠 목사의 생각이 어땠는지는 옥성호 씨의 책 〈Why? 그 이후〉(도서출판 은보)에 상세히 기록돼 있다.

종료된 줄 알았던 오정현 목사의 논문 조사 TF팀의 위원장이었던 권영준 장로는, 이날 당회원들에게 '담임목사 박사 학위논문 표절 문제 조사 결과 보고 및 사임 표명의 조건 성취에 따른 후속 절차에 관한 처리 요청'이라는 제목의 이메일을 발송한다. 내용은 충격적이었다. 오정현 목사가 1998년 남아프리카공화국 포체프스트룸대학교에서 받은 신학 박사 학위논문은 표절이 확실하고, 조사 과정 중 오정현 목사가 거짓말을 반복했으며, '논문 세탁'을 시도했다는 내용이 담겨 있었다.

권영준 장로는 오정현 목사의 논문 총 6개 챕터 중 5개 챕터에서 수십 개의 표절 부분을 찾았다며 각 표절에 대한 증거 자료를 세세하게 첨부했다. 오정현 목사는 주로 마이클 윌킨스Michael Wilkins 교수의 저서 〈Following the Master〉, 빌 헐Bill Hull 목사의 저서 〈The Disciple-Making Church〉와 〈Jesus Christ, Disciplemaker〉, 데이비드 보쉬David J. Bosch 선교사의 저서 〈Transforming Mission〉을 표절했다. 권영준 장로는 보고서에서 "현재 한국에서 구할 수 있는 4종의 저서만을 대상으로 조사했음에도 위와 같이 수십 쪽의 표절 증거들이 나타났다"며 전수조사를 한다면 이보다도 더 많은 표절 증거가 나올 개연성이 있다고 썼다.

더욱 심각한 문제는 조사 과정 중 오정현 목사가 거짓말을 계속했다는 점이었다. 오 목사는 2012년 7월 1일 TF팀을 처음 만났을 때, 논문에서 그 어떤 부정직한 증거라도 나온다면 사랑의교회 담임목사직을 사퇴하겠다고 공언했다. 그날 사랑의교회 한 장로가 오정현 목사의 논문 작성 방식에 의문을 드러내는 메일을 당회원들에게 발송하자, 오 목사는 다음 날 곧바로 해명하는 메일을 보내며 "목회자에게는 인격이 가장 중요한 가치이며, 이는 사랑의교회 담임목사로서 개인만의 가치가 아니다. 포체프스트룸 박사 학위논문은 본인의 신앙 양심에 비추어 한 점 부끄럼 없이 진행되었음을 분명히 말씀드린다"고 했다. 처음부터 거짓말이었다.

오정현 목사의 논문이 표절이라는 사실을 처음 찾아낸 사람은 김진규 교수였다. 김 교수는 오 목사의 논문 처음 다섯 장에서 윌킨스 교수의 저서를 표절한 부분을 다수 찾아냈다. 그는 이 내용을 2012년 8월 24일 권영준 장로에게 보냈고, 9월 2일에는 오정현 목사에게 보내며 회개를 권면했다.[15] 권 장로에게 표절 소식을 접한 옥성호 씨는 9월 9일 윌킨스 교수에게 직접 메일을 보내, 오정현 목사의 논문 중 표절 부분을 첨부하며 혹시 오 목사에게 이런 방식으로 저서 인용을 허락한 적이 있는지 등을 물었다. 윌킨스 교수는 하루 만에 답장을 보내, 자신은 오정현 목사를 알지 못하며 누구에게도 저서 표절을 허락한 적이 없다고 답했다.

그러나 오정현 목사는 2012년 12월 22일 권영준 장로와 독대한 자리에서, 자신이 바이올라대학에 다닐 때 윌킨스 교수의 수업을 들어 친분이 있다면서 논문 작성 당시 윌킨스 교수에게 직접 저서 인용을 허락받았다고 말했다. 이듬해 1월 27일 권영준 장로와 이화숙 권사를 만났을 때는 말을 바꿨다. 오정현 목사는 윌킨스 교수에게 직접 허락을 받은 것이 아니라, 바이올라대학 총장에게 부탁해 윌킨스 교수의 허락을 받았다는 식으로 이야기했다. 그러나 이후 대학 측에서도 그

---

[15] 김진규 교수가 오정현 목사에게 보낸 편지 전문은 이 책 '부록2'에 실어 놓았다.

런 식으로 저서 인용을 허락하는 사례는 없다고 못 박았다. 모든 것이 거짓말이었다.

오정현 목사는 김진규 교수가 찾아낸 논문 처음 다섯 장의 표절 부분을 수정해 포체프스트룸대학에 다시 제출했다. 표절 사실을 인정하고 '논문 세탁'을 시도한 것이다. 그럼에도 그는 논문을 수정했으니 문제가 모두 해결됐다는 태도를 취했다. 그는 권영준 장로와 독대한 자리에서, 김진규 교수가 찾아낸 처음 다섯 장 외에는 표절 사실이 없다고 단언했다. 하지만 권 장로는 이미 그의 논문 전반에서 수십 개의 표절 사실을 확인한 상태였다. 권영준 장로는 보고서에 "만약 오 목사님 자신이 정말로 더 이상의 표절이 존재하는 것을 모르고 있었다면 이는 박사 학위논문을 오 목사님 자신이 직접 작성한 것이 아니기 때문에 발생되는 문제(즉, 대필로 인한 문제)인 것으로 판명된다"고 썼다.

오정현 목사가 회유와 압박을 시도한 정황도 담겨 있었다. 김진규 교수가 오정현 목사에게 표절 증거를 보내며 회개를 촉구하는 메일을 보낸 다음 날, 오 목사 부부는 김 교수를 직접 만났다. 이후 김 교수는 권영준 장로에게 메일을 보내 오정현 목사의 논문을 더 이상 조사하지 말아 달라고 부탁했다. 김진규 교수 스스로 신앙적으로 '지금은 때가 아니다'라고 깨달은 이유도 있었으나, 그는 백석대 동료 교수들에게 신분상 위험이나 불이익이 야기되는 것을 우려하기도 했다. 권영준 장로가 오정현 목사와 독대한 후에는, 오 목사의 아내가 권 장로에게 "마귀에게 먹잇감을 주어 하나님의 이름이 더러워지며 교회 건축을 방해하려는 세력들이 틈을 노리고 있는 상태에서 빌미를 준다는 것은 책임을 지는 지도자로서 해서는 안 될 일이다", "옳고 그른 것을 따지고 판단하는 교만이 하나님 앞에서 가장 큰 죄이다" 등의 메시지를 보냈다.

사랑의교회를 뒤흔들 만한 이 보고서는 당회원들에게만 발송됐지만, 내용이 밖으로 새어 나가는 데는 오랜 시간이 걸리지 않았다. 보고서 내용은 이틀 뒤 온라인 카페 '하우사랑'에 게재됐고 이후 여러 언론에 대서특필됐다.

~~~~~~~~~~~~~

사랑의교회는 발칵 뒤집혔다. "그 어떤 부정직한 증거라도 나온다면 사랑의교회 목사직에서 사퇴하겠다"던 오정현 목사의 말처럼, 그의 사퇴를 주장하는 여론이 교회 안팎에서 만들어지기 시작했다. 반대로 예배당 신축 발표 때와 마찬가지로 오정현 목사를 지켜야 한다는 여론도 일어나기 시작했다. 주로 보수 대형 교회 이익을 대변해 온 한국교회언론회는 2월 8일 논평을 내고, 오정현 목사가 아니라 표절 사실을 드러낸 장로들과 이를 기사화한 언론들을 비난했다.

그러나 보고서 내용이 워낙 구체적이고 논리 정연했기에 오정현 목사의 논문 표절은 반박할 수 없을 정도로 확실해졌다. 교계 언론뿐 아니라 〈한겨레〉·〈조선일보〉 등 일반 언론에서도 오정현 목사의 논문 표절을 다루기 시작했다. 사태가 걷잡을 수 없이 커지자, 오정현 목사는 2월 10일 주일예배 도중 사과문을 읽었다. 그러면서 1~5부 예배 모두 같은 지점에서 흐느끼며 눈물을 흘렸다. 담임목사의 눈물을 본 교인 대다수는 박수로 그를 위로했다. 그러나 오정현 목사의 실체를 깨닫기 시작한 교인들에게 그것은 '악어의 눈물'이었다. 오 목사의 사과문은 단순히 '사과'라고 보기 어려웠다.

"사랑하는 성도 여러분, 지난 주간 한 인터넷 사이트에 올라간 저에 관한 글을 보시고 많은 성도님들이 큰 충격을 받으셨을 줄 압니다. 사안의 진위 여부와 상관이 없이 저의 일로 인하여 우리 교회 성도들과 한국교회에 심려를 끼쳐 드려서 참으로 죄송한 마음을 금할 길이 없습니다.

제 논문과 관련한 사안은, 지금으로부터 18년 전 제가 남가주사랑의교회 담임 시절 안식년을 얻어 온 식구와 함께 남아공에 가서 작성한 것입니다. 이 논문은 남가주사랑의교회 제자 훈련 목회적 경험을 바탕으로 작성한 것입니다. 논문 작성 과정 중 참고 문헌을 인용하는 과정에서 의도하지 않게 일부 미흡했던 점이 있었던 것 같습니다. 어찌 되었든 저의 불찰로 인하여 교회에 뜻하지 않은 누를 끼치게 되어 다시 한번 죄송한 말씀을 드립니다.

저는 하나님의 은혜밖에는 의지할 것이 없는 미물 같은 존재입니다. 십자가의 보혈이 없다면 하나님 앞에 설 수 없는 죄인입니다. 최선을 다해 열심히 사역을 한다 해도 여전히 모자람이 있는 사람입니다. 그동안 저로 인해 마음에 아픔을 안고 지내신 분들이 혹시 이 자리에도 계신다면 진심으로 이해와 용서를 구합니다.

한 가지 더 기도 부탁드릴 것이 있습니다. 저에게 직접 찾아와서 이 문제를 제기한 분이 '건축으로 인해 사회적 논란을 일으킨 것에 대해 책임을 지고 사임을 하면 저의 논문 문제는 덮어 주겠다'고 하면서, 48시간 내에 사임을 하지 않으면 이 사실을 언론에 공개하겠다고 말하였습니다. 저는 매우 놀랐고 사임 요구를 수용할 수가 없었습니다. 이 모든 일에 대하여 당회가 대책위원회를 구성하여 진지하게 논의할 예정입니다. 당회를 신뢰해 주시고 하나님의 뜻대로 잘 마무리될 수 있도록 기도해 주시기를 바랍니다.

지금 사랑의교회는 여러 가지 난관과 의혹을 극복하며 올 9월 새 예배당을 완공을 앞에 두고 총력을 기울이고 있습니다. 새 예배당은 하나님께서 세우십니다. 앞으로 가능한 많은 대외 사역을 내려놓고 말씀 사역과 목양, 그리고 건축 마무리에 전념하도록 하겠습니다. 다시 한번 성도 여러분의 마음을 아프게 한 점을 죄송하게 생각합니다. 죄송합니다. 우리는 부족하지만 하나님의 능력은 부족하지 않다고 믿습니다. 보혈의 능력이 온 교회를 새롭게 해 주시기를 빕니다. 여러분의 간절한 기도를 부탁드립니다. 죄송합니다."[16]

오정현 목사는 죄송하다는 말을 반복했지만, 이것은 사과라기보다는 프레임 전환 시도에 가까웠다. 수많은 표절과 그것을 덮기 위해 했던 거짓말은 "참고 문헌을 인용하는 과정에서 의도하지 않게 일부 미흡했던 점"이라는 말로 뭉뚱그렸고, 오히려 "48시간 내에 사임하지 않으면 언론에 공개하겠다"는 '사임 협박'을 받았다고 또 거짓말을 한 것이다. 오정현 목사를 지지하는 교인들은 이때부터 "권영준 장로가 담임목사를 협박했다"며 그를 비난하기 시작했다. 오 목사는 이러한 사과 퍼포먼스로 '표절과 거짓말'에서 '사임 협박'으로 프레임을 전환하고 자신의 편을 확보했다.

또한 사과문 마지막 부분에서 보이듯이, 오정현 목사는 자신의 부정직함을 새 예배당 건축 과정에서의 "여러 가지 난관과 의혹" 중 하나로 치부했다. 자신에 대한 문제 제기를 마치 새 예배당을 완공하는

---

16   https://www.youtube.com/watch?v=QlooAHCRbMI

데 따르는 사탄의 방해쯤으로 만들어 버린 것이다. 이는 오정현 목사의 아내가 권영준 장로에게 보낸 메일 내용 – "마귀에게 먹잇감을 주어 하나님의 이름이 더러워지며 교회 건축을 방해하려는 세력들이 틈을 노리고 있는 상태에서 빌미를 준다는 것"에서도 잘 드러난다. '건축을 방해하는 세력의 계략'이라는 음모론은 오정현 목사를 지지하는 목회자와 교인들 사이에서 빠르게 퍼져 나갔다.

그러나 이러한 음모론은 근본부터 잘못된 것이었다. 조사를 진행한 권영준 장로는 예배당 신축을 찬성했을 뿐 아니라, 천문학적 비용으로 사랑의교회가 질타를 받자 앞장서서 교회 입장을 변호했던 인물이기 때문이다. 조사 보고서를 접한 후 오정현 목사에게 문제를 제기하기 시작한 교인들도 대부분 건축을 찬성하고 건축 헌금을 작정한 사람들이었다. 예배당 신축을 찬성해 왔던 사랑의교회 고직한 선교사 또한 당시 자신의 블로그에 "오정현 목사의 논문 표절과 예배당 건축은 별개의 사건"이라고 썼다.

오정현 목사의 사과 퍼포먼스로도 논란은 사그라들지 않았다. 여전히 뒤숭숭한 분위기 속에서, 옥성호 씨는 2월 14일 당회원들에게 옥한흠 목사의 편지 내용을 보냈다. 옥 목사 또한 2008년부터 오 목사의 정체를 의심해 왔다는 편지 내용이 언론을 통해 퍼져 나가면서, 논란은 더욱 타올랐다. 교인들이 오정현 목사를 신뢰한 바탕에는 옥한흠 목사에 대한 신뢰가 있었다. 오정현 목사를 택한 옥한흠 목사의 선택이 틀리지 않았을 거라는 믿음이었다. 그러나 공개된 편지를 통해, 옥한흠 목사 또한 이미 오정현 목사에게 '너의 정체가 무엇인가', '우리가 정말 한배를 타고 있는가' 묻고 있었다는 사실이 알려지자 교인들은

더욱 동요했다.[17]

어쩌면 그즈음이 마지막 기회였을지도 모른다. 하지만 오정현 목사는 반복해서 거짓말과 사실 왜곡을 택했고, 사랑의교회는 돌이킬 수 없는 분열의 길로 접어들었다. 담임목사라는 영적 위계에 눌려 진실을 보지 못하는 사람들은 '오정현 목사를 지켜야 사랑의교회를 지킬 수 있다'는 잘못된 믿음으로 오 목사의 방패막이를 자처했다. 그러나 지난 10년간 오정현 목사를 경험하며 "소리 없이 쌓이는 불신의 먼지"[18]의 실체를 확인하게 된 교인들은 이제 행동에 나서기 시작했다.

---

17 이 편지 내용은 오정현 목사에게 상당히 치명적이었다. 이에 오정현 목사를 지지하는 교인들은 옥성호 씨가 편지를 조작했다는 음모론을 주장했고, 당회 측은 옥성호 씨를 상대로 편지가 나온 옥한흠 목사의 노트북을 교회로 반환하라는 소송을 제기하기도 했다. 결국 소송을 통해 옥한흠 목사의 편지는 조작되지 않았다는 사실이 밝혀졌다. 옥한흠 목사 노트북 반환 소송 판결문과 노트북 포렌식 조사 결과는 이 책 '부록4'와 '부록5'에 각각 실어 놓았다.

18 옥한흠 목사가 오정현 목사에게 보낸 편지에 나오는 표현이다.

4장 마당 기도회의 시작

권영준 장로는 당회에서 구성한 조사 TF팀 위원장으로서 보고서를 발송했지만, 사랑의교회 당회는 일단 이 보고서가 당회 공식 입장이 아니라고 선을 그었다. 하지만 혼란을 수습하지 않을 수 없었다. 장로들은 2월 13일 임시당회를 열어 '대책위원회'를 구성했다. 대책위원회는 한 달간 오정현 목사의 신학 박사 학위논문에 대한 진상을 규명하고 사후 처리 방안을 마련하기로 했다.

당회원 7인으로 구성된 대책위원회는 한 달간 13차례 회의를 하며 광범위한 조사를 벌였다. 오정현 목사, 김진규 교수, 권영준 장로 등을 비롯한 관련자 14명에게 질의서를 보내 12명의 답변을 받아 비교·대조했다. 한 달 후 나온 대책위 보고서에는 2012년 6월 김진규 교수가 페이스북에 글을 올린 후부터 대책위가 결성된 2013년 2월에 이르기까지 어떤 일이 있었는지 세세하게 적혀 있었다. 여기에는 오정현 목사의 반복되는 거짓말이 더욱 자세하게 기록돼 있었다.

2012년 7월 김진규 교수의 사과문 제출로 마무리될 줄 알았던 사건은 물 밑에서 계속 진행 중이었다. 오정현 목사는 당회가 TF를 꾸렸을 때부터 사건을 무마하기 위해 움직이고 있었다. 그는 그해 6월 말 교계 원로인 홍정길 목사에게 연락해, 김진규 교수를 만나 설득해 줄 것을 요청했다.

이때도 오정현 목사는 정직하지 않았다. 박사 학위논문을 쓸 수준의 영어 실력이 아니지 않느냐는 홍정길 목사의 질문에, 오정현 목사는 "내가 한글로 논문을 썼고 아내에게 영어 번역 도움을 받았을 뿐으로 논문은 내 글이 확실하고 표절이나 대필이 아니다"라고 답했다고 한다. 이 이야기를 전해 들은 사랑의교회 한 장로가 7월 1일 '논문을 한글로 쓰고 영어로 번역하여 지도 교수의 지도를 받았다'는 것에 의문을 제기하는 이메일을 당회원들에게 발송하자, 오정현 목사는 다음 날 곧바로 "논문은 직접 작성하였으며 한글로 초록을 쓰고 이를 다시 영어로 옮겼다는 말은 절대 사실이 아니며 있을 수도 없는 일"이라는 내용으로 당회원들에게 메일을 보냈다.

오정현 목사의 도움 요청을 받은 홍정길 목사와 또 다른 교계 원로 이동원 목사는 7월 7일 김진규 교수를 만나, 사랑의교회에 직접 방문해 사과할 것을 권면했다. 이 자리에서 김진규 교수는 두 목사에게 '직접 사과하지 않으면 법적 조치를 취할 수밖에 없다'는 오정현 목사의 말을 전해 들었다. 다음 날 김진규 교수는 사랑의교회를 찾아 TF팀에 사과문을 제출했고, 사건은 일단락되는 줄 알았다.

그러나 '법적 조치를 취할 수 있다'는 말이 김진규 교수의 마음에 걸렸다. 두 원로목사에게 오정현 목사의 말을 전해 듣기도 했고, 그해 8월 중에는 김 교수가 근무하는 백석대학교로 한 변호사가 찾아와 부총장에게 "'하우사랑'에 게재된 김진규 교수의 글을 내리지 않으면 법적인 조치를 취할 수 있다"고 말했다는 것도 전해 들었다. 김진규 교수는 혹시나 고소나 소송이 들어왔을 때를 대비하기 위해 오정현 목사의 신학 박사 학위논문을 직접 구해서 읽어 보기로 했다. 그는 오정현 목사에게 논문을 달라고 두 번 요청했으나 거절당했다. 옥성호 씨를 통해 오정현 목사가 남아공 포체프스트룸대학에서 썼다는 신학 박사 학위논문을 구할 수 있었다.

논문이 표절이라는 사실은 금세 알 수 있었다. 김진규 교수는 오정현 목사의 논문 처음 다섯 장만 보고도 표절 증거를 다수 찾아냈고, 이를 권영준 장로와 이동원 목사, 오정현 목사에게 보냈다. 그전까지 오정현 목사를 믿고 있었던 권영준 장로는 큰 충격을 받고, 직접 오 목사의 논문을 조사하기에 이른다. 결과는 논문 전반에 걸친 수십 개의 표절이었다.

오정현 목사는 논문 표절·대필 의혹이 일던 초기부터 남아공 포체프스트룸대학과 접촉했다. 고성삼 부목사를 통해 김진규 교수가 찾아낸 표절 부분을 대학에 알리며, 논문을 '수정'할 방법을 알려 달라고 메일을 보냈다. 15년이 지난 논문을 수정하는 것도 이례적인 일이지만, 이는 단지 학문적인 접근이 아니었다. 고성삼 목사는 메일에 오정현 목사의 논문 표절 사건의 배후에 "온전히 오 목사와 사랑의교회를 공격하려는 의도"가 있다고 적어 보냈다. 포체프스트룸대학 전문가위원회specialist committee는 이를 수용하고, "의도적으로 표절한 것은 아닌 것으로 보인다"며 표절 부분만 수정하면 된다는 답을 보냈다. 이에 대해 대책위는 보고서에 "사회적 통념을 벗어나는 비정상적인 것"이라고 명시했다.

오정현 목사는 포체프스트룸대학의 답변대로 논문을 수정해 보냈다면서, 이제 자신의 논문에는 아무런 문제가 없다는 태도를 보였다. '논문 세탁'에 해당하는 행동을 하고도 외려 떳떳했다. 그러나 그가 수정한 부분은 처음 다섯 페이지에서 드러난 표절 부분일 뿐, 이후 권영준 장로가 찾아낸 논문 전반에 걸쳐 표절한 부분들은 수정되지 않았다. 게다가 오정현 목사는 15년 전에는 살아 있었지만, 당시에는 사망한 교수의 서명을 그대로 복사해 수정한 논문에 수록하기도 했다.

권영준 장로는 마태복음 18장에 나오는 원칙대로 하고자 했다. 그해 12월 22일 혼자서 오정현 목사를 찾아가 회개를 촉구했고(네 형제가 죄를 범하거든 가서 너와 그 사람과만 상대하여 권고하라), 이듬해 1월 27일에는 이화숙 권사와 함께 오정현 목사를 찾아가 다시 한번 회개를 촉구했다(만일 듣지 않거든 한두 사람을 데리고 가서 두세 증인의 입으로 말마다 확증하게 하라). 그러나 오정현 목사는 "김진규 교수가 지적한 부분 외에 표절은 없다", "바이올라대학 총장을 통해 윌킨스 교수에게 저서 인용을 허락받았다", "논문 수정으로 이 문제는 잘 해결될 것이다"라는 등 사실 왜곡을 반복했다. 그제야 권영준 장로는 성경 말씀대로(만일 그들의 말도 듣지 않거든 교회에 말하고) 당회원들에게 조사 결과 보고서를 보낸 것이다.

오정현 목사가 권영준 장로와의 면담에서 있었던 일을 교인들에게 '사임 협박'처럼 전한 것도 사실이 아니었다. 권영준 장로는 오정현 목사를 만나기 전 홍정길·이동원 목사와 의논했고, 두 목사는 권 장로에게 오정현 목사가 자진 사임해야 한다고 말했다. 권영준 장로는 이를 오정현 목사에게 전했을 뿐이다. 오정현 목사도 홍정길·이동원 목사의 뜻이 그렇다는 것을 알고 있었다. 권 장로를 만난 그날 저녁 오정현 목사 부부는 홍정길 목사와 이동원 목사 부부를 만나 자문을 구했는데,

그 자리에서도 두 원로는 오정현 목사에게 "당회에 사의를 표하라"고 권면했다. 그런데도 오정현 목사는 2주일 뒤 주일예배 시간, 마치 권영준 장로에게 사임 협박을 당한 것처럼 교인들에게 말한 것이다.

오히려 홍정길·이동원 목사를 비롯해 권영준 장로나 고직한 선교사 등 당시 사안을 알고 있던 사람들이 오정현 목사에게 자진 사임을 권유한 것은 협박이 아니라 '피할 길'을 열어 주려는 것이었다. 건축 문제야 이미 드러난 것이었고 이를 이유로 사임한다면, 학위논문 표절과 반복했던 거짓말은 외부에 알리지 않고 묻어 두겠다는 의미였다. 그렇다면 오정현 목사는 최소한의 명예는 지킬 수 있을 것이었다. 이러한 내용들이 대책위원회 조사에 응한 사람들의 답변서로 드러났다.

당회 대책위원회는 모든 증거와 상황을 종합했을 때, 오정현 목사의 신학 박사 학위논문은 표절한 것이라고 결론 내렸다. 당시 오정현 목사를 옹호하는 목회자와 교인들은, 논문 표절은 대학에서 판단할 일이라는 논리를 폈다. 그러나 대책위는 "포체프스트룸대학의 specialist committee가 이 문제를 재심의하고 있다고 하고, 대책위원회는 그간 절차의 적합성과 추가로 제기된 표절 의혹을 반영한 공식적인 대학의 결정을 기다리고 있다. 5월 초에 포체프스트룸대학의 공식적인 답변이 있을 것으로 예상되나 이와 관계없이 표절 그 자체는 부정할 수 없다고 판단된다"고 명시했다.

대책위는 오정현 목사의 거짓말과 사건 무마 시도 등도 나열하며 그의 도덕성에도 문제가 있다고 봤다. 대책위는 "표절 시비와 이에 따른 대처에 있어서 예수님의 제자로서의 삶을 강조하며 성장해 온 정감 운동을 하는 교회의 담임목사로서 적절하지 못한 언행과 처신으로 인해 사랑의교회의 많은 성도들은 물론 한국 교계와 사회에 큰 충격을 주고 교회의 명예를 실추시켰다"고 지적했다.

결과적으로 대책위는 오정현 목사에 대해 △자발적으로 12개월간 교회를 떠나 진정한 회개 및 자숙과 반성의 기회를 가지도록 권고 △동 기간 중 사례의 30%를 차감하여 지급 △사역 복귀 2년 경과 후 당회 및 공동의회에서 재신임 등의 조치를 취하도록 당회에 청원했다.[19]

~~~~~~

당회가 대책위원회를 결성하기로 한 2월 13일은 수요일이었다. 수요 예배 후 당회가 진행되는 저녁 시간, 교인 10명이 교회 마당에서 현수막을 들었다. 내용은 단순했다. 하얀 바탕에 검은색 열 글자, "하나님은 살아 계십니다". 이들은 당회가 끝날 때까지 현수막을 들고 서 있었다. 누가 시킨 것도 아니고 어떤 대가성으로 한 일도 아니었다. 담임목사의 논문 표절과 반복되는 거짓말을 제대로 다뤄야 한다는, 당회가 제대로 다뤄 주길 바라는 마음 하나로 모인 교인들이었다. 이들은 현수막을 들고 침묵으로 기도했다.

사랑의교회 전체 교인 수에 비하면 미미한 숫자였지만, 교인들은 움직이기 시작했다. 2월 13일 현수막을 들고 침묵으로 기도한 것을 계기로, 교회 '마당'에서 '기도'하는 교인들이 계속 생겨났다. 17일 주일에도 교인들은 마당 한구석에서 현수막을 들었고, 50여 명이 모여 함께 기도했다. 사랑의교회갱신공동체의 정체성이라 할 수 있는 '마당

---

19 대책위 보고서 전문은 이 책 '부록3'에 실어 놓았다.

기도회'는 이렇게 시작됐다.

초기에는 안수집사들의 행동이 두드러졌다. 이들은 교회가 바로 서기를 바라는 교인들이 소통할 수 있는 공간을 만들기 위해, 온라인 카페 '사랑의교회 회복을 위한 기도와 소통 네트워크(사회넷[20])'를 개설했다. 안수집사 23명은 2월 27일 대책위에 "이번 일이 한국 기독교 역사의 페이지에 낱낱이 기록될 거라는 두려움을 가지고, 상식과 원칙, 깨어 있는 영성으로 대책위원회의 역할을 다해 주시길 바란다"는 내용의 편지를 전달했다. 예배당 신축 반대를 위해 만들어진 온라인 카페 '하우사랑'에서도 당회원들에게 제대로 된 처리를 요구하는 청원서에 서명을 받았다.

"내일 사랑의교회 7인 대책위원들이 당회에 오정현 목사님의 논문 표절에 대한 조사 결과 보고가 있고, 그에 대한 당회의 조치를 발표할 예정입니다. 뜻이 있으신 안수집사님 순장님 성도님들이 수요 예배 후 마당에서 당회의 발표를 기다리면 어떨까요? 사랑의교회 운명이 걸린 중요한 날이니 모두 모여 주십시오. - 사회넷 운영진"

---

20 처음 사용했던 줄임말은 '사회넷'이었다. 오정현 목사를 지지하는 목회자와 교인들은 '사회'라는 말이 들어간다는 이유로 이들에게 '종북 좌파' 프레임을 씌웠다. 유치한 말장난이었지만 불필요한 논쟁을 없애고자 운영진은 공식 줄임말을 '사랑넷'으로 바꿨다. 사랑넷은 사랑의교회갱신공동체 전신이라 해도 무방할 정도로, 오정현 목사에게 문제를 제기하고 사랑의교회를 바르게 세우고자 했던 교인들이 이곳에서 활발하게 소통했다.

대책위는 한 달간 조사를 마치고 3월 13일 당회에 이를 보고할 예정이었다. 이 소식이 알려지자 사랑의교회 안수집사이자 순장, 성가대 총무, 그리고 사랑넷 운영진이었던 김근수 집사는 전날 밤, 사랑넷 카페에 공식적으로 마당에서 기도하자는 공고를 올렸다. 이 공고를 보고 30여 명이 모였다. 이들은 수요 예배 후 당회가 진행될 때 마당에 모여 기도했다.

대책위 보고서 내용은 분명했지만 당회에서는 쉽게 결론이 나지 않았다. 사랑의교회 당회는 13일, 14일, 15일 3일간 매일 모였다. 특히 15일에는 저녁 7시 30분부터 다음 날 새벽 3시 40분까지 마라톤 회의를 했다. 교인들은 당회가 열릴 때마다 마당에 모여서 기도했다. 회의가 길어지면서 당회가 사건을 적당히 덮으려고 한다는 소문이 퍼지자, 15일에는 200명이 넘게 모였다. 아직 밤에는 추울 때였고, 변변한 조명이나 음향 기기, 의자 같은 것도 없었다. 교인들은 30분마다 둥그렇게 서서 기도했다. 한 명이 대표 기도를 하면 이후 다 같이 기도를 했다. 기도한 후에는 자연스럽게 삼삼오오 모여 이야기했다.

당시만 해도 교인들의 상황 인식은 다양했다. 지난 10년간 오정현 목사의 목회를 경험하며 사랑의교회 본질이 달라지고 있다고 느꼈던 교인들은 '터질 게 터졌다'고 생각했다. 하지만 이번 논문 표절 사건이 터지기 전까지는 오정현 목사를 믿고 따르던 교인도 많았다. 부인할 수 없는 논문 표절을 오정현 목사가 계속 부인하고 사건을 무마하기 위해 거짓말을 반복했다는 사실을 확인한 후, 이들은 오 목사의 실체를 의심하고 있었다. 한 달 전 공개된 고 옥한흠 목사의 편지 내용에 적잖은 충격을 받은 사람들도 있었다.

온도 차는 있었지만 염원은 같았다. 당회가 이 사건을 정의롭게 해결해 주기를 바랐던 것이다. 그것이 사랑의교회의 본질, '제자 훈련 하는 교회'라는 정체성을 회복하는 유일한 길이라 믿었다.

그러나 교인들의 기도가 무색하게 당회의 결정은 많은 교인을 실족하게 했다. 당회는 대책위 조사 결과를 그대로 받아들였으나, 대책위가 청원한 오정현 목사 △1년 정직 △정직 기간 중 30% 감봉 △복귀 후 2년 뒤 재신임은 받아들이지 않았다. 당회원들은 오 목사에게 자진 사임을 권고하는 안건을 두고 투표했으나, 찬성 14명 반대 29명으로 부결됐다. 이후 논의를 거쳐 최종적으로 대책위 청원보다 수위가 한참 낮은 △설교 중지 6개월 △봉급 30% 자진 반납을 결정했다. 당회는 "교단 헌법과 교회 정관상 당회가 목회자를 징계할 수 없다"는 논리를 내세워, 징계가 아닌 '권고'를 하는 데 그쳤다.

마당에서 기도했던 교인들은 허탈함을 감추지 못했다. 교회 밖에서도 솜방망이 징계라는 비판이 잇따랐다. 게다가 그즈음 오정현 목사가 미국 바이올라대학에서 썼다는 목회학 박사 학위논문도 표절이라는 사실이 〈뉴스앤조이〉를 통해 드러났다.[21] 오정현 목사는 자신의 신학 박사 학위논문의 상당 부분을 목회학 박사 학위논문에 그대로 사용했다. 논문의 65%가 '자기 표절'이었다. 표절로 신학 박사 학위를 받고, 그 표절을 재사용해 목회학 박사 학위까지 챙긴 셈이다.

기대했던 당회의 결정이 솜방망이 징계로 끝나고 오정현 목사의 비

---

[21] 김은실, '오정현 목회학 박사 논문, 표절 더 심각', 2013년 3월 16일 〈뉴스앤조이〉

리는 계속해서 밝혀지는 상황에 문제의식을 느낀 교인들은 사랑넷에서 활발히 의견을 주고받았다. 이들은 교회를 위해 무엇이라도 해야 한다는 생각으로, 매주 금요일 저녁 8시 교회 마당에서 정기적으로 기도회를 열기로 했다. 3월 22일 금요일 저녁 첫 정규 모임에 260명이 넘게 참여했다. 이후 10년이 넘게 이어진 '사랑의교회 본질 회복을 위한 마당 기도회'의 시작이었다.

~~~~~~~~~~

오정현 목사는 당회의 '권고'를 받아들이고 바로 다음 주인 2013년 3월 18일부터 6개월간 자숙에 들어갔다. 당회는 일주일간 순장(사랑의교회 소모임 리더)들을 대상으로 당회 입장을 설명하는 모임을 열었다. 당회는 오정현 목사에게 권고를 하게 된 경위를 설명하고 순장들의 지지를 호소했다. 그러나 더욱 커져만 가는 교인들의 의문을 잠재울 수는 없었다. 일부 순장은 오정현 목사가 공언한 대로 사임해야 하는 것이 아닌지, 오 목사가 사임 협박을 받았다는 것이 사실인지 등을 질문했다. 당회 결정의 근거가 되는 대책위원회의 보고서를 공개해 달라고 요청하기도 했다.

오정현 목사는 다음 주부터 교회에 모습을 드러내지 않았다. 3월 24일 주일예배 시간에는 오정현 목사가 다시 한번 사과하는 영상이 송출됐다. 하나님께 회개하고 교인들 앞에 사죄한다는 내용이었다. 그는 당회 결정이 나오기 전까지도 공식적으로 논문 표절을 인정한 적이 없었다. 그러나 한 주 만에 논문 표절을 인정했다.

"우리 모두의 생명이시며 소망이 되시는 예수님의 이름으로 사랑하는 영적 가족들께 인사를 드립니다. 사랑하는 성도 여러분, 저는 지금 기도원에 머물면서 하나님께 이렇게 기도하고 있습니다.

하나님 아버지 무릎 꿇어 기도드립니다. 엎드려 눈물로 회개합니다. 박사 학위가 무엇이기에 저의 잘못에 스스로 눈감아 버렸던 것이 아닌지, 사역뿐만 아니라 모든 삶의 과정이 하나님의 영광을 위한 것이 되도록 해야 하는데 우리 성도들을 시험 들게 하고 세상 사람들이 교회를 의심하게 되는 일을 생기게 했음을 통탄합니다. 하나님의 청지기로서 섬길 수 있는 것이 얼마나 큰 것인지 명심 명심하겠습니다. 하나님 아버지께 더 큰 영광이 되었을 것을, 하나님 아버지 낮게 엎드려 잘못을 고하오니 용서하여 주옵소서.

사랑하는 성도 여러분, 하나님께 드린 참회의 기도와 꼭 같이 우리 성도님들께도 사죄의 말씀을 드립니다. 부디 여러분의 큰 사랑으로 받아 주시기 바랍니다. 저의 박사 학위 논문 표절로 인해 교회에 어려움을 끼친 모든 책임을 깊이 통감합니다. 또한 교회 본질적 사역을 소홀히 하였던 저의 잘못에 대해서도 깊이 깨닫게 되었습니다. 이에 저 스스로를 돌아보고 철저하게 회개하기 위하여 6개월 자숙하는 시간을 갖고자 합니다. 자숙 기간 이런 마음으로 기도하며 지내고자 하니 받아 주시길 바랍니다. 다시 한번 성도님들께 용서를 구합니다.

부디 주님의 몸 된 우리 사랑의교회가 안팎으로 더욱 든든히 세워져 나갈 수 있도록, 마음을 모아 주시기를 간곡하게 부탁합니다. 내일부터 시작되는 고난 주간 특새(특별 새벽 기도)를 통해 십자가의 능력과 회복의 역사가 일어나기를 기도하겠습니다. 고맙습니다."[22]

앞서 2월 10일 주일예배 때 눈물을 흘리며 사과했던 것보다는 차분한 모습이었지만, 이 사과로도 논란은 사그라들지 않았다. 이제야 논문 표절은 인정했으나, 교인들이 표절보다 더한 문제라고 느낀 '거짓말 반복'에 대해서는 어떠한 해명도 없었기 때문이다. 마치 논문 표절 외 아무 일 없었다는 듯 행동하는 오 목사와 당회의 태도는 문제의식을 느끼기 시작한 교인들의 분노를 부채질했다. 오정현 목사의 거듭된 거짓말은 단지 그의 도덕성 결함으로 끝나는 문제가 아닌 실제 영향력을 행사하는 것이었다. 그의 거짓말로 누군가는 교회에서 매장될 정도로 비난을 받았고, 많은 교인이 음모론을 믿게 됐으며, 결과적으로 교인 수만 명이 편을 갈라 싸우게 됐다.

사랑의교회 밖에서도 오정현 목사와 사랑의교회 당회에 대한 비판이 쏟아졌다. 일반 사회에서도 논문 표절이 밝혀지면 자리를 내려놓는 것이 상식인데, 오 목사와 사랑의교회가 상식 이하의 결정을 했다는 것이다. 특히 기독교윤리실천운동 자문위원장이자 평생 한국교회 도덕성 회복 운동을 해 온 교계 원로 손봉호 교수가 쓴 글은, 오정현 목사와 사랑의교회 당회의 패착이 무엇인지 정확히 짚고 있었다.

"오정현 목사의 표절 문제가 제기되었을 때 나는 대부분의 다른 그리스도인들처럼 오정현 목사가 즉시 사실을 시인하면서 철저히 회개하고 목사직을

---

[22] https://www.youtube.com/watch?v=UoqjwyDguv8

당장 사임하기를 간절히 바랐다. 오 목사의 표절은 의심할 여지가 전혀 없음을 권영준 교수의 보고서가 너무나 분명히 밝혔기 때문에 어떤 해명도, 부인도 불가함을 알았다.

가장 합리적이고 상식적인 해결은 철저한 회개와 회개에 합당한 행동이었다. 오 목사가 구차한 변명으로 자해 행위를 하지 않고 인정과 회개라는 너무나 분명하고 당연한 길을 택했더라면, 자신과 사랑의교회도 살았을 것이고 한국교회가 입은 명예 손상도 다소 줄어졌을 것이다. (중략)

안타깝게도, 정말 너무나 안타깝게도 오정현 씨는 그럴 만한 신앙이 없었다. 결과적으로 그 자신도, 그를 따랐던 사랑의교회도, 그를 후임으로 택했던 고 옥한흠 목사도, 그리고 한국교회 전체도 치욕을 당한 것이다. 불행하게도 그는 중요한 기회를 놓쳐 버렸다. 최근에 한 그의 '회개'는 아무도 인정할 수 없는 외식이며 오히려 하지 않는 것보다 못한 허례에 불과하다. (중략)

불과 몇 달 전에 서울대 교수 하나가 논문 표절 때문에 교수직을 사임했다. 오 목사의 표절은 일반 논문보다 훨씬 더 중요한 학위논문에서 자행되었고 그것도 두 번이나 걸쳐 감행되었다. 게다가 그는 하나님 말씀을 대언한다는 목사였다. 다른 누구보다 더 정직해야 하고 더 진실해야 할 위치에 있으며 자신이 바로 정직 운동에 앞장섰다.

그런 사람이 저지른 그런 심각한 거짓을 겨우 6개월간의 설교 정지로 처벌한 것은 성경의 원칙, 기독교의 전통뿐만 아니라 어느 사회, 어떤 상식으로도 이해될 수 없는 처사다. 결국 사랑의교회 당회는 옥한흠 목사의 제자 훈련이 헛수고였음을 웅변적으로 증명하고 말았다.

당회가 올바로 판단했더라면 적어도 사랑의교회는 살 수 있었을 것이고 옥한흠 목사의 명예도 유지될 수 있었을 것이다. 그러나 안타깝게도 그들은 오 목사에게 아무 도움도 주지 못했을 뿐 아니라 사랑의교회와 옥한흠 목사의 명예를 짓밟아 버렸고 한국교회에 고칠 수 없는 상처를 남기고 말았다. 한국 기독교가 두고두고 자랑할 수 있는 아름다운 교회 하나를 파괴하고 말았다."[23]

---

[23] 손봉호, '죽었으면 살았을 걸', 2013년 3월 28일 〈뉴스앤조이〉

5장 터져 나오는 의혹들

오정현 목사의 박사 학위논문 표절 사건의 전말이 밝혀진 2013년 2~3월은 사랑의교회 창립 이래 그 어느 때보다 혼란스러운 시기였다. 오정현 목사에 대한 신뢰는 크게 금이 갔다. 그 갈라진 틈 사이로 지난 10년간 오 목사의 목회를 경험하며 느껴 온 의문들이 하나둘 흘러나왔다.

가장 큰 것은 재정에 대한 의혹이었다. 교인들은 그간 이상하게 여겨 왔지만 애써 모른 척했던 일들을 이야기하기 시작했다. 마침 막바지에 이른 새 예배당 건축의 비용이, 당초 오정현 목사가 말했던 2000억 원이 아니라 3100억 원까지 늘어났다는 사실도 논란을 키웠다. 오정현 목사가 건축을 밀어붙일 때 "비용이 2000억 원이 넘어가면 건축을 포기하겠다"고 말했다는 소문도 돌면서, 다시 한번 오 목사의 거짓말이 도마에 올랐다.

초창기부터 마당 기도회를 주도해 온 김근수 집사는 과거 한 부목사에게 들었던 말을 떠올렸다. 사랑의교회는 매년 일주일간 특별 새벽 기도를 한 후, 그 실황을 '내 영혼의 풀 콘서트'라는 이름의 CD로 발행해 판매해 왔다. 그런데 그 수익금이 오정현 목사 개인 계좌로 들어간다는 것이었다. 처음 그 말을 들었을 때는 별로 관심을 갖지 않았는데, 오정현 목사에 대한 신뢰가 무너진 상태에서는 정말 그럴 수도 있겠다고 느꼈다. 생각해 보니, 김근수 집사 자신을 비롯해 어느 누구도 오정현 목사가 교회에서 얼마를 받아 가는지 알지 못했다.

이런 의혹들이 단시간에 터져 나오기 시작했다. 오정현 목사의 박사 학위논문 2개(신학·목회학)는 모두 표절로 드러났는데, 그가 박사 학위 2개를 보유해 매월 '박사 수당'으로 100만 원을 받았다는 사실도 알려졌다. 오정현 목사의 1년 주유비로 3400만 원이 나갔고, 교회가 소유한 강원도 원주 오크밸리리조트 회원권을 오정현 목사가 너무 많이 이용하고 있으며, 교회의 결의 없이도 오 목사가 수백에서 수천 만 원을 타 단체나 개인에게 줬다는 등 교회 재정이 주먹구구식으로 쓰이고 있다는 소문이 쏟아져 나왔다.

온라인 카페 사랑넷에서 의견을 주고받으며 정기적으로 마당 기도회를 열기로 한 교인들은, 오정현 목사에 대한 문제 제기를 조금 더 체계적으로 하기 위해 실무를 맡을 총무단을 결성하기로 했다. 김근수 집사를 비롯한 몇몇 안수집사가 총무단을 맡았다. 이들은 당시 봇물처럼 터져 나오던 오정현 목사에 대한 의혹들을 정리해 그해 4월 오 목사와 당회에 보냈다. 종교개혁의 마중물이 된 루터의 95개조 반박문에 빗대 '95개조 질문'을 만들었다.

95개조 질문에는 오정현 목사의 논문 표절이 드러나는 과정에서 있었던 그의 거짓말을 포함해, 새 예배당 건축의 편법·불법성, 교회 재정을 주먹구구식으로 쓰고 있다는 의혹, 그리고 오정현 목사의 학력에 대한 의구심까지 총망라돼 있었다. 당시에는 소문들에 의지해 질문을 작성할 수밖에 없었기에 '설마 이렇게까지 했을까' 싶을 정도로 믿기 어려운 부분도 있었으나, 이는 그만큼 오정현 목사에 대한 신뢰가 크게 무너졌다는 사실을 방증했다.

반대로 오정현 목사를 지지하는 교인들도 결집하기 시작했다. 이들은 오정현 목사가 자숙에 들어간 시기, '무교병'이라는 온라인 카페를 만들어 대응했다. 무교병에서는 오 목사를 적극적으로 지지하는 교인들이 활발하게 의견을 주고받았다. 이들은 당회가 결정했고 오정현 목사가 회개했기 때문에 교인들 또한 이를 받아들여야 한다고 주장했다. 하지만 이러한 주장을 넘어서, 오 목사와 당회의 결정에 반대하는 교인들을 확인되지 않은 사실들로 깎아내리는 사람도 많았다. 이들은 마당 기도회 교인들을 '이단', '신천지', '종북 좌파'라고 헐뜯었다.

비방은 온라인에서만 일어나지 않았다. 무교병 교인들과 교회 측은 매주 금요일 저녁 예배당 마당에서 진행되는 마당 기도회를 방해했다. 눈치를 주는 것을 넘어 소리를 지르며 시비를 걸고 실랑이가 벌어지면 채증을 했다. 무교병 교인들은 마당에 서서 찬송을 부르며 훼방을 놨고, 교회 측은 마당에 있는 스크린을 통해 본당에서 진행되는 금요 기도회를 생중계해 마당 기도회 진행을 막으려 했다. 부교역자들은 마당 기도회에 참여하는 순장들을 회유하거나 순장 자리를 내려놓으라고 압박했다. 감정이 격해진 교인들이 물리적으로 충돌하는 일도 벌어지면서 교인들 간 고소·고발이 제기되기도 했다.

당시 사랑넷 교인들을 극렬하게 비방하던 이들의 사건 인식은, 오정현 목사의 오른팔처럼 행동했던 주연종 부목사가 2016년 발행한 〈진실〉(RHK)이라는 책에서 확인할 수 있다. 이들은 권영준 장로와 김진규 교수, 옥성호 씨, 홍정길·이동원 목사, 당시 〈뉴스앤조이〉 김종희 대표 등이 오정현 목사를 끌어내리려고 '설계'를 했다는 음모론을 믿었다.[24] 특히 옥성호 씨가 오정현 목사의 논문 표절을 조사해 달라고 청원하고 고 옥한흠 목사의 편지를 공개한 점을 두고 '원로목사의 아들이 후임 목사를 괴롭힌다'는 프레임을 짰다. 오정현 목사의 태도와 당회의 결정을 비판해 온 기독교윤리실천운동·성서한국·개혁연대 등 복음주의 사회 선교 단체들을 '종북 좌파'로 매도하고, 이들이 작당해 사랑의교회를 무너뜨리려 한다고 했다. 교회가 혼란한 틈을 타 신천지가 끼어들었다고 하는 사람도 있었다. 결과적으로 이 모든 사달은 사랑의교회가 '새 성전'을 건축하고 있기 때문에 발생하는 사탄의 계략이라고 믿었다.

교인들 사이 갈등이 격해지고 있었지만, 당회는 제대로 된 대응을 하지 못했다. 안수집사 5명이 공식적으로 당회에 재정 장부 열람을 요청하고 사랑넷을 중심으로 서명운동이 벌어지자, 당회 서기·총무·재정 장로 3인은 5월 12일 교회 재정 운영과 관련한 해명 글을 공지했다. 사랑의교회의 재정 운영 시스템은 오히려 선진적이고, 새 예배당 건축 과정에 비리는 없었으며, 오정현 목사의 사치스러운 사생활 등도 사실이 아니라고 못 박았다. 마당 기도회 교인들은 3인 장로의 해명에 증거를 요구했다. 증거를 확인하고 3인 장로의 주장이 맞다면 자신들이 책임을 지겠다고 했다. 그러나 장로들은 이에 응하지 않았다.

그러던 중 포체프스트룸대학이 5월 29일, 오정현 목사의 학위논문

---

[24] 주연종, 〈진실〉(RHK) 24쪽

이 표절인 것은 맞지만 논문의 중요성과 학문의 기여도가 인정되기 때문에 박사 학위 자체는 취소하지 않기로 결정했다는 소식을 전해 왔다. 오정현 목사를 지지하는 교인들은 이를 '결국 오정현 목사에게는 아무 문제가 없었다'는 식으로 받아들였다. 그러나 교계는 물론 일반 사회에서도 포체프스트룸대학의 결정은 학문적으로 문제가 많다는 지적이 이어졌고, 진짜 문제는 오정현 목사의 학위가 아닌 표절과 거짓말이었기에 대학의 결정은 사랑의교회 분쟁 상황에 별다른 영향을 주지 못했다.

그해 6월에는 '안수집사회'가 공식 출범했다. 안수집사회는 사랑넷이나 마당 기도회와는 선을 그었으나, 이듬해 9월까지 정기적으로 안수집사회보를 발행해 시기마다 논란의 쟁점들을 정리하고 사랑의교회가 바로 설 수 있도록 교인들의 참여를 촉구했다. 안수집사회보가 나올 때면 교인들은 예배당 앞에서 이를 교인들에게 배부했다. 오정현 목사를 지지하는 부교역자들의 감시와 교인들의 시비가 따라 붙었다.

장로들의 성향도 갈렸다. 당시 당회에서 의결권을 행사할 수 있는 장로는 49명이었는데, 20여 명이 오정현 목사를 반대해 의결정족수 2/3를 채울 수 없었다. 오정현 목사를 반대하는 장로들은 표면적으로는 성향을 드러내지 않았지만, 이들은 오 목사와 그를 지지하는 장로들이 교회를 좌지우지할 수 없게 만드는 최후의 보루였다. 이 때문에 사랑의교회 당회는 한동안 '식물 당회' 상태였다. 마당 기도회 교인들은 이들을 '개혁 장로'라고 불렀다.

오정현 목사가 없는 상태였지만 교회 운영을 위해 당회를 하지 않을 수 없었다. 그리고 그 분위기가 좋을 수도 없었다. 한번은 오정현 목사를 지지하는 교인에 의해 위험한 일이 벌어질 뻔했다. '정치 깡패' 출신으로 당시 사랑의교회 집사였던 일명 '용팔이', 김용남 씨는 2013년 6월 당회가 열리는 회의실에 경유를 들고 가 권영준 장로를 비롯한 개혁 장로들을 욕하며 '분신 협박'을 했다. 그는 마당 기도회 교인들을 지속적으로 괴롭혔고, 오정현 목사를 지지하는 교인들에게는 금전적 지원을 받았다. 김 씨는 이듬해 기독교대한하나님의성회 서대문 총회에서 목사 안수를 받았는데, 사랑의교회에서의 분신 협박 사건으로 유죄를 선고받고 목사가 된 지 3일 만에 구속되기도 했다.

당회는 교인들이 제기하는 의혹들을 제대로 해명하지 않은 채 '화합'만을 강조했다. 당회는 6월 30일 성명을 내고, 오정현 목사의 논문 표절에 대해서는 포체프스트룸대학의 공식 결론이 있으니 더 이상 논의하지 않겠다며, 앞으로 교회 공동체 화합을 위해 노력하겠다고 했다. 그러나 정의를 묵살한 채 화해만 강조하는 것은 이미 신뢰가 깨져 버린 교인들의 화만 돋우는 일이었다. 사랑의교회 장로·권사·안수집사 등 교인 700여 명은 7월 2일 자 〈한겨레〉와 〈조선일보〉에, 오정현 목사의 사퇴와 재정 장부 공개 등을 요구하는 성명서를 실었다.

사랑의교회 당회는 어떻게든 사태를 빠르게 수습하려 했지만 결과적으로 정반대의 결과를 낳고 말았다. 오정현 목사가 강단을 비운 6개월간 교회는 더욱 혼란해졌고, 수십 년간 함께 신앙생활을 해 오던 교인들이 서로 눈을 흘기며 고소·고발을 주고받게 됐다. 오정현 목사를 제대로 치리하지 않은 결과가 눈덩이처럼 굴러 거대한 산사태를 몰고 온 것이다.

오정현 목사가 복귀하는 9월이 다가오면서 사랑의교회 상황은 더욱 긴박하게 돌아갔다. 마침 2013년 9월 2일이 고 옥한흠 목사의 3주기였기에, 둘로 나뉜 사랑의교회 분쟁 상황은 더 극적으로 드러났다.

  사랑넷 교인들과 안수집사회는 8월 30일 금요일 마당 기도회를 '고 옥한흠 목사 3주기 추모 기도회'로 열었다. 교인 700여 명이 참석해 교회 마당을 가득 채웠다. 푹푹 찌는 날씨에도 교인들은 마당에 돗자리를 깔고 다닥다닥 붙어 앉았다. 교계 원로인 홍정길 목사, 손봉호 교수, 이만열 교수가 영상으로 추모사를 전해 왔다. 이들은 사랑의교회가 옥한흠 목사의 제자 훈련 정신을 회복해야 한다고 말했다. 옥한흠 목사의 장남 옥성호 씨도 참석해 감사 인사를 전했다. 사랑의교회에서 오래 사역한 고직한 선교사가 추모회 사회를 봤다. 교인들은 옥한흠 목사의 메시지가 담긴 영상을 보며 눈물을 훔쳤다.

  교회 측이 공식 추모 행사로 기획한 '고 은보 옥한흠 목사 3주기 추모 예배'는 9월 2일 안성 수양관에서 열렸다. 여기서는 잠깐의 소란이 있었다. 이날 추모 예배에는 자숙 기간 중이었던 오정현 목사가 참석했다. 수염을 기른 오정현 목사는 유족들과 함께 맨 앞줄에 앉았다. 오 목사는 추모회 순서 중 '은보상' 시상 시간이 되자 단상으로 올라가려 했다. 그때 고직한 선교사가 먼저 단상으로 올라가 마이크를 잡고 소리쳤다.

  "오정현 목사는 이 상을 시상할 자격이 없습니다!"

시종일관 무거운 분위기 속에서 진행되던 추모 예배는 순식간에 소란스러워졌다. 강단 가까이 앉은 교인들은 오정현 목사를 지지하며 소리를 질렀고, 뒤쪽에 앉은 한 교인은 일어나 반대한다고 외치기도 했다. 오정현 목사는 태연하게 고직한 선교사에게서 마이크를 가져왔다. 고 선교사는 사랑의교회 부교역자들에게 둘러싸여 단상 아래로 끌어 내려졌다. 장내에는 야유와 박수가 동시에 쏟아졌다. 오정현 목사는 "옥성호 집사가 옥한흠 목사님의 아들이지만, 저도 옥한흠 목사님의 영적 아들입니다"라고 말했다. 이날 오정현 목사는 옥 목사의 아내 김영순 씨와 꼭 껴안는 장면을 연출하기도 했다.

옥한흠 목사는 살아생전 제자 훈련을 강조하며 교회, 특히 목회자의 세속화를 경계하는 메시지를 많이 선포했다. 2013년 사흘 간격으로 열린 옥한흠 목사 추모회는 과연 어느 곳이 옥한흠 정신에 부합하는지 보여 주는 것 같았다. 마당 기도회에서는 옥한흠 목사의 메시지를 들으며 작금의 사랑의교회 현실에 대해 기도했다. 그에 반해 안성수양관 추모 예배에서 있었던 오정현 목사의 행동은, 복귀를 앞두고 '옥한흠 목사는 나를 지지했다'는 것을 애써 피력하려는 것 같았다. 그러나 그해 드러난 오정현 목사의 행보는 이미 옥한흠 정신을 많이 벗어나 있었다. 며칠 후 손봉호 교수는 오정현 목사를 향해 "자신을 옥한흠의 영적인 아들이라고 생각한다면 지금이라도 사임하라"고 일침했다.

오정현 목사의 복귀를 하루 앞둔 9월 17일, 사랑의교회 교인 3034명은 〈조선일보〉에 '이제 우리는 공식적으로 오정현 목사의 사임을 촉구합니다!'라는 제목의 성명서를 실었다. 교인들은 오정현 목사가 제자 훈련 하는 목회자라면, 옥한흠 목사의 영적 아들이라면 사임해야 한다고 했다. 오 목사가 논문 표절 조사 과정 중 보인 거짓말과 말 바꾸기 등을 인정하거나 사과한 적이 없다는 점을 짚었다. 또 자숙 기간 오정현 목사를 지지하는 교인들이 당회와 마당 기도회를 방해하고, 부교역자들이 마당 기도회 교인들에게 순장직을 그만두라고 압박했는데, 오 목사가 이를 방조했다고도 지적했다.

실제로 오정현 목사의 사건 인식은 바뀌지 않았다. 그는 자숙 기간이었던 7월 18일, 광림수도원에서 열린 사랑의교회 대학부 수련회에 나타났다. 아내와 함께 지나가는 길에 들렀다는 오정현 목사는 단상에 나와 30여 분간 발언했다. 그는 청년 1100여 명 앞에서, 지금 사랑의교회가 겪는 일을 이스라엘 백성이 겪은 고난에 비유하며 "새 성전에 들어갈 때까지 이스라엘 백성이 성화되고 다듬어지는 과정"이라고 말했다. 사랑의교회가 분열하고 교인들이 반목하는 현재 상황의 근본 원인을, 자신의 부정직함이 아닌 새 예배당 건축이라는 '영광스러운' 일을 마무리짓기 전 겪는 시련으로 인식하는 것이다.

교인 수천 명이 오정현 목사의 사임을 촉구하는 상황이었지만, 교회 측은 오 목사의 복귀가 매끄럽게 진행되게 하기 위해서만 애썼다. 3월 22일 주일, 교회는 본당 곳곳에 "예배는 십계명과 장로교 예배 모범 물론, 형법(158조-예배 방해, 314조-업무 방해)에 의해서도 보호받고 있습니다"라는 공고문을 붙여 놨다. '예배 지킴이'라는 이름으로 모인 교인 수백 명이 본당 맨 앞자리를 꿰차고 앉아 아침부터 오후까지 모든 예배에 참석해 오정현 목사에게 호응했다. '평신도협의회'라는 이름의 단체는 오정현 목사의 복귀를 환영한다는 성명서를 교인들에게 나눠 줬다. 이들은 성명서에서 "사랑의교회 평신도협의회는 혹독한 시련을 감내해 온 담임목사님의 복귀와 사역 재개를 진심으로 환영한다. 담임목사님은 그동안 뼈를 깎는 아픔으로 자신을 돌아보고 교회의 회복과 하나 됨을 위해 기도해 왔다"며 "모든 논란과 갈등을 접고 회복과 갱신의 길로 들어서야 할 때다. 내부 혼란의 원인으로 떠돌던 쟁점들은 대부분 사실이 아니거나 터무니없이 왜곡, 과장된 것으로 밝혀졌다"고 했다.

오정현 목사 복귀 예배는 별다른 소란 없이 진행됐다. 오 목사는 설교에서 '사랑'을 강조했다. 그는 6개월간 교인들에게 큰 아픔을 준 것에 용서를 구하며 설교를 시작했다. 사랑의교회의 가치는 사랑의 크기로 결정된다며, 세상의 윤리와 기준을 뛰어넘은 예수님의 사랑에 응답하자고 독려했다. 교회 상황에 대한 구체적인 언급은 없었다. 많은 교인이 설교에 아멘으로 응답하며 오정현 목사에게 박수와 지지를 보냈다.

돌발 상황은 벌어지지 않았지만, 오정현 목사를 규탄하는 목소리는 계속됐다. 이날 사랑의교회 정문 앞에서는 한 교인이 오정현 목사의 목회 철학에 따르지 않으면 순장 사역을 지속할 수 없다는 교회 방침에 반대하는 1인 피켓 시위를 벌였다. 교회로 가는 길목 곳곳에 '오정현 목사의 복귀를 반대합니다', '우리는 목사의 제자가 아니라 예수님의 제자입니다'라는 피켓을 든 교인들이 서 있었고, '옥한흠 목사의 영적 아들이라면 사임해야 합니다'라는 문구가 적힌 현수막도 걸렸다.

오정현 목사는 복귀했지만 해결된 것은 아무것도 없었다. 오히려 오 목사가 자숙에 들어갔을 때보다 사랑의교회 상황은 더욱 안 좋아졌다. 수많은 의혹이 터져 나오고 있었으나, 오정현 목사와 그를 지지하는 교인들은 이제 갈등을 멈추고 화합해야 한다고 말할 뿐이었다. 그렇다고 오정현 목사가 강조한 '사랑'이 실천되는 것도 아니었다. 오 목사를 지지하는 부교역자 및 교인들이 마당 기도회 교인들을 대하는 태도는 여전했다. 마당 기도회를 방해하고 얼마 전까지 같이 신앙생활 했던 교인들을 이단·사이비, 종북·좌파라고 비방했다. 결과적으로 그들이 강조한 사랑은 오정현 목사에 대한, 오정현 목사를 향한 사랑이었음이 드러났다.

6장 참제자의 길, 사랑의교회갱신위원회

갈등 상황이 계속되던 사랑의교회에 한 가지 큰 변수가 있었다. 서초역 앞 새 예배당이 완공돼 2013년 11월 24일 입당한다는 것이었다. 9월 중순 오정현 목사가 복귀한 후, 그를 따르는 교인들은 새 예배당에 들어갈 날이 얼마 남지 않았다는 사실에 들떠 있었다. 교회 측은 입당을 서두르는 모습이 역력했다. 10월 24일에는 건물 사용 승인 신청도 하지 않고 새 예배당에 들어가 기도회를 열었다. 오정현 목사와 그를 지지하는 교인들은 그들 스스로 짰던 프레임처럼, 올 한 해 일어났던 모든 사달은 입당을 위한 '시련'이라고 믿었다. 새 예배당 입당이 자신들에게 유리한 전환점이 될 거라고 믿었다.

그러나 더 이상 오정현 목사에게 진실과 진정성을 기대할 수 없게 된 교인들의 결속은 더욱 강해졌다. 서초 예배당 입당이 다가오던 11월 1일, 마당 기도회 교인들은 '사랑의교회갱신위원회'를 공식 출범했다. 그간 사랑넷 총무단이 마당 기도회와 오정현 목사에 대한 문제 제기를 주도해 왔는데, 마당 기도회에 참여하는 교인이 점점 많아지고 오정현 목사의 의혹들도 계속 터져 나오면서 좀 더 체계적인 조직을 갖출 필요성을 느꼈다. 갱신위원회는 초대 위원장으로 교인들에게 두루 신임받던 김두종 은퇴장로를 추대하고, 실무팀·법무팀·홍보팀 등 조직을 구성했다.

갱신위원회는 단지 오정현 목사 반대를 넘어 사랑의교회 제자 훈련 정신 회복을 천명했다. 작금의 사랑의교회가 혼란스러워진 원인은 오정현 목사 한 사람의 문제가 아닌 교역자 중심의 '제왕적 목회'에 있다고 봤다. 이는 '평신도를 깨운다'는 모토로 일반 신자들을 교회의 주체 및 사역의 동역자로 여겼던 사랑의교회 제자 훈련 정신과는 정반대에 있는 것이었다. 당시 갱신위원회에 참여한 교인들의 문제의식과 교회 개혁 방향은, 갱신위원회 출범 시 발표한 성명서에서 자세하게 확인할 수 있다.

교회의 회복을 바라는 사랑의교회갱신위원회의 입장

사랑의교회는 설립 이래 성경적 교회론에 기초하여 평신도를 사역의 주체로 세우려는 제자 훈련을 감당하였으며, 이를 통해 교회 갱신을 위한 하나님의 도구로 사용되어 왔습니다. 하지만, 사랑의교회는 리더십의 교체 이후 교회갱신의 담대한 걸음을 멈추고, 교역자 중심의 제왕적 목회를 기반으로 외형적 교회 성장에 집중하는 세속적인 모습으로 변질되어 버렸습니다.

급기야, 사랑의교회는 담임목사의 논문 표절이 확인되고, 학력, 목사 안수, 횡령, 배임 등에 대한 의혹이 계속 제기되고 있음에도 불구하고, 강대상에서는 거짓 복음이 선포되고, 중직자들은 교회 질서를 어지럽히는 등 스스로 인적 쇄신과 구조적 갱신을 이루는 것이 불가능한 상황에 이르렀습니다.

이에 사랑의교회갱신위원회(이하 '갱신위원회')는

1) 각 사람을 그리스도 안에서 온전히 세우는 평신도 제자 훈련 목회 철학을 회복하고,
2) 세속적인 가치를 추구하는 교회 지도자들을 배척하여 성경적인 리더십을 재확립하고,
3) 정직하고 건전하며 상식적인 교회 구조의 변화를 통해 성경적 교회상을 구체적으로 실현하기 위해 다음과 같은 사역들을 감당할 것입니다.

하나, 우리는 바람직한 교회상을 확립하고 이를 교회 제도에 반영되도록 노력할 것입니다.

갱신위원회는 평신도를 교회의 주체로 여기는 교회 설립 당시의 교회론에 따라 성경에 충실한 바람직한 교회상을 확립하고, 한 사람을 온전하게 그리스도의 제자로 세우는 제자 훈련의 정신을 발전적으로 계승하기 위한 노력을 다할 것입니다. 나아가, 갱신위원회는 이와 같이 확립된 교회의 모습을 교회 정관 및 조직에 구체적으로 반영하는 제반 활동을 수행할 것입니다.

하나, 우리는 교회 내의 부정부패를 척결하기 위해 노력할 것입니다.

갱신위원회는 부정직하고 불의한 담임목사를 배척하고 교회 내의 부정부패를 척결하기 위하여 성도들의 역량을 모으고, 교회가 개혁 교회 전통에 따라 합리적으로 운영되도록 하기 위한 제반 활동을 수행해 나갈 것입니다.

하나, 우리는 신축 중인 서초 예배당과 관련된 문제의 대안을 마련할 것입니다.

갱신위원회는 서초 예배당이 담임목사의 세속적 욕심이 투영된 것으로 판단하여, 건축 과정 중에 발생한 문제들을 면밀히 파악하고, 이에 대한 해결책과 대안을 마련하기 위한 제반 활동을 수행할 것입니다.

하나, 우리는 개혁을 바라는 성도들에게 대안 공동체를 제공할 것입니다.

갱신위원회는 교회 운영이 정상화될 때까지, 세속화된 사랑의교회 모습에 대해 애통하는 성도들을 위하여 예배, 양육, 교제를 위한 대안적인 공동체 역할을 수행할 것입니다.

2013년 11월 1일

사랑의교회갱신위원회

몇 주 뒤 서초 예배당 입당이 예고된 상황이었지만 마당 기도회 교인들은 도저히 서초 예배당에 갈 수 없는 심정이었다. 서초 예배당은 공공 도로 지하 부분에 예배당을 지었다는 불법 의혹을 받고 있었고, 이는 단순히 서초구청의 점용 허가가 불법이냐 아니냐를 떠나 큰 예배당을 자랑하고 싶어 하는 오정현 목사의 세속적인 야망을 보여 주는 일이었기 때문이다. 오 목사와 그를 지지하는 교인들이 서초 예배당에만 들어가면 모든 문제가 해결될 것처럼 행세하는 것도 받아들일 수 없었다.

갱신위원회 위원장 김두종 장로와 안수집사회는 오정현 목사에게, 교회가 서초 예배당으로 옮기더라도 힘들어하는 교인들을 위해 강남 예배당을 기도 처소로 계속 쓰게 해 달라고 요청했다. 그러나 오정현 목사는, 그것은 당회가 결정할 사항이지 자신은 권한이 없다는 식으로 대응했다. 당회에서는 이 문제를 다루지 않았다. 오히려 교회 측은 당회 결의도 거치지 않은 채 강남 예배당을 '옥한흠 목사 기념관' 등으로 리모델링할 것이라며 폐쇄할 준비를 했다.

11월 24일, 서초 예배당 입당을 기점으로 결국 사랑의교회는 물리적으로 둘로 찢어지고 말았다. 오정현 목사를 지지하거나 교회 사건에 별로 관심이 없던 대다수 교인은 자연스럽게 서초 예배당으로 옮겨 갔다. 6500석 본당은 가득 찼고 교인들은 감격에 겨워 했다. 마침 추수감사절을 맞아 오정현 목사는 '감사'를 주제로 설교했다. 많은 고난이 있었지만 3만여 명의 물질 후원과 4만여 명의 기도 후원 덕분에 예배당을 완공할 수 있었다며 자축했다. 예배가 끝난 후에도 교인들은 교회 건물 곳곳에서 사진을 찍으며 새 예배당 입당을 기념했다.

갱신위원회 교인들은 강남 예배당에 남았다. 어떻게 해야 할지 끝까지 고민하다가 전날 급하게 강남 예배당 마당에서 기도회를 열겠다고 교인들에게 메시지를 보냈다. 갑작스러운 소식을 듣고도 600여 명이 모였다. 이들은 추운 날씨에도 예배당 마당에 얇은 돗자리 하나 깔고 앉아 기도회를 했다. 영상으로 옥한흠 목사의 설교를 듣고, 매주 금요일 마당 기도회에서 했던 것처럼 오정현 목사의 진정한 회개와 사랑의교회의 회복을 위해 기도했다. 주일예배 시간에 따로 마당 기도회를 연 것은 이날이 처음이었다.

교인 20여 명은 마당 기도회가 끝난 후 서초 예배당으로 넘어가 피켓 시위를 벌였다. 서초 예배당 앞 왕복 10차선의 반포대로 건너편에서 교인들은 피켓을 들고 현수막을 걸었다. '우리는 회개 없는 목사와 예배드릴 수 없습니다', '알고 보니 거짓 학력, 완성되니 거짓 건물, 오정현 목사님 도대체 정체가 뭡니까' 등의 문구가 걸렸다. 한 교인은 '우리는 목사의 제자가 아니라 예수님의 제자입니다'라고 쓰인 피켓을 들고 예배당 마당 앞에 서서 시위하다가 부교역자들의 시비에 휘말리기도 했다.

매주 금요일은 원래 마당 기도회를 여는 날이었다. 갱신위원회는 오정현 목사의 회개를 촉구하기 위해 금요 마당 기도회만큼은 서초 예배당 마당에서 열기로 했다. 서초 예배당에 입당한 주 금요일이었던 11월 29일, 새 예배당 마당에는 이미 부교역자들과 오정현 목사를 지지하는 교인 200여 명이 진을 치고 있었다. 들어가려는 이들과 막는 이들의 충돌이 벌어졌다. 몸싸움까지 벌어지자 경찰이 출동했다. 결국 갱신위원회 교인들은 마당에 들어가지 못하고 교회 앞 도로에 서서 기도했다. 오 목사 측 교인들은 기도회 내내 이들을 비난하고 야유했다.

분열은 더욱 가속화하는데도 교회 측은 아랑곳하지 않고 새 예배당을 자랑했다. 11월 30일 토요일 열린 '입당식'에는 국내외 유명 목회자들의 축사와 함께 성대한 이벤트가 치러졌다. 오정현 목사의 도덕성 문제에서 기인한 그의 '자숙'은 영광스러운 입당을 위한 '고난'으로 둔갑했다. 공공 도로 지하를 점용해 불법이라는 시한폭탄을 안고 있다는 사실도 잊은 듯했다. 입당식을 거행하며 교회 측이 내건 캐치프레이즈는 '하나님이 다 하셨습니다'였다.

사랑의교회 새 예배당 입당은 여러 모로 역사적인 일이었으나, 사랑의교회와 오정현 목사의 문제는 하나도 해결되지 않았다. 교회는 옮겨 갔지만 갱신위원회는 마당 기도회를 지켜 냈다. 그리고 마당 기도회는 오정현 목사와 사랑의교회, 더 나아가 한국교회 전체의 문제라 할 수 있는 '제왕적 목회'가 절대 사라지지 않았다는 것을 증거하고 일깨우는 등대 역할을 했다.

~~~~~~~~~~~

오정현 목사와 그를 지지하는 교인들은 새 예배당에 입당하며 사태 전환을 꿈꿨지만, 예상과는 달리 갱신위원회에 합류하는 교인이 조금씩 늘고 있었다. 오 목사 입장에서는 강남 예배당에 잔류하는 교인들이 있다는 것이 전혀 예상 밖의 일이었을 것이다.

마당 기도회를 사수하는 일은 쉽지 않았다. 갱신위원회는 계속해서 강남 예배당을 기도 처소로 사용할 수 있게 해 달라고 요청했으나, 교회 측은 이를 거절했다. 오히려 리모델링을 명목으로 교회 건물 안으로 진입할 수 없게 문을 잠가 버렸다. 한겨울에도 교인들이 그냥 마당에 앉아 기도회를 열자, 교회 측은 마당 한가운데에 폐건축 자재와 쓰레기들을 한가득 쌓아 놨다. 마당을 사용할 수 없게 된 교인들이 문을 따고 본당으로 들어가 기도회를 계속하자, 교회 측은 본당 장의자들을 아무렇게나 쌓아 놔 본당에서 기도할 수 없게 했다. 갱신위원회 교인들도 엄연히 사랑의교회 교인이었는데, 교인들이 구 예배당에 들어갔다는 이유로 교회 측은 이들에게 소송을 걸었다.

서초 예배당 앞에서 진행하는 금요 마당 기도회에서는 매주 충돌이 일어났다. 갱신위원회 교인들은 비가 오나 눈이 오나 금요일 저녁이 되면 서초 예배당 앞에 모였다. 갱신위원회 교인들은 새 예배당 마당에 진입하려 했고, 부교역자들과 오정현 목사 측 교인 수백 명이 이를 막아서는 장면이 매주 반복됐다. 경찰 출동은 다반사였다. 결국 갱신위원회 교인들은 서초 예배당 앞 인도에서 기도회를 열었고, 오 목사 측은 마당에서 설교와 찬송을 크게 틀어 놓으며 저들끼리 기도하면서 마당 기도회를 방해했다. 거친 말들과 채증이 따라 붙었다. 매주 이런 상황이 벌어졌다.

그해 12월 25일 성탄절, 갱신위원회 교인들은 성탄 기도회를 위해 자연스럽게 강남 예배당에 모였다. 교회 측은 작정한 듯 예배당 외부에 철제 펜스를 두르고 건물 안으로 들어가는 문에는 강철판을 덧대 용접까지 해 놨다. 이렇게까지 해야 하나 싶을 정도로 예배당 전체를 철판으로 봉쇄해 버렸다. 그러나 갱신위원회 교인들은 포기하지 않았다. 급하게 절단기를 구해 와 펜스를 뚫고 들어갔다. 예배당에 들어가기까지 서너 시간이 걸렸다. 교인 1000여 명은 점심 시간도 건너뛰고 찬송을 부르며 기다렸다. 교회 측이 전기까지 모두 차단해 난방장치,

전등 하나 켜지지 않았다. 교인들은 휴대폰 라이트에 의지해 한 발 한 발 지하 본당으로 내려갔다.

좁고 어두컴컴한 곳에서 갱신위원회의 첫 번째 성탄 기도회가 열렸다. 사랑의교회 성탄 예배는 100여 명의 성가대와 오케스트라의 칸타타가 울려 퍼지는 성대하고 화려한 잔치였다. 아마 새 예배당에서는 더욱 화려한 이벤트가 진행될 것이었다. 갱신위원회 교인들 또한 그런 데 더 익숙했다. 이날의 성탄 기도회는 그간 경험했던 성탄 예배와는 극명하게 대비됐다. 갱신위원회 교인들은 한 가지를 확신할 수 있었다. 하나님께서 이 기도회를 더 기쁘게 받으실 것이라는 믿음이었다. 예배의 본질이 무엇인지, 교회의 본질이 무엇인지 고민하지 않을 수 없는 경험이었다.

그날의 성탄 기도회는 갱신위원회가 걸어갈 길을 단적으로 보여 주는 것 같았다. 갱신의 길은 좁고 어두울 것이었다. 오정현 목사의 진정한 회개는 이제 바랄 수 없게 됐고, 그렇다면 끈질기게 회개를 촉구하는 교인들에게 다가올 것은 끈질긴 비방과 모욕, 징계와 소송들일 것이었다. 갱신위원회 교인들은 담담하게 그 길로 들어섰다. 그 길이야말로 교회의 본질을 회복하는 예수 그리스도의 참제자의 길, 하나님이 기뻐하시는 영광스러운 길이라 믿었기 때문이다.

실제로 고난은 갱신위원회 교인들의 걸음마다 따라 붙었다. 매주 서초 예배당 앞에서 진행한 금요 마당 기도회와 주일 피켓 시위 때 당하는 모욕과 욕설은 물론, 교회 측으로부터 각종 민형사 소송을 당하고, 교회법적으로는 '출교'를 당했다.

2015년 7월 오정현 목사를 지지하는 한 집사가 갱신위원회 교인 13

명을, 교회가 소속한 대한예수교장로회 합동(예장합동) 동서울노회에 고소한 것이 시작이었다. 동서울노회는 고소장을 받아들자마자 바로 재판국을 구성하고 재판 절차에 들어갔다. 아마 갱신위원회 교인들이 오정현 목사를 노회에 고소했다면, 노회는 당회를 거치지 않았다며 반려했을 것이다. 그러나 그 반대는 일사천리로 진행됐다.

시작부터 재판국원들이 오정현 목사에게 편파적인 이들로 구성됐다는 비판이 일었다. 재판국장 김광석 목사는 재판이 진행 중인데도 사랑의교회에서 열린 총신대학교 총동창회 모임에 참석해 오정현 목사와 함께 식사하고 환담을 나눴다. 재판국 서기 박진석 목사는 사랑의교회 직원과 함께 고소당한 갱신위원회 교인들을 찾아다니며 직접 소환장을 전달했다. 일반 사회 재판이라면 있을 수 없는 일이었다. 이에 대해 갱신위원회 교인들과 언론이 문제를 제기했으나, 동서울노회 재판국은 공정하게 원칙대로 할 것이라고 대응할 뿐이었다.

갱신위원회 교인들은 공정성 문제를 제기하며 재판에 응하지 않았다. 예상대로 동서울노회 재판국은 2016년 2월 5일 교인 13명을 모두 면직, 수찬 정지, 제명하고, 한 달 이내로 교회를 떠나지 않으면 출교하겠다고 판결했다. 징계당한 교인 중 장로가 4명이라, 이 판결대로라면 오정현 목사를 지지하는 장로가 당회 2/3가 되어 오 목사가 교회를 장악할 수 있었다. 교회 측은 곧바로 일주일 뒤 당회를 소집하고 장로 선출을 공동의회 안건으로 올리기로 결의했다. 오정현 목사 반대 측 장로들을 배제하고 오 목사 지지 측 장로들을 더 많이 확보하려는 계획이었다. 당회가 열리는 날, 오 목사를 지지하는 교인들은 면직된 장로들이 당회실에 들어갈 수 없도록 몸으로 막았다.

그러나 사랑의교회는 공동의회에서 장로 선출을 다룰 수 없었다. 갱신위원회가 장로 선출을 하지 못하도록 소송을 걸었고, 법원이 이를 인용했기 때문이다. 법원은 예장합동 헌법상 장로의 임면과 권징은 당회에 속하는 것으로 규정하고 있다며, 노회 재판만으로 장로들이 면직된 것으로 볼 수 없다고 봤다. 징계당한 장로들은 여전히 사랑의교회 장로이고, 이들을 배제한 당회는 불가하다는 사실을 확인한 것이다.

오정현 목사의 실체를 하나둘 드러낸 소송전이 계속되던 2017년 12월에는, 사랑의교회 당회가 갱신위원회 교인 39명을 무더기로 징계한 일도 있었다. 판결에 앞서 11월 19일 열린 소환 조사에 갱신위원회 교인 22명이 출석해 총 5시간 동안 마라톤 재판이 벌어졌다. 당시 재판 장소에는 오정현 목사가 재판장으로 앉아 있고 그를 지지하는 장로 20여 명이 동석했다. 갱신위원회 교인들은 1명씩 조사를 받았다. 위압적인 분위기였지만 교인들은 꿋꿋이 재판의 부당함과 오정현 목사의 부도덕함을 이야기했다. 애초에 이 모든 사달이 오정현 목사에게서 비롯된 것인데, 그가 재판장으로 앉아 있다는 사실 자체가 난센스였다.

이처럼 갱신위원회 교인들은 담임목사의 부정직함을 문제 삼았다는 이유로 '해교회 세력'으로 몰려 교회에서 쫓겨나는 수모를 당했다. 하지만 이들은 교회를 해친 것이 아니라, 오히려 무너져 가는 한국교회를 조금이라도 살렸다고 볼 수 있다. 개교회야 떠나면 그만이다. 다른 교회에 가면 된다. 그러나 이들이 온갖 모욕을 겪으면서도 사랑의교회를 떠나지 않고 끈질기게 문제를 알리고 대응했기에 많은 것이 밝혀질 수 있었다. 오정현 목사와 사랑의교회 재정 운용의 문제점, 오정현 목사의 자격 문제, 서초 예배당 건축의 불법성이 소송을 통해 하나씩 드러났다. 그것은 사랑의교회뿐 아니라 한국교회 전반에 큰 경종을 울리는 사건이 되었다.

7장 사랑의교회
회계장부를 보기까지

　오정현 목사가 논문 표절 사건으로 신뢰를 잃은 후, 가장 먼저 불거져 나온 것은 '재정' 의혹이었다. 오 목사가 교회 돈을 함부로 쓰고 있다는 소문이 하나둘 새어 나왔다. 오정현 목사가 사랑의교회에 부임한 지 10년이 지났는데, 정작 그가 교회에서 얼마를 가져가는지 아는 사람이 거의 없었다. 교인들은 그제야 한 해 1000억 원이 넘는 돈을 결산하면서도, 그 돈이 어디에 어떻게 쓰이고 있는지 관심이 없었다는 사실을 깨달았다.

　오정현 목사가 자숙하러 떠난 기간, 사랑의교회 내에서는 재정에 대한 의구심이 점점 커지고 있었다. 결국 사랑넷 총무단에서 활동하던 김근수 집사는 교회 안에서 돌던 소문들과 자신이 확보한 자료들을 근거로 2013년 7월, 오정현 목사와 당시 재정장로를 횡령·배임 혐의로 고발했다. 특새 실황 CD 판매 수익금 2억 3000만 원과 사랑의교회 서점 사랑플러스 수익금 1억 7500만 원 등이 오정현 목사 개인에게 흘러들어갔고, 교회가 새 예배당 부지를 구입할 때 오 목사 지시로 시가보다 더 비싼 돈을 주고 샀다는 내용이었다.

이와 함께 재정 의혹을 증폭시킨 것은 감사위원회 보고서였다. 사랑의교회 감사위원회는 매년 내부 감사를 진행해 보고서를 만들고 이를 당회-제직회-공동의회에 보고한다. 교회가 오정현 목사의 논문 표절로 시끄러울 당시 감사위원회는 2012년도 회계감사를 진행하고 있었다. 2012년 감사위원 8명은 금융업계에 종사자하는 안수집사들이었고, 중립성을 위해 오정현 목사를 지지하거나 반대하는 단체에 가입하지 않았다. 이들이 2013년 8월 사역장로회에 감사 결과를 보고하고, 사역장로들이 9월 당회에 이에 대한 해명을 요청하면서 재정 의혹은 점점 실체를 드러냈다.

감사위원회가 감사 결과를 토대로 내놓은 권고 사항 중 첫 번째는, 의사 결정 권한이 담임목사에게 집중돼 있기 때문에 견제 장치가 필요하다는 것이었다. 실제 감사 보고서에는 오정현 목사 독단으로 교회 재정을 집행한 사례가 줄줄이 나와 있었다. 오 목사는 외부 단체나 개척교회 등을 지원하거나 사랑의교회에 외부 강사를 부를 때 주는 금액을 스스로 결정해 지급했다. 오정현 목사는 2012년 한 해 동안 해외 출장을 10번이나 나갔고, 출장 때 그의 아내나 비서, 기자와 외부 인사들을 맘대로 대동했다. 현지 선교사에게 주는 격려금도 임의로 지급했다.

고발당한 특새 CD 수익금도 교회 재정으로 입금되지 않고 오정현 목사 개인 계좌로 입금된 것으로 드러났다. 2006년부터 2011년까지 오 목사 계좌에 입금된 CD 판매 대금은 총 2억 3000만 원이었다. 교회는 오정현 목사가 이를 교역자 격려금, 선교 후원금 등으로 썼다고 했지만, 지출 증빙이 없는 경우가 많았다.

새 예배당 건축 계획을 발표하고 논란이 일던 2010년 1월, 오정현 목사는 기자 간담회를 열고 건축비의 10%에 해당하는 120억 원을 모아 '희망 펀드'를 만들고 미자립 교회를 위해 쓸 것이라 말했다. 그러나 이 또한 오 목사 개인이 결정하고 발표한 것이었다. 교회는 희망 펀드로 125억 원을 모았지만, 건축비가 모자란다는 이유로 2013년 당회가 이를 건축 자금으로 쓰기로 결정했다. 이는 사랑의교회의 신뢰를 땅에 떨어뜨리는 일이었다.

또 한 가지 큰 문제는 사랑의교회가 추진한 전사적 자원 관리 시스템 SAP 도입 과정에서 나왔다. 교인들 사이에서 재정 의혹이 일어났을 때, 오정현 목사를 지지하는 장로들은 교회가 SAP를 도입한다며 사랑의교회 재정 시스템이 오히려 선진적이라고 반박한 바 있다. 그러나 SAP 시스템은 필요성 검토부터 업체 선정, 계약 및 검수 등 전 과정에서 합리성이 결여됐다고 감사위원회는 지적했다. 애초에 글로벌 제조 회사가 쓰는 SAP를 교회가 도입해야 하는 당위성도 제대로 논의되지 않았고, 시스템 구축 업체가 재정장로와 이해관계가 있는 곳이었다. 교회에서 사용하지도 않는 시스템을 구축하는 데 수억 원이 들기도 했다.

감사위원회 권고 사항을 무시한 경우도 더러 있었다. 오정현 목사는 2011년부터 2013년 5월까지 강원도 원주 오크밸리리조트를 38회, 총 108일간 이용한 것으로 드러났다. 사랑의교회가 소유한 오크밸리리조트 회원권은 2010년 감사 당시 매각 권고 대상이었으나, 교회는 오히려 건별 대금 지급 방식에서 1년에 1200만 원을 내야 하는 연간 회비 납부 방식으로 회원권을 바꿨다. 2010년 감사위원회는 정관 취지에 따라 사무 처리를 효율적으로 개선하라고 사무처에 권고했지만, 사무처는 여전히 담임목사가 전결하는 관행을 고수하고 있었다.

　감사위원회는 재정집사의 불응으로 감사를 제대로 수행하지 못하기도 했다. 감사 내용이 오정현 목사에게 불리하게 나온 것을 인지한 재정집사가 자료 제출을 거부한 것이다. 이와 함께 감사위원들이 오정현 목사에게 문제를 제기하는 안수집사회에 가입해 있다는 뜬소문도 돌았다. 감사위원들은 재정장로와 총무장로, 재정실장에게 업무에 협조해 달라는 공문을 수차례 보냈으나 결국 자료를 받지 못했다. 감사위원회는 별도로 관리되는 자금 및 사역은 감사하지 못했으며, 이런 곳에서 발생된 사항으로 재무제표에 미치는 영향이 중대할 수도 있다고 밝혔다.

　2012년 감사 보고서는 오정현 목사의 독단적인 교회 돈 집행과 사랑의교회의 주먹구구식 재정 관리를 드러내는 중요한 문서였다. 그러나 결과적으로 이는 '폐기'되고 말았다. 2014년 1월 열린 제직회와 공동의회에서 이 보고서를 받지 않기로 결의했기 때문이다. 제직회와 공동의회를 앞두고 오정현 목사를 지지하는 교인들 사이에서는, 이 보고서가 편파적으로 작성됐으며 담임목사를 표적 삼았기에 받아서는 안 되고 감사위원을 다시 뽑아 재감사를 결의해야 한다는 행동 지침이 돌았다. 의장 오정현 목사는 안건을 다수결로 밀어붙였고, 갱신위원회 교인들의 반대 의견을 묵살했다. 제직회에서 오정현 목사는 "지난 10년간 나는 당회장권을 행사해 본 적이 없다"고 말하기도 했다.

떳떳하다면 제대로 해명하면 될 일이지만, 오정현 목사와 그를 지지하는 교인들은 불거지는 재정 의혹에 명확한 답변을 피했다. 의혹을 제기하는 교인들에게 담임목사를 끌어내리려는 나쁜 의도가 있는 것이라고 깎아내리는 한편, 이 모든 일을 '새 예배당에 들어가기 전 겪어야 할 시련'이라는 프레임으로 전환했다. 그러나 이러한 노력(?)들이 재정에 대한 의혹을 해소하려는 움직임을 막을 수는 없었다. 갱신위원회 교인 28명은 2013년 11월, 교회를 상대로 회계장부 열람 및 등사 가처분을 신청했다. 이들은 2006~2012년 교회 재정 장부와 새 예배당 건축과 관련한 문서들을 요구했다.

오정현 목사 횡령·배임 고발에 이어 회계장부 열람 소송까지, 이제 사랑의교회 재정 문제는 사회 법으로 다투게 됐다. 법적인 문서들이 오가며 치열한 공방전이 펼쳐졌다. 교회 측은 회계장부 열람 가처분 소송에 맞서 2014년 1월 준비서면을 제출했는데, 여기에는 각종 의혹에 대한 해명과 함께 오정현 목사를 비롯한 사랑의교회 운영자라 할 수 있는 사람들이 교인들의 헌금을 어떻게 생각하고 있는지 그 인식이 담겨 있었다.

교회 측은 교인들이 헌금을 감독할 이유도 없고 권리도 없다고 주장했다. 헌금은 하나님께 바친 것이기에 교인들은 헌금을 낸 행위만으로 신앙적 의무를 다한 것이라고 했다. 헌금의 사용처는 교회 집행부에 맡긴 것이라 할 수 있으며, 자신의 기대와 다르게 헌금이 사용됐다고 해도 분노하거나 이의를 제기할 필요도 없다고 했다. 어차피 헌금은 하나님께 한 것이고, 사용이 어떻게 됐는지는 상관없이 하나님이 헌금한 사실 자체를 부정하지 않는다는 논리다.

헌금의 법률상 소유권은 교회 집행부에 있다고도 했다. 헌금은 사단법인이나 주식회사 같은 단체의 출연금 성격이 아니기 때문에 낸 사람들이 사후 감독할 권리도 없다고 했다. 오히려 교인들이 교회 재정을 감시하겠다는 것은 집행부 목사들을 의심하는 행동으로 "매우 불경스러운 일"이라고도 표현했다. 누군가 헌금을 착복했다고 해도 하나님이 벌을 내릴 것이기 때문에, 교인들은 헌금을 감시·감독할 필요가 없다는 황당한 주장을 폈다.

오정현 목사에게 제기된 각종 재정 유용 의혹에 대한 해명도 있었다. 교회 측은 특새 CD 판매 대금 2억 3000만 원과 사랑플러스 수익금 1억 7500만 원 등을 오정현 목사가 사용한 사실을 인정했다. 특새는 새벽 기도회 실황을 녹음한 것인데도, 교회 측은 "전적으로 오 목사의 기획·연출·지휘·실연에 따라 제작된 것이므로 판매 수익은 제작자에게 귀속되는 게 원칙"이라고 주장했다. 게다가 오정현 목사가 모든 금액을 목회 활동으로 썼다며 문제 될 것이 없다고 했다. 이외에도 한 장로가 생전에 오정현 목사에게 준 헌금 6억 500만 원의 행방, 서초 예배당 부지 매입 및 공사비, 오정현 목사의 사례비와 자녀 학비, 여러 단체 지원금 등 모든 것은 절차에 따라 처리했다고 교회 측은 주장했다.

교회 측은 회계장부를 열람하겠다고 가처분을 신청한 교인들의 의도가 악의적이라고 강변했다. 만약 법원이 회계장부 공개를 명령한다면 사랑의교회에 혼란과 분쟁만 야기될 것이라고 했다. 오정현 목사에 대해서는 "한국교회사에 기록될 정도의 성공적인 목회를 해 왔다"

고 치켜세웠다. 가처분을 신청한 교인들이 오 목사를 탐욕스러운 인물로 매도하지만, 실제로는 그렇지 않고 그간 오 목사가 물질적으로도 누구보다 더 크게 헌신했다고 적었다.

법원은 2014년 3월 21일, 갱신위원회 교인들의 신청을 일부 인용했다. 재판부는 갱신위원회 교인들이 신청한 각종 회계장부 열람은 기각하고, 새 예배당 건축 도급 계약서와 대출 계약서만 공개하라고 결정했다. 판결문을 보면, 내용적으로는 갱신위원회 교인들의 승리였지만 실제적으로는 교회 측의 승리라 할 만했다.

법원은 교회 측의 주장을 대부분 받아들이지 않았다. 교인들이 헌금을 사후 감독할 권한이 없다는 교회 측 주장에 대해, 재판부는 "공동의회는 교회의 예산 집행을 관리·감독할 권한이 있고, 그 권한을 실질적으로 행사하기 위해서는 교인들이 교회의 예산 집행 내역 등을 사전에 충분히 숙지할 필요가 있다"고 명시했다. 또 "법률이나 교회 규정에 교인이 회계장부를 열람·등사할 수 있는 권리가 쓰여 있지 않다고 해서, 장부를 공개하라는 교인들의 요구가 허용되지 않는 건 아니다"라고 했다. 가처분을 신청한 교인들이 오정현 목사를 사임시키려는 악의적 의도를 가지고 있다고 주장한 데 대해서도 "그렇게 판단할 만한 자료가 부족하다"고 일축했다.

교인은 헌금을 관리·감독할 권한이 있고 따라서 교회 회계장부를 열람할 권리도 있지만, 그 권한을 남용하는 것은 방지해야 한다고 했다. 이를 위해서는 재정 장부 열람을 요구할 때 이유를 상세히 기재해야 하고, 그 이유와 열람을 청구한 회계 자료 사이의 관련성을 구체적으로 적시해야 한다고 했다. 하지만 갱신위원회 교인들이 요구한

2006~2012년 회계장부는 그 종류와 기간의 범위가 너무 넓고 포괄적이기에 받아들일 수 없다고 법원은 판단했다. 교회 측의 준비서면으로 어느 정도 해명된 의혹들도 있다고 했다.

교회 측은 법원 결정을 반겼고, 갱신위원회 교인들은 곧바로 항소했다. 갱신위원회는 교회 측의 해명이 오정현 목사의 재정 유용 의혹을 더 짙게 한다고 주장했다. 오정현 목사가 당회 결의도 없이 교회 돈을 집행했고 그 증빙 또한 제대로 되지 않았다는 사실이 드러났고, 대체 오 목사가 교회에서 얼마를 어떻게 가져가 쓰는지 여전히 알 수가 없다는 것이다. 새 예배당 건축에 있어서도 과연 부지 매입과 공사비 인상이 적절했는지 의문이 해소되지 않았다고 했다. 내용적으로는 이겼기 때문에 법원이 판단한, 열람하려는 자료와 이유를 더 자세하게 알리면 될 일이었다.

그러나 그해 12월 19일, 김근수 집사가 오정현 목사를 고발한 사건이 '불기소'되면서 판세는 교회 쪽으로 크게 기울었다. 검찰은 1년 6개월간 오정현 목사와 그 가족은 물론 지인들을 대상으로도 강도 높은 수사를 벌인 것으로 알려졌다. 오랜 시간이 걸렸기에 갱신위원회 교인들도 수사 결과를 기대하고 있었다. 결과적으로 검찰은 오정현 목사에게 횡령·배임 혐의가 없다고 결론지었다. 오정현 목사의 승리였다.

교회 측은 불기소처분을 대대적으로 홍보했다. 곧장 보도 자료를 발표해 "이번 검찰 결정으로 오정현 목사는 자신을 상대로 제기된 새 예배당 건축 및 교회 재정 관련 의혹에서 모두 벗어났다"고 자축했다. 동영상을 제작해 주일예배 때 틀고 홈페이지에 게시했다. 사랑의교회 분쟁 상황을 거의 다루지 않던 교계 신문들도 일제히 오정현 목사가 재정 유용 의혹에서 완전히 벗어났다고 앞다투어 보도했다. 교회 측은 그야말로 축제 분위기였다.

〰〰〰〰〰

'5일 천하'였다. 닷새 후 12월 24일, 서울고등법원은 회계장부 열람·등사 가처분 신청 항소심에서 갱신위원회 교인들의 손을 들었다. 원심과는 달리 교인들이 신청한 회계장부 열람을 대부분 인용했다. 법원은 교회가 2006~2012년 주계표와 수입 결의서, 사무처·재정부·비서실·국제제자훈련원·세계선교부의 현금 출납장, 계정별 원장, 예금계좌별 원장, 지출 결의서, 지출 관련 증빙, 회계 전표 등을 비롯해, 오정현 목사 사례비와 목회 연구비 등 각종 수당(자녀 교육비 포함), 상여, 각종 활동비 지급 내역 및 지출 결의서 및 영수증도 공개해야 한다고 결정했다.

법원의 결정문을 보면, 5일 전 검찰의 불기소처분이 무색해질 정도다. 항소심 재판부 역시 교인은 교회의 회계장부를 볼 수 있는 권한이 있다고 못 박았다. 공동의회는 교회의 최고 의결 기관이고, 교회 재정 운영의 투명성과 적정성을 판단하기 위해 필요한 범위 내에서 재정 장부를 열람·등사할 수 있다고 했다. 다만, 원심과 같이 이 권리를 남용할 수 없도록 열람 청구의 이유와 청구한 자료들의 연관성을 구체적으로 명시해야 한다고 했다. 재판부는 갱신위원회 교인들이 이를 구체적으로 제시했다고 봤다.

교회 측은 항소심 과정 중, 매년 공동의회에서 예·결산을 승인했기에 회계장부까지 공개할 필요가 없다고 주장했다. 그러나 법원은 교회가 공동의회에서 교인들에게 수입·지출의 총액만 대략 기재한 영상 자료를 공개했을 뿐이라며, 갱신위 교인들이 의혹을 제기하는, 교회의 예산 집행이나 오정현 목사의 재정 사용에 대해 구체적으로 심의할 수 없었다고 판단했다.

법원은 오정현 목사가 직간접적으로 연관된 재정 집행에 의혹이 있다고 봤다. 특새 CD 판매 대금과 사랑플러스 수익금은 오 목사 개인이 아닌 교회 재정에 포함돼야 한다고 했다. 오정현 목사가 이를 각종 격려금 등 목회 활동에 썼다는 주장도 근거가 부족하다고 했다. 이외 절차 없이 오정현 목사의 사례비를 올린 점과 오 목사가 독단으로 여러 기관에 후원금을 지급한 점 등이 문제라고 판단했다.

항소심 재판부는 2012년 사랑의교회 감사위원회 보고서도 언급했다. 오정현 목사와 교회의 재정 운영에 문제가 있다는 내용의 이 감사 보고서가 제직회·공동의회에서 기각될 타당한 이유가 없었다는 것이다. 법원은 "사랑의교회는 건전한 예산 편성과 재정 집행의 투명성 및 적정성을 제고하기 위해, 관련 분야에 전문성을 지닌 운영장로와 안수집사들로 감사위원회를 구성하고 그 직무를 수행하는 데 독립된 지위를 부여하였으므로, 감사위원회의 보고서는 특별한 사정이 없는 한 신빙성이 높다"며 "교회 정관에 제직회가 감사위원회 보고서를 부결 처리하고 공동의회에 감사 결과를 보고하는 것을 금지할 수 있는 규정이 없는데도, 제직회는 감사 보고서를 부결 처리했고 공동의회는 결산에 대한 감사 보고도 받지 않은 채 2012년도 결산안을 승인했다"고 짚었다. 감사위원회가 지적한 오정현 목사의 재정 문제를 뒤집을 만한 자료를 교회 측이 제시하지도 못했다고 했다.

회계장부 열람·등사는 '집행관 보관형'이었다. 교회 건물 내부에서 열람·등사하는 게 아니라, 교회 측이 갱신위원회 교인들이 위임하는 집행관에게 회계장부를 맡기면 갱신위원회 교인들이 집행관실에서 이를 열람·등사하는 것이다. 법원 결정에 따라 사랑의교회는 결정이 난 후 20일간 회계장부를 집행관에게 맡겨야 했다.

그러나 교회 측은 법원 명령을 제대로 이행하지 않았다. 이미 1심에서 공개하라고 결정한 새 예배당 건축 도급 계약서도 제대로 제출하지 않았다. 도급 계약서에 딸린 설계도면을 제출하지 않은 것이다. 이에 갱신위원회 교인들은 설계도면을 공개하라는 소송을 따로 걸었고, 법원은 2014년 8월 이를 인용했다. 교회 측은 그래도 '보안상 이유'라며 설계도면을 제출하지 않았다. 갱신위원회 교인들은 하릴없이 간접강제까지 신청했고, 법원은 그해 11월 이를 인용했다. 설계도면을 공개하지 않으면 하루에 200만 원씩 신청인들에게 지급해야 했는데, 교회 측은 이마저도 무시하고 설계도면을 제출하지 않았다.

2015년 2월에는 이 간접강제금 때문에 사랑의교회 부목사와 직원들이 갱신위원회 교인들과 〈뉴스앤조이〉 기자를 폭행하는 사건도 벌어졌다. 교회 측이 간접강제 인용 후에도 설계도면을 내놓지 않아 당시 간접강제금이 2억 1000만 원이 된 상태였다. 결국 법원이 강제집행을 지시했고, 집행관 3명이 서초 예배당에 '압류 딱지'를 붙이러 가게 됐다. 갱신위원회 교인 2명이 동행했고, 갱신위원회의 연락을 받은 기자가 취재를 위해 서초 예배당을 찾았다.

교회 측은 법원의 집행관마저 막아섰다. 주연종 부목사와 윤여송 실장, 박성호 사무처장 등은 집행관들을 막고 압류 딱지를 붙이지 못하게 하는 한편, 증거 수집을 위해 이를 촬영하는 갱신위원회 교인들을 힘으로 잡아끌어 한 방으로 몰아넣었다. 윤여송 실장은 카메라를 쥐고 있는 갱신위원회 교인의 손을 억지로 펴 카메라를 강탈하고, 메모리카드를 뺀 후 바닥에 던져 부쉈다. 주연종 목사는 "내가 너 같은 놈들 상대한 적이 없어!", "나쁜 놈의 새끼야!", "너 어디서 나 만나면 죽을 줄 알아!"라고 소리치며 폭언을 일삼았다. 그는 취재하려는 기자도 멱살을 잡고 밀치며 복도 끝 계단으로 내려보낸 후 문을 닫아 버렸다. 어처구니없는 광경을 목격한 집행관들은 "이러시면 법이 뭐가 됩니까"라고 말하며 혀를 찼다.

주연종 목사와 윤여송 실장, 박성호 사무처장은 결국 '폭행죄'로 벌금형을 받게 됐다. 당시 폭언과 폭행을 당하고 카메라를 훼손당한 갱신위원회 교인들이 이들을 고소했고, 검찰은 주 목사와 박 처장을 각각 벌금 70만 원, 윤 실장을 벌금 150만 원으로 약식기소 했다. 당시 상황이 촬영된 영상 자료가 있는데도, 셋은 혐의를 모두 부인하고 정식재판을 청구했다. 그러나 재판에서도 이들의 벌금형은 유지됐다.

사랑의교회는 어느새 법원 명령도 무시하는 집단이 되어 버렸다. 2014년 12월 회계장부 열람 가처분 항소심 결정으로 더 많은 문서들을 공개해야 했지만, 이것도 순순히 내놓지 않았다. 이 또한 갱신위원회 교인들이 간접강제를 신청해 법원이 이를 인용하는 절차를 거쳐야 했다. 장부를 공개하지 않으면 하루에 2000만 원의 간접강제금이 발생하는 상황이 되자, 교회 측은 그야말로 울며 겨자 먹기로 법원이 명령한 회계장부들을 내놓게 됐다.

2015년 4월 8일, 법원 집행관 3명과 갱신위원회 교인 3명이 다시 서초 예배당을 찾았다. 더 이상 회계장부 공개를 미룰 수 없다고 판단한 교회 측은 갱신위원회 교인들이 요구한 문서들을 4층 회의실에 모아 놨다. 사랑의교회 7년치 회계장부는 34박스가 나올 만큼 방대했다. 이 날 집행관들은 박스들을 1톤 트럭 두 대에 나눠 싣고 서울중앙지방법원 집행관실로 옮겼다.

갱신위원회 교인들은 한 달에 걸쳐 교회 측이 제출한 문서들을 모두 스캔했다. 4월 23일, 무혐의 처분됐던 오정현 목사의 횡령·배임 고발 사건이 항고 기각됐다. 형사적으로는 오정현 목사에게 유리한 결과가 계속됐지만, 교회 측은 마냥 기뻐할 수만은 없었다. 그토록 내주고 싶지 않았던 회계장부를 갱신위원회 교인들이 이 잡듯이 살펴보고 있었기 때문이다.

회계장부에서 발견한 내용들은 갱신위원회 교인들을 경악하게 했다. 먼저 오정현 목사의 '목회 활동비'에서 이상한 점들이 나왔다. 오정현 목사는 2006년부터 2007년까지 매월 600만 원, 2011년 3월까지는 매월 700만 원, 2011년 4월부터 2013년 말까지 매월 800만 원을 목회 활동비 명목으로 받았다. 매월 1000만 원이 넘는 사례비 외에 목회 활동비로만 1년에 1억 원 가까이 받은 것이다.

'목회 활동'의 기준을 어디까지 볼 것인지 의견은 분분할 것이다. 그러나 오정현 목사가 사용한 내역 중에는 목회 활동비를 이렇게 써도 되나 싶을 정도로 개인적이고 사치스러운 지출이 있었다. 안경 160만 원, 양복 수선 100만 원, 맞춤 셔츠 60만 원, 골프 레슨 90만 원, 아내

골프채 55만 원을 목회 활동비에서 썼다. 수십만 원짜리 샴푸나 화장품, 건강식품을 구입하고, 60만 원이 넘는 뮤지컬이나 콘서트 티켓도 샀다. 매달 내야 하는 신문·잡지 구독료, 야쿠르트비, 공과금까지 목회 활동비에서 나갔다. 자숙 기간이었던 2013년 4월에는 '용팔이' 김용남 씨에게 100만 원을 목회 활동비에서 줬다.

이외에도 증빙할 수 없는 현금 인출이 많았다. 한 번에 적게는 20~30만 원, 많게는 400만 원까지 인출된 내역이 빈번했다. 한 달에 대략 200만 원에서 1000만 원의 현금을 인출했는데, 어디에 사용했는지 확인할 수 없었다. 이렇게 목회 활동이라고 보기 어려운 개인적인 지출과 증빙할 수 없는 현금 인출을 합치면 총 4억 6000만 원이 넘었다. 이는 오정현 목사가 목회 활동비로 지출한 금액의 62.7%에 해당하는 금액이다.

민형사 소송의 쟁점 중 하나였던 특새 CD 판매금과 사랑플러스 수익금 일부도 어떻게 쓰였는지 확인할 수 있었다. 특새 CD 판매금은 오정현 목사 개인 계좌로 들어갔다. 이 계좌에는 5년 반 동안 총 3억 9000만 원(사랑플러스 수익금 5000만 원 포함)이 입금됐다. 교회 측은 오정현 목사가 이 금액을 모두 목회 활동에 썼다고 주장했으나, 내역을 보면 역시나 개인적으로 보이는 지출이 곳곳에 있었다. 오정현 목사는 서울대 AFP(최고 지도자 인문학 과정)를 수료했는데, 등록금 280만 원, 회비 400만 원을 특새 CD 판매 대금에서 썼다. 아내 부탁으로 자산 신탁 회사에 200만 원, 친동생 월급 일부로 150만 원, 아버지에게 100만 원, 가족 식사로 82만 원을 쓰기도 했다. 특새 CD 판매 대금과 사랑플러스 수익금은 대부분 현금으로 인출돼 오정현 목사가 사용했다.

현금 인출된 금액은 대부분 증빙할 수 없었다. 특새 CD 판매 대금 중 75%, 사랑플러스 수익금 중 45%가 이런 식으로 쓰였다.

교회가 오정현 목사를 위해 쓴 돈도 납득하기 어려운 수준이었다. 교회가 지출한 내역 중에는 '주일 설교자 식사 준비 재료비 및 인건비 청구서'가 매주 있었다. 이는 오정현 목사가 매 주일 점심을 출장 요리로 먹었다는 것이었다. 한 번 식사하는 데 드는 비용은 평균 약 25만 원이었다. 매주 요리사 출장비가 8만 원, 재료비가 10만 원 넘게 들어갔다. 매주 고기와 생선, 과일과 케이크를 결제한 내역이 있었다.

오정현 목사가 타는 자동차 유지비로 들어가는 금액도 상상 이상이었다. 2006년부터 2012년까지 매년 평균 3000만 원 정도의 돈이 나갔다. 오 목사는 체어맨과 그랜저를 타고 다녔는데, 그 유지비로 매년 중형차 한 대 값 정도가 나가는 것이었다. 게다가 오 목사 목회 활동비 계좌에서도 차량 유지비로 쓴 금액이 있었다. 이것까지 합치면 매년 평균 4000만 원 정도가 차량을 유지하는 데만 쓰였다는 말이 된다. 상식적으로 이해할 수 없는 지출이었다.

회계장부에서 드러난 것은 오정현 목사가 '목회 활동'이라는 명목으로 교인들의 헌금을 마구잡이로 사용하는 모습이었다. 이러한 내용이 〈뉴스앤조이〉 기사를 통해 드러나며, 교계에서는 오정현 목사와 사랑의교회를 규탄하는 목소리와 증빙할 수 없는 담임목사의 '목회 활동비' 항목을 없애야 한다는 담론이 나오기도 했다. 그러나 교회 측은 상식적으로 이해하기 어려운 개인적이고 호사스런 지출 또한 목회 활동이라고, 증빙할 수 없는 현금 지출도 오정현 목사가 모두 목회 활동에 썼을 것이라고 할 뿐이었다.

오정현 목사가 숨을 곳은 형사사건 결과였다. 일반적인 교인들의 눈에도 문제가 있어 보였던 오정현 목사의 지출이었지만, 형사적으로는 모두 '무혐의'였다. 김근수 집사가 오 목사를 고발한 사건은 2015년 8월 재정신청도 기각됐고, 이후 재항고에서도 기각됐다. 갱신위원회는 열람한 회계장부에서 나온 내용을 기반으로 오정현 목사를 재차 고소했지만, 이 역시 검찰 선에서 모두 불기소처분됐다. 검찰의 판단은 한마디로 오정현 목사에게 불법 영득 의사가 있었다는 증거가 불충분하다는 것이었다.

비록 형사적으로 죄를 묻지는 못했지만, 갱신위원회 교인들의 노력이 아무런 성과가 없었던 것은 아니다. 오정현 목사와 사랑의교회가 그간 어떻게 재정을 사용해 왔는지 드러냈으며, 무엇보다 '교인은 교회의 회계장부를 볼 권리가 있다'는, 지극히 상식적이고 마땅한 결과를 이끌어 냈다. 이는 지금도 교인들의 헌금을 눈먼 돈처럼 쓰는 목회자들과, '교인은 회계장부를 볼 필요가 없다'든지 '회계장부를 보려고 하는 것은 교회를 분란시키려는 의도가 있는 것이다'라며 어떻게든 구체적인 재정 운영 내역을 교인들에게 감추려고 하는 교회들이 두고두고 새겨야 할 내용이다.

8장 너의 정체는 무엇인가

논문 표절이 드러나 오정현 목사에 대한 신뢰가 무너진 시기, 재정 말고도 다른 의혹이 새어 나왔다. 그것은 말 그대로 오정현 목사의 '정체'에 대한 의혹이었다. 그가 어느 학교를 나와 어디서 목사 안수를 받았고 어떻게 사랑의교회 담임목사로 올 수 있었는지 의아하다는 것이었다.

사랑의교회 교인 대부분은 오정현 목사가 부산고등학교와 경희대학교 영어영문과를 졸업한 것으로 알고 있었다. 옥한흠 목사가 그렇게 말했던 사실을 기억하는 교인도 있었고, 이전 신문기사에서 읽었다는 사람도 있었다.[25] 그러나 오정현 목사의 박사 학위논문들이 표절이라는 사실이 밝혀지자, 교인들은 그가 과연 당시 명문으로 꼽히던

---

[25] 2001년 3월 21일 자 〈국민일보〉 기사 '기독 출판계 국내 작품이 휩쓴다'에서는, 당시 남가주사랑의교회를 담임하던 오정현 목사를 '경희대 영문과 출신'이라고 소개한다. 같은 해 8월 14일 〈미주중앙일보〉 기사 '본국 기독 출판계 미국 바람'에서도 오정현 목사가 '경희대 영문과'를 졸업했다고 나온다. 하지만 오정현 목사의 학력 의혹이 불거지고 그가 경희대를 간 적이 없다는 사실이 밝혀지자, 〈국민일보〉는 18년이 지난 2019년 해당 부분을 '숭실대 영문과 출신'으로 수정했다.

부산고와 경희대를 졸업한 것이 사실인지 의심하기 시작했다. 오정현 목사는 남가주사랑의교회에서 사랑의교회 담임목사로 올 때 예장합동 소속이 되기 위해 '편목 과정'을 거쳤는데, 교단 대형 교회에 부임한다는 이유로 특혜를 받았다는 소문이 예전부터 있어 왔기에 이 또한 다시 도마에 올랐다.

하지만 오정현 목사의 학력과 목사 자격에 대한 의혹은 처음엔 큰 주목을 받지 못했다. 2013년 당시는 논문 표절의 후속 처리 과정도 진행 중이었고 무엇보다 재정 의혹이 거세게 일어나고 있었기에, 그의 정체에 대한 의혹은 뒤로 밀렸다. 사랑의교회 사태를 지켜보는 내외부의 사람들조차 '설마 거기까지 문제가 있겠느냐'고 생각한 것이 사실이었다. 아무리 오정현 목사라도, 한국교회를 대표하는 대형 교회의 담임목사가 설마 출신 고교나 대학, 목사의 자격에 문제가 있지는 않을 거라고 생각한 것이다.

사태 초기에는 사랑의교회 서리집사였던 황성연 집사가 이 문제를 집요하게 파고들었다. 그는 부산고를 직접 찾아 오정현 목사가 부산고를 졸업하지 않았다는 사실과, 오 목사가 부산고 입시를 수차례 낙방했고 검정고시를 준비했다는 증언을 확보했다. 황성연 집사는 취재 과정을 자신의 블로그에 올렸고, 2013년 7월 28일 자 사랑의교회 안수집사회 회보에도 이 같은 내용이 실렸다. 이후 황성연 집사는 오정현 목사가 한국에 오기 전 미국 PCA(미국장로교단)에서 받은 목사 안수 과정에도 문제를 제기했다. 오 목사가 직접 제시한 PCA 목사 안수증에는 다른 PCA 목사의 안수증과는 다르게 교단 인장seal이 없다며, 이 안수증이 조작일 수 있다고 주장했다. 안수집사회도 2013년 10월 27일

자 회보에 이 같은 사실을 알렸다.

　오정현 목사의 출신 학교와 목사 자격 취득 과정에서의 의혹 제기에 대해 교회 측은 말도 안 되는 이야기라고 일축했다. 오정현 목사를 지지하는 교인들은, 흠집 내기에도 정도가 있지 이런 식의 의혹 제기는 어떻게든 오 목사를 끌어내리려는 수작이라고 반발했다. 그러나 그런 교인들, 심지어 오정현 목사를 지지하는 사랑의교회 당회원들조차 오 목사의 출신 학교와 목사 자격에 대한 정확한 사실관계는 알지 못했다.

　황성연 집사의 계속된 취재로 의문점이 하나둘 드러나고 오정현 목사에게 해명을 요구하는 목소리가 조금씩 커졌다. 그러자 오정현 목사는 새 예배당 입당을 한 주 앞둔 2013년 11월 17일, 사랑의교회 소식지 〈우리〉를 통해 직접 해명에 나섰다.

　"제천기도동산에서 복귀한 이후로도 저의 개인 신상에 관해 오해를 불러일으키고 교회 공동체를 어렵게 하는 여러 의혹이 제기되는 지금의 현실은 너무도 가슴 아픕니다. 사랑의교회 담임목사로서의 직무 수행과 무관한 개인 신상이, 그것도 사실과 다르거나 왜곡 과장된 채로 고의적으로 때로는 악의적으로 알려지는 상황은 참으로 안타까운 일입니다. 이제는 더 이상 거짓과 왜곡이 성도들의 마음을 다치지 않도록 하기 위해서, 그리고 새 예배당에서는 교회의 에너지가 누수 없이 전심으로 복음을 전하고 생명을 얻는 일에 전심전력을 다할 수 있도록 소회所懷를 밝힐 필요가 있다고 생각했습니다.

　이미 많은 분들이 아시는 대로 저는 부산중학교를 입학하였고, 중학교 졸업

후 개인과 가정사로 검정고시를 치르고 대학에 입학했습니다. 왜 거의 사십 년이 지난 저의 검정고시 여부가 화제가 되는 것인지 참으로 안타깝습니다. 잘 아시다시피 저는 미국에서 신학교를 졸업하고 PCA 교단에서 안수를 받고 목회를 하였습니다. 이것은 PCA 교단 사무국에 연락하면 언제든지 알 수 있는 일입니다. 미국에 있는 한인들의 숫자는 200만 명이 넘습니다. 미국 전역이 한인 교회 네트워크로 촘촘히 연결되어 있습니다. 그런 상황에서 제가 미국에서 살았던 20년 넘는 세월 동안 정식으로 목사 안수를 받지 않고 교회 개척과 부흥을 주도할 수 있었으리라 생각할 수 있겠습니까. 더 이상 이런 유類의 문제로 성도들의 마음을 아프게 하는 일이 없기를 간절히 바랍니다."

오정현 목사는 새 예배당 입당을 앞두고 모든 의혹을 해명하겠다는 입장이었지만, 언제나 그랬듯 그의 해명은 더 큰 파장을 몰고 왔다. 그가 검정고시 출신이라는 사실 자체가 문제는 아니었다. 진짜 문제는 오정현 목사가 부산고를 나왔다는 이야기를 들은 사람이 많았고, 그가 직접 해명하기 전까지 그렇게 믿은 교인이 대다수였다는 것이었다. 갱신위원회 교인들이 듣고 싶었던 것은 이런 부분에 대한 해명이었다. 여기서도 중요했던 것은 오정현 목사가 부산고 출신이라고 사칭하고 다녔는지, 그의 언행에 대한 진실성이었다.

PCA 목사 안수도 이제껏 교회 측이 보여 온 입장의 반복에 불과했다. 이제는 단순히 오정현 목사가 제시한 목사 안수증뿐 아니라 어떻게 미국에서 목사 안수를 받을 수 있었는지 전 과정에 대한 의혹이 불거지고 있는 시점이었다. 30~40년 전의 일, 오정현 목사를 반대하는 사람들조차 설마설마했던 그의 '목사 자격' 문제가 이후 얼마나 큰 폭

풍을 몰고 올지 그때는 누구도 알지 못했다.

～～～～～～

　사랑의교회 안수집사회는 2014년 3월 11일 기자회견을 열고, 오정현 목사의 이력에 대한 의혹을 공식적으로 제기했다. 쟁점은 크게 두 가지였다. 하나는 오정현 목사의 강도사 이력이 의문스럽다는 것이었고, 다른 하나는 오정현 목사가 사랑의교회 담임목사가 되기 위해 거쳐야 했던 총신대 편목 과정을 제대로 이수하지 않았다는 것이었다.

　기자회견에서는 황성연 집사가 그간 취재한 내용을 발표했다. 오정현 목사는 1986년 미국 바이올라대학 탈봇신학교에서 목회학 석사 과정(M.Div.)을 졸업하고, 그해 10월 PCA 한인서남노회에서 목사 안수를 받았다. PCA 한인서남노회 총칙에는 "목사 고시는 강도사 인허 후 1년 경과된 자만이 응시할 수 있다"고 나온다. 오정현 목사는 1985년 PCA가 아닌 CRC(북미개혁교단)에서 강도사 인허를 받고, 강도사 자격으로 CRC 소속 하이데저트중앙교회 담임으로 부임했다. 황성연 집사는 초교파인 탈봇신학교 학생이 신학 성향이 다른 CRC에서 강도사 인허를 받는 것은 불가하고, CRC 소속 교회에서 목회한 것이 PCA에서 인정되지도 않는다고 했다. 오정현 목사가 CRC에서 받은 강도사 인허를 근거로 PCA에서 강도사를 사칭해 목사 안수를 받은 것이 아닌지 의혹을 제기했다.

　오정현 목사는 2003년 사랑의교회에 부임하기 위해, 교회가 소속한 예장합동 교단 목사로 편입해야 했다. 이를 위해 오 목사는 2002년 총신대 편목 과정에 입학했다. 당시 예장합동 헌법은, 타 교단 목사가 예장합동 목사가 되기 위해서는 반드시 2년 이상 총회신학원에서 수업한 후 강도사 고시에 합격해야 한다고 규정하고 있었다. 하지만 오정현 목사가 쓴 〈통찰과 예견〉(생명의말씀사)이라는 책을 보면, 편목 과정을 이수해야 하는 2002년 8월부터 2003년 2월 28일까지 미국 하버드대학교에서 공부했다고 나온다. 2002년 발행된 사랑의교회 소식지 〈우리〉에는 오 목사가 안식년(2002년) 동안 중국의 22개 성과 베트남, 북한 등을 다녔다고 나온다. 안수집사회는 이를 근거로 오정현 목사가 편목 과정을 제대로 이수하지 않았다고 문제 제기했다.

기자회견 후 얼마 지나지 않아 부산고 사칭 관련 증거도 나왔다. 갱신위원회는 1986년 오정현 목사의 미국 칼빈신학교 성적표를 입수했는데, 성적표 고등학교 학력 란에 'Busan High, Busan, Korea, Date of Graduation: 1974'라고 적혀 있었던 것이다. 그간 오정현 목사가 부산고 출신이라고 말하고 다녔다는 소문은 무성했으나 직접적인 증거가 없었는데, 처음 그 증거가 드러난 것이다.

그러나 교회 측은 예전부터 돌던 헛소문이라며 제대로 대응하지 않았다. 칼빈신학교 성적표 내용은 오정현 목사가 직접 작성한 것이 아니라, 타국 신학교 담당자에게 검정고시를 설명하기 어려워 '부산에서 지냈다'고 설명한 것을 담당자가 'Busan High'로 적은 것뿐이라고 했다. 당시는 오정현 목사를 지지하는 교인들이 서초 예배당으로 떠나고 갱신위원회 교인들은 강남 예배당에 남아 갈등이 극심한 시기였다. 오 목사 지지 교인들은 반대파의 말도 안 되는 억측이라며 의혹 제기를 깎아내렸다. 그러나 누구도 오정현 목사에게 직접 진실을 확인하려고 하지는 않았다.

갱신위원회는 2015년 6월, 그간 밝혀진 내용들을 근거로 법원에 '위임목사 결의 무효 확인소송'을 제기했다. 피고는 오정현 목사와 그가 소속한 예장합동 동서울노회였다. 오정현 목사가 미국에서 목사가 되는 과정에 문제가 있었고, 무엇보다 예장합동 목사가 되기 위한 편목 과정을 제대로 거치지 않았기에, 예장합동 소속이 아닌 목사를 사랑의교회 담임목사로 위임한 결의는 무효라고 주장한 것이다.

소송은 별 주목을 끌지 못하고 2016년 2월 기각됐으나, 오히려 본격적인 논란은 그때부터 시작됐다. 갱신위원회가 그간 모아 온 오정현 목사의 출신 학교 및 목사 자격과 관련한 자료들과 1심 소송 과정에서 새롭게 밝혀진 것들을 하나씩 소셜미디어에 공개했기 때문이다. 갱신위원회가 공개하는 자료들은 온라인에서 수백 회씩 공유되며 퍼져 나갔다.

소송 진행 과정에서 의문투성이였던 오정현 목사의 강도사 이력이 드러났다. 오정현 목사는 1985년 1월 CRC에서 강도권 인허를 받았는데, 목회자가 되는 과정으로서의 강도권 인허를 받은 것이 아니라 일반 신자a lay believer를 대상으로 하는 '임시 설교권'을 받은 것으로 확인됐다. 이는 CRC 헌법상 4개월마다 노회의 심사를 거쳐 갱신이 필요한 강도권이다. 갱신위원회는 오정현 목사가 CRC에서 평신도 설교권을 받은 후 PCA에서는 강도사 인허를 받은 것처럼 속여 목사 안수 과정을 밟은 것으로 추측했다.

이 사실이 알려지며 논란이 일었지만, 사랑의교회 내외부에서 오정현 목사를 두둔하는 사람들도 있었다. 미국에서 '강도권'이라는 것은 한국의 강도사 제도와는 다르게 누구든 설교할 자격이 있으면 주어질 수 있다는 주장이었다. 그러나 당시 CRC 소속 교회에서 목회하던 김범수 목사와 CRC 소속 칼빈신학교에서 박사 과정을 밟던 김은득 교수가 이런 주장들을 정면으로 반박했다. 김은득 교수는 오정현 목사가 받은 평신도 설교권은 갑작스러운 사정으로 교회에 목회자가 없을 때 '목회자가 될 계획이 없는 사람'에게만 한시적으로 주어지는 것이라고 설명했다. CRC를 비롯한 다른 어떤 교단에서도 사역할 의향이 없는 사람들에게만 제공되는 설교권이라는 것이다.[26] 김범수 목사는 만약 오정현 목사가 이 평신도 설교권을 근거로 PCA에서 강도사를 사칭했다면, 부도덕한 범죄이며 그렇게 받은 목사 안수는 무효가 된다고 했다.[27]

오정현 목사의 총신대 편목 과정도 좀 더 분명하게 드러났다. 여기서도 부산고 사칭 의혹이 문제가 됐다. 갱신위원회 요청으로 총신대가 법원에 제출한 오정현 목사의 학적부에는, 고등학교 학력 란에 '1977/02/25 부산고등학교 졸업'이라고 나와 있었다. 교회 측은 오 목사가 직접 작성한 학적부가 아니라고 주장했으나, 갱신위원회는 과거 오정현 목사가 설교에서 '고등학교를 다녔다'고 언급한 부분을 공개했다. 오 목사는 2004년 온누리교회 부흥회에서 "나는 개척교회 목사 아들로 태어나 고등학교 2학년 때까지도 비 새는 집에 살았다"고 말했

---

[26] 김은득, 'CRC 임시설교권 헌법 조항, 사실은 이렇다', 2016년 2월 16일 〈뉴스앤조이〉

[27] 김범수, '오정현 목사 임시설교권 얻었을 뿐 강도사 아니었다', 2016년 2월 15일 〈뉴스앤조이〉

다. 2012년 미국 헤브론교회 설교에서는 "나는 고등학교 다닐 때부터 공부만 한 적이 없다"고 말했다. 갱신위원회는 오정현 목사가 편목 과정 입학 당시 부산고 출신이라고 학력을 속였고, 이는 총신대 학칙상 합격 무효가 되는 일이라고 했다.

게다가 당시 총신대 편목 과정에 입학하기 위해서는 필답 고사와 면접을 봤어야 했는데, 오정현 목사는 그날 아예 한국에 없었다는 사실도 드러났다. 입학 시험날에도 외국에 있었고 학기 중에도 대부분 외국에 체류했다는 것이 확인되면서, 오정현 목사가 편목 과정을 제대로 이수하지 않았다는 사실이 밝혀졌다.

항소심 중에는 오정현 목사가 제시한 PCA 목사 안수증이, 교단에서 발급한 공식 문서가 아니라 목사 안수를 받고 2년 후 동기 중 한 명이 만들어 돌린 것이라는 사실도 밝혀졌다. 오정현 목사는 2013년 목사 자격 의혹이 불거질 당시 이 안수증을 제시하며 의혹을 잠재웠다. 당시 황성연 집사를 비롯한 갱신위원회 교인들이 안수증에 인장이 없다며 문제를 제기했지만, 이 안수증으로 목사 자격 논란은 상당 부분 사그라들었다. 그러나 이 또한 교단에서 공식 발급한 문서가 아니었던 것이다.

위임목사 결의 무효 확인소송 1심은 갱신위원회가 패했지만, 이 소송을 통해 베일에 가려져 있던 오정현 목사의 불투명한 이력이 조금씩 드러나고 있었다. 그리고 전혀 예상하지 못한 곳에서 또 하나의 불씨가 던져졌다. 훗날 큰 화마火魔가 되어 돌아온 이것은 바로 오정현 목사를 향한 과도한 충정(?)이었다.

사랑의교회 사태에서 오정현 목사의 '오른팔', '행동대장'이라는 수식어로 불린 주연종 부목사. 주 목사는 2016년 6월 〈진실〉이라는 책을 써 냈다. 자신의 관점으로 사랑의교회 사태를 돌아본 책이다. 제목이 무색하게도 이 책은 전혀 진실을 담보하고 있지 않았다. 다만, 이 사달이 나도 오정현 목사를 지지하는 사람들의 머릿속은 어떤지 들여다 볼 수 있는 책이었다. 주연종 목사는 "한국교회를 지키기 위해서는 사랑의교회를 지켜야 하고 사랑의교회를 지키기 위해서는 오정현 목사를 지켜야 한다"고 썼다.

오정현 목사를 지키려는 그의 충정은 역설적으로 오 목사의 목사 자격 논란에 불을 붙인 꼴이 됐다. 주연종 목사가 책에서, 위임목사 결의 무효 확인소송 중 총신대가 제출한 오정현 목사의 학적부 – 고등학교 학력 란에 '부산고등학교 졸업'이라고 쓰여 있던 학적부를 신뢰할 수 없다고 주장했기 때문이다.

"그 학적부에는 성명, 전화번호, 주민번호, 병적 관계, 교단 및 노회, 학력 사항 등이 기재되어 있었다. 그런데 기재 사항 중 80% 이상이 사실과 달랐다. 소속 교단, 소속 교회, 소속 노회 등이 모두 사실과 달랐고 병적도 완전히 달랐다. '부산고등학교'의 졸업식 일자도, 실제로 그해의 졸업식 일자와도 틀렸다. 오정현 목사의 전화번호도 틀렸다. 정상적인 경우라면, 이 학적부는 이름만 '오정현'으로 되어 있는 다른 사람의 학적부라고 해야 맞았다. 일치율이 20% 미만인 학적부에서 딱 하나, '부산고등학교 졸업'이라고 기재되어 있는 부분만 가지고 반대파는 이 학적부가 오정현 목사가 직접 기록한 것이고 그러므로 오정현 목사가 학력을 위조한 것이라고 주장했다."[28]

이 부분이 총신대학교를 자극했다. 총신대 신대원 원장과 교학처장, 교학팀장은 7월 26일 자 예장합동 교단지 〈기독신문〉에 성명서를 냈다. '주연종 목사가 저서 〈진실〉에서 왜곡한 본교 학적부에 관한 총신대학교 신학대학원의 입장'이라는 제목의 성명서에서, 총신대 신대원은 "주연종 목사는 (오정현 목사의) 부산고등학교 졸업 학력이 사실과 다르다고 주장하면서 마치 본교가 그것을 오기하거나 심지어는 변조했다는 인상을 주고 있다"며 "총신 학적부는 정확히 기재된 영구 보관 자료이다. 엄정한 서류이기 때문에 한 번 작성 후에는 그 누구도 변경할 수 없다"고 못 박았다. 또 "오정현 목사의 학적부는 그가 제출한 서류를 근거로 작성됐다"며 "만일 그의 학적부에 사실과 다른 것이 있다면 그것은 전적으로 오정현 목사가 작성해 제출한 서류가 잘못되었다고 볼 수밖에 없다. 주연종 목사가 학적부의 신뢰성에 문제가 있는 것처럼 쓴 것은, 오정현 목사의 부산고 졸업 기재의 책임을 학교에 전가해 오 목사를 보호하려는 의도로 보인다"고 반박했다.

총신대 신대원은 "오정현 목사는 자신의 신상 기록을 부정확하게 기록하곤 했다"고 짚으며, 상세한 예까지 제시했다.

---

28 주연종, 〈진실〉(RHK) 368~369쪽

(1) 입교 시기를 다르게 기록하곤 합니다.

그는 입교일을 1968년 4월 25일로 기록하기도 하고, 71년 또는 72년으로 기록하기도 합니다.

(2) 부산고등학교 졸업 시기를 다르게 기록하곤 합니다.

그는 고교 졸업일을 1977년 2월 25일로 기록하기도 하고, 1974년으로 기록하기도 합니다.

(3) 군 입대 시일을 다르게 기록하곤 합니다.

그는 군대 입대 일자를 1982년 7월 1일로 기록하기도 하고, 1978년 2월 28일로 기록하기도 합니다.

(4) 숭실대학교 졸업 연도를 다르게 기록하곤 합니다.

그는 숭실대 졸업 연도를 1981년으로 기록하기도 하고, 1982년으로 기록하기도 합니다.

(5) 미국 탈봇신학교 졸업 연도를 다르게 기록하곤 합니다.

어떤 곳에는 1986년으로 기록하는가 하면, 다른 곳에서는 1985년으로 기록하고 있습니다.

총신대는 그해 8월 16일 아예 '오정현목사편목과정조사위원회'를 꾸리고 조사에 들어갔다. 그 결과, 오정현 목사가 2001년 편목 과정에 입학했을 때 제출한 서류가 잘못됐다는 사실을 확인했다. 편목 과정은 타 교단 '목사'가 예장합동 교단에 편입하기 위해 거치는 과정이라, 예장합동에 소속된 노회에서 편목 관련 추천서를 받아 제출해야 한다. 그러나 오정현 목사는 사랑의교회가 속한 동서울노회가 아닌 경기노회에서 '목회자 후보생' 추천서를 받아 제출했다. 편목 과정에 입학하기 위한 서류도 아니었고, 당시 오 목사는 PCA 교단 목사였는데도 목회자 후보생이라는 엉뚱한 추천서를 받아 제출한 것이다.

조사위원회는 8월 24일 총신대 교수회의에 이 같은 사실을 보고했다. 교수회의에서는 이 사안을 교무처에 맡겨 규정대로 처리하기로 했다. 총신대 학칙상 입학 관련 서류가 허위 또는 위조로 판명된 경우에는 합격이 무효가 된다. 총신대는 오정현 목사의 편목 과정 입학 자체를 무효로 처리한 것이다.

당시는 오정현 목사와 동서울노회를 상대로 한 위임목사 결의 무효 확인소송 항소심이 진행 중이었다. 총신대가 오정현 목사의 편목 입학을 무효 처분한 문서가 법원에 제출되면, 오정현 목사는 상당히 불리한 상황이 되는 것이었다. 그러나 총신대는 무슨 일인지 교수회의 후 두 달이 지나도록 어떤 제스처도 취하지 않았다. 이에 갱신위원회는 10월 17일, 총신대 신대원이 있는 양지 캠퍼스에서 시위를 열기도 했다. 빨리 오정현 목사에게 합격 무효를 통지하고 법원에 관련 서류를 제출하라는 것이었다.

총신대는 10월 26일, 최종적으로 오정현 목사 편목 입학을 무효 처리했다. 11월 24일에는 이 서류를 법원에 제출했고, 12월 19일 오정현 목사에게도 통보했다. 오 목사는 즉각 소송을 걸었다. '합격 무효 처분 무효 확인 청구' 소송에서, 오 목사는 총신대 당시 김영우 총장과 갱신위원회가 손잡고 자신을 끌어내리려 한다고 주장했다. 소장을 보면 오정현 목사가 사랑의교회 사태를 어떻게 이해하고 있는지가 드러난다. 그는 전혀 달라진 게 없었다. 여전히 새 예배당 건축 문제로 불만을 가진 교인들이 자신을 끌어내리려 한다는 입장을 고수했다. 거짓으로 드러난 권영준 장로의 '사임 협박'도 사실인 것처럼 썼다.

"사랑의교회는 가장 모범적인 교회로 자리매김해 왔으나, 2009년 교회 건물 신축을 계기로 교인 중 원고(오정현 목사)를 못마땅해 하는 교인들이 나타나기 시작했다. 2012년 6월 학위논문 대필 문제에서부터 표면화해 2013년 1월 권영준 장로의 사임 협박을 시작으로 결집됐고, 이후 본격화되었다. 2013년 11월 신축 건물로 이전하면서 종전 예배당이 거점화하여 이후 지금까지 분규 사태가 지속돼 오고 있다.
교회법상 교회가 담임목사를 사임시킬 방법은 없고 사임을 원하는 교인은 1~2%에도 미치지 못하므로, 이들은 으레 그러하듯 배임 등으로 형사 고소했다. 그러나 혐의 없음으로 처리되어 무위로 돌아가자 담임목사 노회에서 위임 결의 무효 확인 및 직무 정지를 구하는 민사소송을 제기해 1심에서 청구 기각되고 항소심에 이르렀다."

또 한 가지 우려스러운 오정현 목사의 현실 인식은, 사랑의교회를 국내 '5위', '3위'라고 하는 등 교회에 등수를 매긴다는 것이었다. 소장에는 다음과 같은 표현이 나온다.

"정규 과정도 아닌 편목을 위한 교단 신학교의 편입학에 있어, 그 합격 여부에 직접 영향을 미칠 사항도 아닌 '노회 추천서' 기재 사항을 문제 삼아, 이미 전에 정규 과정(신학부)에 입학한 사실이 있는 원고에 대해, 15년이 지난 지금에 이르러 그 합격을 무효화하여 결국 규모가 국내 5위 이내인 교회의 담임목사를 직위에서 끌어내리겠다는 발상 자체가 참으로 이해하기 어렵다. (이는 규모 때문이 아니라 파장 때문이다. 현재도 등록 교인 수가 10만 명에 이르고, 매주 출석 교인은 3만 5000명 수준으로 국내 3위 수준이라는 것이 교계의 정설이다.) 이러한 일은 전례를 찾을 수 없는 일로서, 그야말로 김영우 총장이 아니고서는 생각할 수 없는 일이라는 것이 교단 내의 중평이다."

〈진실〉이라는 책이 불러온 나비효과로 총신대와 오정현 목사가 갈등하며, 위임목사 결의 무효 확인소송은 오 목사에게 상당히 불리해졌다. 갱신위원회는 원심과 다른 판단이 나올 것이라 기대했으나, 서울고등법원은 2017년 5월 11일 항소심도 기각했다. 항소심 재판부는 원심보다도 더 오정현 목사의 주장을 그대로 받아들였다. 그가 PCA 목사라는 점은, PCA 한인서남노회가 2016년 3월 오정현 목사의 안수를 재확인한 것을 인정했다. 총신대의 편목 합격 무효 처분도 위임목사직을 중단시킬 만한 하자라고 판단하지 않았다. 총신대 교수회의 회의록에 "오정현 목사의 입학 건은 교무처에 맡겨 규정대로 처리하기로 했다"고 되어 있을 뿐, 정확히 합격을 무효 처분한다고 의결한 내용이 없다고 했다. 오 목사의 해명을 듣는 절차도 없었고, 교수회의 후 4개월이 지나서야 당사자에게 통보한 것도 문제라고 봤다.

2017년 9월 28일, 오정현 목사가 총신대를 상대로 제기한 '합격 무효 처분 무효 확인' 청구에서도 오 목사가 이겼다. 예장합동 총회는 오정현 목사에게 유리한 내용의 문서를 법원에 제출했는데, 법원은 이 의견을 거의 그대로 받아들였다. "총신대 편목 과정은 본 교단 목사로 인정받기 위한 과정 중 하나로, 교단의 목사가 되기 전이라는 의미에서 목사 후보생이라고 보는 것은 문제없다", "총신대 신대원에서 특정인을 목사 후보생인지 아닌지 결정할 수 없다. 목사 후보생 신분 부여는 노회의 권한이다"라는 것이다.

오정현 목사가 미국에서 받은 강도권은 '평신도 임시 설교권'이라는 사실과 총신대 편목 입학 과정에 상당한 문제가 있다는 사실이 드러났지만, 뜨거운 여론과는 별개로 법적인 판단은 오정현 목사가 사랑의교회 위임목사라는 데 문제가 없다는 것이었다. 오정현 목사의 주장대로 '국내 3위' 대형 교회의 위임목사직을 법원이 박탈하는 것은 상당히 부담스러워 보였다. 하지만 법원의 유리한 판결로도 오 목사의 목사 자격 문제는 말끔히 해소되지 않았다.

총신대는 계속해서 오정현 목사의 편목 문제를 파고들었다. 총신대 오정현목사편목관련조사위원회는 오정현 목사 편목 과정의 문제점을 찾아내는 것은 물론, 그가 편목 과정을 할 때 특혜를 준 교수들에 대한 징계도 착수했다. 조사위원회에 따르면, 오정현 목사는 규정에 맞지 않는 '목회자 후보생' 추천서를 제출했고, 편목 입학 시험 당시에도 미국에 있어 '팩스'로 시험을 봤으며, 수업에 전혀 참여하지 않았는데도 학점을 받았다. 편목의 모든 과정이 문제였는데 일부 교수가 이를 눈감아 줬다는 것이다.

징계 대상자들은 모두 사랑의교회에 우호적인 동시에 김영우 총장에게는 불만을 가진 교수협의회 소속 교수들이었다. 당시 총신대는 김영우 총장이 이사회를 장악해 극도의 혼란을 겪었다. 학생들과 교수들이 반발하고 예장합동 총회도 총신대 이사회와 각을 세웠다. 이에 오정현 목사 측은 김영우 총장이 위기를 타개할 정치적 의도로 오 목사를 공격하는 것이라고 했다. 총신대는 이를 부인했으나, 교단 정치에 도가 튼 김영우 총장의 이력을 봤을 때 의심이 가는 것은 사실이었다. 실제로 총신대는 사랑의교회 지원을 받은 교수들이 학생들을 충동질해, 학생들이 이사회에 반기를 든 것이라고 주장하기도 했다. 하지만 김영우 총장에게 어떤 정치적 이유가 있었다손 치더라도, 총신대 조사위원회가 밝혀낸 내용들은 모두 사실이었다.

조사위원회는 오정현 목사의 편목 문제와 이를 비호한 교수들의 행적을 45쪽 분량의 백서로 정리했다. 조사위원회는 이 백서의 요약본을 2018년 3월 26일 공개했다. 오정현 목사가 입학 시험을 팩스로 치렀는데도 전체 수석을 했으며, 모든 수업에 결석했는데도 최상위 학점을 받았다는 내용이 증거 자료와 함께 제시돼 있었다. 조사위원회는 당시 오정현 목사의 편의를 봐 준 교수들 중 일부가 계속해서 사랑의교회로부터 설교 사례비와 연구소 지원금 명목으로 적게는 3000만 원에서 많게는 2억 원 이상을 지원받았다며, 이들이 오 목사를 도운 이유로 거액의 재정 지원을 받은 것이라고 썼다. 총신대 교수협의회는 이틀 만에 반박에 나섰다. 편목 과정은 애초에 비학위 과정으로 탄력적으로 운영돼 왔으며, 오정현 목사와 교수협의회 소속 일부 교수의 커넥션에 대해서도 부인했다.

위임목사 결의 무효 확인소송의 대법원 판결을 앞두고 있는 가운데, 총신대 조사위원회의 백서 공개는 긴장감을 더욱 고조시켰다. 그러나 이미 2심까지 오정현 목사가 이겼기에, 이것이 뒤집어질 것이라고 예견한 사람은 많지 않았다.

대법원은 2018년 4월 12일, 2심 판결 후 근 1년 만에 원심 판결을 파기하고 사건을 고등법원으로 돌려보냈다. 대법원은 오정현 목사가 PCA 교단 목사라는 사실은 부정하지 않았다. 그러나 오정현 목사가 타 교단 목사로서 예장합동으로 교단을 옮기기 위해 밟아야 하는 '편목 편입'이 아니라, 목사가 아닌 사람이 지원하는 '일반 편입'을 했다고 판단했다. 일반 편입 과정을 거쳐 예장합동 목사가 되려면 학교를 졸업하고 강도사 고시 및 목사 고시에 합격해 목사 안수를 받아야 한다. 오정현 목사는 이러한 과정을 거치지 않았기에, 대법원은 오 목사가 PCA 목사일 뿐 예장합동 목사는 아니라고 판단했다. 예장합동 목사가 아니라면 교단 소속 교회인 사랑의교회 위임목사가 될 수 없기 때문에, 사랑의교회가 오정현 목사를 위임목사로 결의한 것은 무효라는 취지였다. 새로운 증거가 나타나지 않는 이상 파기환송심이 대법원 판결 취지를 거스를 수는 없기에 대법원 판결은 그야말로 대역전인 셈이었다.

파기환송심이 시작되자 교회 측과 동서울노회, 예장합동 총회, 심지어 총장 및 이사회 구성원이 물갈이된 총신대까지 합세해 오정현 목사 지키기에 나섰다. 한국교회언론회, 한국장로교총연합회 등 보수 교계 단체들도 일제히 성명서를 발표했다. 이들은 하나같이 대법원 판결이 종교의자유를 침해한다고 주장했다. 대법원 판결대로라면 오정현 목사가 다시 목사 안수를 받아야 한다는 것인데, '목사 재안수'는 이단의 교리라고도 했다. 사랑의교회는 교회 차원에서 대법원 판결에 반대하는 교인 2만 명의 서명을 받아 법원에 제출했다. 동서울노회는 임시회를 열어 오정현 목사가 동서울노회 소속 목사라는 사실을 재확인한다는 성명서를 발표했다. 총신대는 일반 편입과 편목 편입의 실제적인 차이가 없다는 입장을 법원에 제출했다. 당시 예장합동 전계헌 총회장은 오정현 목사의 위임목사 결의를 무효로 판단하면 한국교회 1200만 교인이 혼란에 빠진다는 탄원서를 제출하기도 했다. 그해 9월 예장합동 정기총회에서는 오정현 목사를 위한 '목사 재안수는 없다'는 안건이 통과됐다.

교회 안팎의 전방위적 지원사격이 계속됐지만 어떤 새로운 증거가 제시된 것은 아니었다. 파기환송심은 그해 12월 5일 사랑의교회의 오정현 목사 위임 결의는 무효라고 판결했다. 이유는 대법원 판결과 크게 다르지 않았다. 재판부는 위임 결의가 무효이므로, 오정현 목사가 이 판결이 확정되면 위임목사 직무를 집행하면 안 된다고도 했다. 오정현 목사는 대법원에 상소했으나 판결이 뒤집힐 확률은 희박했다. 오 목사와 교회 측은 졸지에 발등에 불이 떨어진 격이 됐다. 대법원이 판결을 확정하기 전에 조치를 취해야 했다.

또다시 전방위적 '오정현 목사 구하기'가 시작됐다. 오정현 목사와 교단이 생각해 낸 궁여지책은 편목 과정을 다시 밟는 것이었다. 그간 대법원 판결도 불복하며 '오정현 목사는 우리 사람이다'라고 주장해왔던 교회·노회·총회가 일사불란하게 다시 편목 과정과 재위임을 준비했다. 평소 느릿느릿한 총회 시스템이 이번만큼은 재빠르게 돌아갔다. 2019년 1월 예장합동 총회 실행위원회가 '특별 단기 편목 과정'을 임원회에 일임했고, 임원회는 교단지 〈기독신문〉 2월 19일 자에 이 과정을 공고했다. 원서 접수 기간은 19일부터 22일까지 4일이었고, 총신대는 25일부터 바로 교육을 시작했다. 이에 맞춰 동서울노회는 임시회를 열어 오정현 목사의 단기 편목 과정 입학을 청원했다. 오정현 목사는 '2주' 과정에 배정돼 2주간 총신대에서 수업을 받고 편목 과정을 마무리했다. 사랑의교회도 그해 3월 공동의회를 열어 96% 이상의 찬성으로 오정현 목사를 재위임했다. 동서울노회는 3월 25일 임시회를 열고, 오정현 목사의 목사 고시 합격과 목사 임직, 사랑의교회 위임을 단번에 통과시켰다. 목사 고시는 임시회 정회 시간 30분 내에 해결했다. 대법원에서 져도 오정현 목사가 사랑의교회 담임목사 직무를 계속할 수 있도록 모든 절차를 마무리한 것이다. 그야말로 번갯불에 콩 구워 먹듯, 전 교단이 오정현 목사를 위해 움직인 사건이었다. 예상대로 대법원은 4월 25일, 소송을 기각하고 원심을 확정했다.

이 모든 사달에도 오정현 목사의 정체가 모두 드러난 것은 아니었다. 오 목사가 경희대가 아닌 숭실대(당시 숭전대)를 졸업했다는 사실은 밝혀졌는데, 그가 과거 설교나 저서에서 대학 입학 시기를 제각각으로 말해 대체 대학을 언제 입학해서 언제 졸업했는지 의문이 가시지 않았다. 그가 사실은 강원도에 있는 관동대학교에 입학했다가 숭실대로 편입했다는 것을 교회 측은 2019년 3월에야 처음으로 인정했다. 정리해 보면, 오정현 목사는 고등학교 입시 낙방 끝에 1974년 검정고시에 합격했고, 3년 후 1977년 관동대에 입학한 후 1978년 숭실대로 편입해 1982년 졸업했다. 1982년 총신대 신대원에 합격한 후 바로 미국으로 건너가 바이올라대학 탈봇신학교에서 목회학 석사 과정을 했고, 1985년 CRC에서 평신도 설교권을 받았으며, 1986년 탈봇신학교를 졸업하고 PCA에서 목사 안수를 받았다. 결과적으로 2002년 총신에서 일반 편입 과정을, 2019년 2주짜리 편목 과정을 거쳐 예장합동 목사가 됐다.

    갱신위원회는 소송을 불사하며 오정현 목사의 정체를 여기까지 밝혀냈다. 오 목사의 이력을 들춰 내 창피를 주려는 것이 아니었다. 사실 한 목회자의 학적이나 목사 안수 과정은 이렇게 소송까지 해서 밝혀야 할 성질의 것이 아니다. 누군가 궁금해하면 사실대로 말하면 된다. 증거를 요구하면 내놓으면 된다. 오정현 목사는 그러지 않았다. 여기서도 중요했던 건 '오정현 목사의 진실성'이었다. 검정고시에 지방대 출신이라도 훌륭한 목사가 될 수 있지만, 유학파에 박사 학위가 줄줄이 있어도 진실하지 않은 자는 목사가 되면 안 된다. 갱신위원회는 이 지난한 싸움을 통해, 진정한 '목사의 자격'이란 무엇인지 다시 한번 상기하게 했다.

9장 '영적 공공재'는 없다

사랑의교회가 오정현 목사의 논문 표절로 몸살을 앓던 시기에도 서초 예배당 불법성에 대한 문제 제기는 계속되고 있었다. 서초구민들로 구성된 '주민 소송단'은 2012년 8월 서초구청을 상대로 지방자치법 위반에 따른 행정재판의 일환인 '주민 소송'을 걸었고, 9월에는 공사중지 가처분을 신청했다. 논문 표절 사실이 드러난 2013년 1월에도 주민 소송 변론이 있었고, 오정현 목사가 자숙을 떠난 3월에는 주민 소송단과 교계 및 시민단체의 사랑의교회 규탄 기자회견이 있었다.

주민 소송에서 가장 중요한 이슈는 서초 예배당이 공공 도로인 참나리길 지하 부분을 점용했다는 것이었다. 주민 소송단은 사랑의교회가 공공 도로를 점용할 수 있도록 허가해 준 서초구청을 상대로 소송을 걸었고, 사랑의교회는 이 소송의 피고 보조참가인 신분이었다. 이미 2012년 6월 서울시 주민 감사에서, 서초구청의 사랑의교회 공공 도로 점용 허가는 잘못된 것이라는 지적이 있었다. 서울시는 이 허가를 취소하라고 서초구청에 지시했으나, 서초구청은 이를 이행하지 않았다. 주민 소송 재판부는 그해 11월 현장 검증도 진행했으나, 웬일인지 가처분 신청조차 수개월이 지나도록 결론이 나오지 않았다.

오정현 목사에 대한 신뢰가 크게 흔들린 시기, 사랑의교회 내부에서도 새 예배당 건축에 대한 문제 제기가 다시 시작됐다. 건축 논란이 2010년 말부터 시작됐으니, 그로부터 2년 넘게 지난 당시 사랑의교회에 예배당 신축 자체를 반대하는 사람은 거의 다 떠나고 없었다. 그러나 건축에 찬성하고 건축 헌금을 작정하고 실제로 헌금했던 교인들 사이에서도 예배당 신축을 다시 돌아봐야 한다는 여론이 형성되고 있었다. 그도 그럴 것이, 교인들은 새 예배당이 공공 도로 지하를 점용한다는 이야기를 교회에서 들은 적이 없었다. 그것이 특혜 의혹이나 불법성이 있다는 사실을 인지했다면, 그리 쉽게 예배당 신축에 찬성하지는 않았을 것이었다.

하지만 이 소송의 원고는 주민 소송단이었기에, 문제의식이 있는 교인들도 소송에 직접 참여할 수는 없었다. 대신 소송 변론 기일이 되면 재판정을 찾아가 방청하고 주민 소송단을 응원했다. 온라인 카페 사랑넷이나 안수집사회 회보 등을 통해 소송 진행 상황을 알렸다. 소송단의 대표였던 황일근 전 구의원과 법률 대리인을 맡았던 김형남 변호사, 민주사회를위한변호사모임(민변) 등과의 소통도 그때 시작됐다. 2013년 1월까지만 해도 주민 소송에 관심을 가지는 교인이 별로 없었는데, 그해 6월 11일 열린 소송 마지막 변론에는 교인 70여 명이 참석했다. 비슷한 시기 교인 497명은 '예배당 신축을 찬성했지만 각종 불법이 드러난 이상 바로잡아야 한다'는 내용의 성명을 발표하기도 했다.

재판부는 공공 도로 점용 허가의 적법성을 다루는 것이 주민 소송의 대상이 되는지부터 따졌다. 주민 소송은 지방자치법 제22조(당시는

제17조)에서 규정한 주민의 권리다. 지자체의 공금 지출, 재산의 취득·관리·처분, 매매·임차·도급 계약 등에 문제가 있을 경우 주민이 지자체장에게 소송을 제기할 수 있다는 법이다. 서초구청과 교회 측은 지자체의 재정 관리만 주민 소송 대상이라며, 공공 도로 점용 허가는 재정에 대한 내용이 아니기 때문에 주민 소송 대상이 될 수 없다고 주장했다. 재판부는 이에 대해 전문심리위원 2명에게 질의했다. 전문심리위원들은 2013년 4월, 이 사건이 주민 소송의 대상이 맞다고 회신했다. 주민 소송은 주민의 권리를 지키는 수단이기에 대상이나 목적을 제한하기보다 지자체를 감시·감독할 수 있도록 넓게 해석해야 한다는 취지였다.

선고일이 그해 7월 9일로 잡히면서 긴장감은 고조됐다. 판결에 따라 완공을 3개월 앞둔 시점에 제동이 걸릴 수도 있었다. 그러나 서초 예배당 건축은 멈추지 않았다. 전문심리위원들의 의견까지 들어야 해서 수개월이 더 소요됐지만, 재판부는 전문심리위원들의 의견과는 정반대로 판단했다. 서울행정법원은 공공 도로 점용 허가의 적법성을 따지는 일은 주민 소송의 대상이 아니라는 이유로, 자세한 내용은 다루지도 않고 소를 각하해 버렸다. 교회 측은 쾌재를 불렀다. 계획대로 서초 예배당은 완공됐고, 사랑의교회는 11월 24일 새 예배당에 들어갔다. 지하 8층까지 파고들어 간 사랑의교회는, 공공 도로 참나리길 지하를 본당 강단 일부와 방재실, 강사 대기실 등으로 사용했다.

주민 소송단은 전문심리위원들의 의견을 언급하며, 이 사건은 주민 소송 대상이 맞다고 항소했으나 받아들여지지 않았다. 서울고등법원마저 2014년 5월, 공공 도로 점용 허가는 주민 소송 대상이 아니라며 소송단의 항소를 기각했다. 소송 자체가 성립되지 않는다는 거듭된 판단에, 정작 서초구청의 공공 도로 점용 허가가 적법한지 여부는 따져 보지도 못했다. 교회 측이 서초 예배당으로 옮겨 간 지도 반년이 지났고, 오정현 목사는 서초 예배당이 '영적 공공재'라며 자랑하기 바빴다. 유례가 없는 교회의 공공 도로 점용이 정당한 일이 되어 가고 있었다.

판을 180도로 뒤집어 버리는 일은 그로부터 꼬박 2년이 지나 일어났다. 대법원이 2016년 5월 27일, 서초구청의 공공 도로 점용 허가는 주민 소송 대상이 맞다고 판단한 것이다. 대법원은 지자체의 도로점용 허가가 도로의 본래 기능 및 목적(통행 등)과 무관하면, 주민 소송의 대상인 '지자체의 재산 관리·처분'에 해당한다고 봤다. 서초구가 사랑의교회에 점용을 허가한 부분은 '지하'이기 때문에 도로의 본래 기능 및 목적과 직접적인 관련이 없었다. 이에 따라 대법원은 원심을 파기하고 사건을 다시 서울행정법원으로 환송했다.

대법원 판결의 취지는 일차적으로 이 사건이 주민 소송 대상이라고 판단하고, 그 적법성은 서울행정법원에서 다루라고 한 것이었다. 하지만 대법원은 판결문에서 서초구청의 공공 도로 점용 허가가 공익적이지 않다고도 언급했다. 오히려 사랑의교회에 공공 도로 점용을 허가한 것은, 서초구청이 사인私人에게 도로의 사용 가치를 '임대'하는 행위로 볼 수 있다고 했다.

"위 점용 허가의 목적은 특정 종교 단체인 사랑의교회가 그 부분을 지하에 건설되는 종교 시설 부지로서 배타적 점유·사용할 수 있도록 하는 데 있는 것으로서, 그 허가의 목적이나 점용의 용도가 공익적 성격을 갖는 것이라고 볼 수도 없다. 위 도로점용 허가로 인해 형성된 사용 관계의 실질은, 전체적으로 보아 도로부지의 지하 부분에 대한 사용 가치를 실현해 그 부분에 대해 특정한 사인에게 점용료와 대가관계에 있는 사용 수익권을 설정해 주는 것이라고 봄이 상당하다. 그러므로 이 사건 도로점용 허가는 실질적으로 위 도로 지하 부분의 사용 가치를 제3자가 활용하게 하는 임대 유사한 행위로서, 지방자치단체의 재산인 도로부지의 재산적 가치에 영향을 미치는 지방자치법 제17조 제1항의 '재산의 관리·처분에 관한 사항'에 해당한다고 볼 수 있다."

~~~~~~~~~~

교회 측 입장에서는 큰일이 난 것이지만, 이들은 애써 침착하려 했다. 교회 측은 6월 5일 입장문을 발표해, 대법원 판결은 이 사건이 주민 소송 대상이 맞다고만 판단한 것이라고 선을 그었다. 다시 1심부터 도로점용에 대한 적법성을 다루더라도, 이미 교회는 건물 및 도로 기부 채납을 했고 매년 점용료도 내고 있기에 전혀 문제가 되지 않을 것이라고 했다. 입당 후 지난 2년여간 서초 예배당은 교인뿐 아니라 지역사회를 위한 공간으로 활용됐다고도 했다. 외부 단체 신청 126개, 외부 행사 303건, 연인원 25만 7000여 명이 무료로 이용하는 공공장소 기능을 담당했다며, 앞으로도 지역사회가 함께 누리고 나눌 수 있는 공익적 기능을 다하겠다고 했다. 서초 예배당이 '공공재'라는 점을 강조했다.

그러나 서초 예배당의 위기는 분명했다. 대법원 판결 내용 때문에도 그랬고, 대법원 판결로 여론이 다시 서초 예배당에 주목하기 시작했다. 게다가 갱신위원회가 6월 16일 오정현 목사의 영상을 하나 공개하면서 여론은 더욱 싸늘해졌다. 오 목사가 2012년 8월 교역자 수련회에서 이야기한 내용이었다. 당시는 서울시 주민 감사에서 서초구청의 도로점용 허가가 재량권을 벗어난 것이라는 결과가 나왔을 때였다. 오정현 목사는 "서울시가 뭐라 하든 누가 뭐라 하든 간에, 우리는 늘 얘기하듯이 세상 사회 법 위에 도덕법 있고 도덕법 위에 영적 제사법이 있다고"라며 예배당 신축을 정당화했다. 교회가 사회 법 위에 있다는, 그래서 불법을 저질러도 '영적 제사법'이 있기에 괜찮다는 그의 현실 인식은 지탄을 받을 만했다.

또 한 가지 문제는 오정현 목사의 음모론적 현실 인식이었다. 그는 공공 도로 점용이 문제가 된 초기부터, 종교 감시 시민단체인 종교자유정책연구원(종자연) 때문에 이 사달이 났다고 주장했다. 종자연이 불교 신자들로 구성됐다는 허위 사실을 유포하며, 불교가 개신교를 공격한다는 프레임을 짰다. 초창기부터 문제를 제기한 황일근 전 구의원에게는 통합진보당 출신이라며 '종북 좌파' 프레임을 씌웠다. 교회 측은 이런 내용을 공공연하게 이야기했고, 오정현 목사를 지지하는 교인들은 음모론적 프레임 안에서 공공 도로 점용 사건을 보게 됐다.

이듬해인 2017년 1월 13일, 주민 소송을 제기한 후 4년 반 만에 드디어 서초구청의 도로점용 허가가 적법한 것인지에 대한 법원 판결이 나왔다. 서울행정법원은 도로점용 허가가 위법이라고 보고 허가를 취소했다. 서초구청이 도로점용을 허가하면서 공익과 사익을 비교·형량하는 데 있어 비례·형평의 원칙을 위반해 재량권을 일탈·남용한 위법이 있다고 판단했다. 소송 판결문을 통해 서초구청이 사랑의교회에

도로점용을 허가한 과정이 상세하게 드러났다. 과정을 보면 서초구청은 대체 어떻게 이런 상황에서 도로점용을 허가했는지, 그리고 사랑의교회는 무엇 때문에 이렇게까지 도로점용을 요청했는지 의문이 남을 정도였다.

사랑의교회는 2009년 6월 서초 예배당 부지를 구입하고, 그해 말 서초구청에 참나리길 지하 부분을 점용할 수 있게 해 달라고 요청했다. 서초구청은 유관 기관에 자문을 구했다. 참나리길 지하에는 상수도관과 통신 시설물, 도시가스 배관 등이 매설돼 있었다. 주식회사 KT는 2010년 2월 24일 "도로 후퇴로 통신 시설물이 저촉될 가능성이 있으며, 저촉에 따라 이설해야 할 통신 시설물은 공사 소요 기간이 많이 필요하다"고 회신했다. 서울도시가스는 26일 "현재 설치된 배관 철거 시 다수의 공급 중단 수용가가 발생하고 도시가스 고객에게 불편을 초래하게 되므로, 도시가스 배관을 철거하지 않고 사용할 수 있도록 협조 부탁드린다"고 회신했다. 강남수도사업소는 3월 2일 "과도한 도로 절취 및 성토 시에는 상수도관 유지 관리상 많은 문제점이 발생할 수 있다"고 회신했다.

서초구 내에서도 부정적인 의견이 나왔다. 재난치수과는 2월 24일 "이 지역에는 공공 하수 시설이 매설돼 있어, 하수처리를 위해 반드시 필요한 부지이므로 점용이 불가하다"고 회신했다. 도로관리과는 예배당을 '영구 시설물'로 보고, 법대로라면 공유재산에는 영구 시설물을 건축할 수 없다고 했다. 이미 매장돼 있는 배관 등을 옮기는 것도 문제지만, 공공 도로 지하에 이런 대형 영구 시설물을 건축하는 경우는 원상 복구가 불가능하며 다른 구區에서도 이런 사례는 없다고 했다.

서울시도 부정적이었다. 서울시는 3월 8일 서초구청에 "교회 건물 같이 사회·경제·문화적 의미가 매우 제한적인 시설물 이용의 편익을 주목적으로 하는 도로점용 허가 신청을 받아들이기는 적절하지 않다. 오히려 이를 받아들이게 되면 향후 유사한 내용의 신청을 거부하기 어렵게 돼 도로 지하의 무분별한 사적 사용이 우려된다"고 회신했다.

도로점용과 관련한 모든 기관이 부정적인 상황. 하지만 서초구청은 보름 뒤 사랑의교회의 도로점용을 허가한다. 사랑의교회는 3월 16일 '도로 지하 점용에 따른 공공성 제고 방안'이라는 문건을 서초구청에 보낸다. 여기서 교회는 '지하 점용에 따른 공공성 시비에 대응 – 다중의 시민이 사용 가능한 공간을 구청에 제공하는 방안'으로 약 330제곱미터 면적의 탁아방과 청소년 상담 센터를 설치하겠다고 제안했다. 3월 22일에는 최종적으로 325제곱미터를 기부 채납하겠다는 확약서를 서초구청에 보냈다. 그러자 서초구청 도로관리과는 같은 날 '사랑의 교회 신축 관련 도로 점용 허가에 따른 기부 채납'이라는 제목의 문건을 만들어 "공공성이 확보된다"고 보고했다. 바로 다음 날인 23일 당시 박성중 서초구청장이 이를 결재했다. 이 문서들을 보면 기부 채납을 조건으로 도로점용을 허가한 것처럼 보인다. '조건부 기부 채납'은 현행법상 불법이다.

사랑의교회가 공공 도로를 점용해 지불해야 하는 비용도 만만찮다. 교회는 공사 기간 점용 부분 지상 도로를 막아 민원에 시달렸으며, 참나리길 인근 주민들과의 합의금 명목으로 건설사에 30억 원을 지급했다. 매년 점용료도 구청에 지불해야 했다. 판결 당시 2016년 점용료로 약 3억 9680만 원을 냈다는 사실이 확인됐다. 땅값이 오르면 점용료도 오른다. 게다가 공공 도로 점용은 영구적으로 할 수 있는 게 아니다. 사랑의교회는 10년 점용을 허가받았고, 기간이 만료되면 다시 신청해야 한다. 이때 만약 서초구청이 허가하지 않으면 원상 복구해야 하는 리스크도 안고 있다.

판결과 함께 사랑의교회가 2012년 10월 법원에 제출한 '복구 계획'이 회자되기도 했다. 이는 교회 측이 직접 용역을 의뢰해 받은 문건이다. 도로점용 허가가 적법했다는 것을 보여 주기 위해 '원상회복할 수 있다'는 문건을 제출한 것이다. 이 문건에 따르면, 복구를 위해서는 서초 예배당 지하 1층 로비, 지하 2~4층 본당, 지하 5층 은혜채플, 지하 6~7층 주차장과 지하 8층 기계실 일부를 다 들어내야 한다. 공공 도로 지하부에 철골을 설치하고 옹벽을 쌓은 후 흙으로 되메운다. 주차장은 주차 엘리베이터로 대체되고, 본당 규모도 대폭 축소된다. 서초 예배당 본당은 6500석인데도 기둥이 하나도 없는 구조로 지어졌다. 일부를 허물 경우 붕괴 위험이 있지만, 용역을 의뢰받은 건축사무소는 일단 안정성에는 문제가 없다고 봤다. 공사비는 당시 시세로 총 391억 원이 나왔다.

이러한 상황을 종합한 법원은 결과적으로 공공 도로 점용 허가를 취소했다. 교회 측은 서초 예배당이 '영적 공공재'라며 공공성을 강조했지만, 재판부는 "예배당은 공공 시설물이 아니"라고 못 박았다. 원상 복구도 어렵고 오히려 공사 중에는 도로를 막아 주민들의 불편을 초래했다. 공공성이 없는데 사적인 인물이나 단체에 공공 도로 점용을 허가하는 것은 '특혜'라고도 명시했다.

"피고(서초구청)가 도로점용을 허가해, 서초구가 운영하는 어린이집 공간 325 제곱미터를 확보할 수 있고, 도로 지하 부분에 대한 점용료를 징수하여 서초구 재정에 기여하며, 도로의 확장으로 주민들의 통행이 개선되는 등의 순기능이 있다. 그러나 이와 같은 순기능적 측면보다는 앞서 본 바와 같은 역기능적 측면이 큰 것으로 보인다. 따라서 관련 공익과 사익을 비교·형량함에 있어서 비례·형평의 원칙을 위반한 위법이 있다. 이 사건 도로점용 허가는 취소되어야 한다."

이후 이변은 없었다. 1년이 지난 2018년 1월 11일 서울고등법원에서도 같은 판결이 나왔다. 판결문 내용은 파기환송 1심 판결문을 보충하는 정도였다. 파기환송 2심 재판부는 판결문 말미에 이런 내용을 덧붙였다. 더 큰 교회를 지으려는 욕망을 지적하는 것 같았다.

"사랑의교회는 예배당을 건축하는 데 있어 도로 지하 부분을 이용하지 않고도 얼마든지 그 목적을 달성할 수 있으므로, 점용이 반드시 필요하다고 할 수도 없다. 그런데도 사랑의교회가 도로점용 허가를 추진한 것은 대형 교회를 지향하여 거대한 건축물을 지으려는 의도가 상당 부분 반영된 결과라고 볼 여지도 있다."

또한 재판부는 이 사건이 '사정판결' 대상이 아니라고도 명시했다. 사정판결은 행정청의 행정 작용을 취소하거나 변경하는 것이 공공복리에 적합하지 않을 때, 위법이 되더라도 원고의 청구를 기각하는 판결이다. 서초구청과 사랑의교회는 소송 진행 과정 중 설령 도로점용허가가 위법이더라도, 지하 공간을 원상 복구하는 것이 오히려 주민에게 불편을 끼친다며 사정판결을 요청했다. 그러나 재판부는 공공도로를 특정 사인이나 단체만 이용하게 한 것은 위법 사유가 결코 작지 않고, 서초구청이 이 위법성을 해소할 어떤 조치도 하지 않았다는 점 등을 이유로 들며 사정판결 대상이 아니라고 판단했다. 이 판결이 확정되면 정말로 예배당을 되메워야 하는 상황이 된 것이다.

~~~~~~~~~~

사안의 심각성을 모르는 건지 모르는 척하는 건지, 교회 측은 판결 다음 날 "사회적 섬김을 이어 가겠다"는 입장을 내놨다. 서초 예배당이 공공재로 쓰이고 있다는 말도 반복했다. 교회 측은 어린이집을 기부 채납했고, 서초 예배당에서 관내 중고등학교 입학식과 졸업식, 보건소 무료 진료소 등이 열렸고, 입당 후 4년 동안 교회 외적 용도로 사용된 행사에 참여한 인원만 50만 명에 이른다며 "예배당이 공공장소로서의 역할과 기능을 수행해 왔다"고 자평했다. 불교계 시민단체와 통진당 출신에게 공격당하고 있다는 음모론도 계속 설파했다.

소송은 2년 가까이 대법원에 계류된 상태로 있었다. 그 사이 2019년 6월 1일 교회 측은 뜬금없이 '헌당식'을 열었다. 보통 교회들은 예배당을 짓기 위해 대출한 금액을 다 갚았을 때 헌당식이라는 이름으로 행사를 여는데, 사랑의교회는 건축 빚을 다 해결하지 못한 상태에서 헌당식을 진행한 것이다. '불법' 건축물에 해당하는 서초 예배당이었지만, 오정현 목사의 사랑의교회답게(?) 헌당식은 성대한 이벤트로 치러졌다. 저명한 복음주의 신학자 알리스터 맥그라스를 초청해 설교를 맡겼고, 100명이 넘는 국내외 대형 교회 목사들과 교계 기관 대표들, 정치인들의 축하 메시지가 순서지에 실렸다.

문제는 이 헌당식에 당시 조은희 서초구청장과 박원순 서울시장이 직접 참석해 축사를 전했다는 것이었다. 피고 당사자와 상위 기관의 장이 와서 불법 건축물을 축하한 꼴이다. 특히 조은희 구청장은 마이크를 잡고 도로점용 허가를 계속 내 주겠다고 발언하기도 했다. 마침 사랑의교회 공공 도로 점용 허가 기간 만료일(2019년 12월 31일) 다가오면서, 법원 판결 때문에 서초구청이 재허가를 내주지 않을 것이라고 예측되는 시점이었다.

"오정현 목사님과 우리 성도 여러분의 기도로 오늘의 기적을 이루셨습니다. 서초구청장으로서 특히 또 감사한 것은, 성전이 우리 서초구의 문화 예술 공간으로 쓰이게 해 주셔서. 예술의전당 2500석, 세종문화회관 3000석, 우리 서초구는 사랑의교회와 함께 6500석의 문화 공간을 가지게 됐습니다. (교인들 박수) 이제 서초구청이 할 일은 영원히 이 성전이 예수님의 사랑을 열방에 널리널리 퍼지게 하도록 점용 허가를 계속해 드리는 겁니다."

이 발언은 교계뿐 아니라 일반 언론에서도 비중 있게 다루며 일파만파 퍼져 나갔다. 주민 소송을 진행해 온 황일근 전 구의원은 조은희 구청장의 발언이 직권남용 및 종교 중립 의무 위반, 공공기관 공정성 신뢰 상실 등에 해당한다며 6월 25일 서울시 주민 감사를 청구했다. 누가 봐도 상당히 부적절한 처신이었지만, 교회 측은 〈국민일보〉에 전면 광고를 내 "내빈들의 개인적 덕담까지 정치적 의도가 있는 것처럼 왜곡한다"며 볼멘소리를 했다.

하지만 조은희 구청장도 어찌할 수 없는 상황이 왔다. 대법원이 2019년 10월 17일, 서초구청의 상고를 기각하며 도로점용 허가를 취소해야 한다는 원심 판결을 확정한 것이다. 특별히 대법원은 같은 날 보도 자료를 발표해 이번 판결의 의의를 설명했다. 대법원 역시 서초구청의 도로점용 허가가 비례·형평 원칙을 위반해 재량권을 일탈·남용했다고 봤다. 구체적으로 △예배당·성가대실·방송실 같은 지하구조물 설치를 통한 지하 점유는 원상회복이 쉽지 않을 뿐 아니라 유지·관리·안전에 상당한 위험과 책임이 수반된다 △이러한 형태의 점용을 허가해 줄 경우 향후 유사한 도로점용 허가 신청을 거부하기 어려워져, 도로 지하 부분이 무분별하게 사용돼 공중 안전 위해가 발생할 수 있다 △도로 지하 부분이 교회 건물 일부로 사실상 영구적·전속적으로 사용하게 돼 도로 주변 상황 변화에 탄력적·능동적 대처가 어렵다고 했다.

이와 함께 대법원은 서초구청장이 사랑의교회에 공공 도로 점용 중지와 원상회복을 명령해야 한다고 했다. "피고(서초구청장)는 취소 판결의 기속력에 따라 참가인(사랑의교회)에 대하여 도로의 점용을 중지하고 원상회복할 것을 명령하고, 이를 이행하지 않으면 행정대집행이나 이행강제금 부과 조치를 하는 등 이 사건 도로점용 허가로 인한 위법 상태를 제거해야 한다." 서초 예배당이 영원할 수 있도록 계속 점용 허가를 내 줄 것이라는 발언을 조은희 구청장이 지킬 수 있을지 관심이 모아졌다.

교회 측은 판결 다음 날 곧바로 입장을 발표했다. 대법원 판결과 정반대로 "원상회복은 있을 수 없는 일"이라며 불복하겠다는 의사를 밝혔다. 교회 측은 도로점용 허가증에 "도로점용 허가가 취소된다 해도 원상회복을 할 수 없거나 원상회복하는 것이 부적당한 경우에는 그러하지 아니하다"고 나와 있는 점을 근거로 "반드시 원상회복해야 하는 것도 아니다"라고 주장했다. 서초구청과 협의하에 원상회복이 아닌 합리적이고 합법적인 활용 방안을 적극적으로 모색할 것이라고 덧붙였다. 7년 전 원상회복이 가능하다며 용역을 맡겨 '복구 계획'까지 법원에 제출했던 것과는 정반대 태도였다. 도로점용 허가가 적법했다는 것을 증명하려고 제출한 복구 계획이 부메랑이 되어 날아왔다.

음모론도 빠뜨리지 않았다. 통진당 출신 황일근 전 구의원이 주도하고 종자연이 지원하는 소송이었다며 폄훼했다. 갱신위원회도 싸잡았다. 교회 측은 "이들(주민 소송단)의 소송이 1·2심에서 패하자 반대 이탈파 교인들이 이들과 합세해 지금은 사실상 반대 이탈파가 소송을 이끌고 있다고 해도 과언이 아니다"라고 했다. 공공 도로 점용이 불법이라는 판결이 확정되기까지 7년이나 걸렸는데도, 오정현 목사와 교회 측의 태도에서 회개나 반성은 전혀 찾아볼 수 없었다.

교회 측은 헌법재판소에 헌법 소원을 제기하는 등 악을 썼지만 이젠 서초구청조차 등을 돌렸다. 서초구청은 이듬해 2월, 2022년 2월까지 공공 도로 점용 부분을 원상회복하라고 명령했다. 교회 측은 서초구청의 명령에 대해 취소소송과 집행 정지 가처분을 신청했다. 당시 코로나19가 한국에 퍼지기 시작하면서 재판도 차일피일 밀렸다. 서울행정법원은 2021년 1월, 명령대로 이행하면 교회에 회복하기 어려운 손해가 있을 수 있다며 집행 정지 가처분을 일부 인용했다. 본안 소송

판결 후 30일까지 서초구청장의 원상회복 명령은 정지됐다.

　원상회복을 간신히 유예한 상황에서도, 2021년 4월 4일 서초 예배당에서는 보수 교단들이 참여하는 '2021 부활절 연합 예배'가 열렸다. 코로나19 상황으로 예배당 정원의 10%(약 600명)만 모일 수 있었다. 코로나 상황에 불법 건축물에서 부활절 연합 예배를 여는 보수 교단들도 그렇지만, 이 자리에 참석한 정치인들도 문제였다. 당시 서울시장 보궐선거에 출마한 오세훈·박영선 후보, 박지원 국가정보원장, 국회 조찬기도회장 김진표 의원(민주당·수원시무), 부회장 송기헌(민주당·원주시을)·송석준 의원(국민의힘·이천시), 사랑의교회 장로 김회재 의원(민주당·여수시을), 서초구가 지역구인 윤희숙(국민의힘·서초구갑)·박성중 의원(국민의힘·서초구을)이 참석했다. 오정현 목사는 이날 축사를 전하며 또 서초 예배당을 '영적 공공재'라고 언급했다. 그는 "우리 사랑의교회가 영적 공공재로 쓰여 감사하다"며, 서초 예배당이 대법원 앞에 있다는 사실을 강조하기도 했다.

　교회 측이 서초구청을 상대로 낸 원상회복 명령 취소소송은 판결이 나오기까지 4년이 걸렸다. 서울행정법원은 2024년 3월 22일, 서초구청의 손을 들었다. 재판부는 원상회복이 불가능하다고 단정할 수 없고, 오히려 정밀 안전 진단 및 대수선 구조설계를 거쳐 시공할 경우 건물의 구조·안전에 지장을 주지 않으면서 원상회복하는 것이 가능하다고 판단했다. 또 이 도로점용 허가의 위법성이 명확히 드러난 이상, 원상회복 명령 외에는 위법성을 제거할 방법을 찾을 수 없다고 했다. 원상회복 명령으로 침해되는 교회의 사익이 원상회복 명령을 통해 달성하고자 하는 공익보다 크다고 볼 수 없다고도 했다. 교회 측의 완벽

한 패배였다. 교회 측은 곧바로 항소했다.

사랑의교회는 지금도 매년 수십 억 원의 '변상금'을 내며 소송으로 원상회복을 유예하고 있다. 7년이 걸린 주민 소송 결과와 최근 나온 판결까지 종합해 봤을 때, 원상회복 명령이 취소될 가능성은 극히 희박하다. 상황이 이런데도 오정현 목사는 2024년 10월 27일 열린 '한국교회 200만 연합 예배 및 큰 기도회' 일명 '10·27 집회' 공동대회장을 맡아 대형 집회를 이끌었다. 갱신위원회와 여러 교회 개혁 단체는 10월 22일 서초 예배당 앞에서 기자회견을 열고, 오정현 목사가 대외 활동을 통해 공공 도로 점용 문제를 봉합하려 한다고 규탄했다. 이들은 "사랑의교회와 오정현 목사는 진정으로 국민 앞에 회개하고 공공 도로 점용의 불법성을 인정하고 원상 복구하라"고 외쳤다.

갱신위원회는 소송의 당사자는 아니었지만, 10년이 넘는 시간 동안 서초 예배당의 불법성을 다투는 문제가 끝나지 않았다는 사실을 끊임없이 환기하는 역할을 했다. 변론 기일마다 찾아가 재판을 방청했고, 회계장부 열람 소송을 통해 얻게 된 서초 예배당 관련 자료들을 주민 소송단에 제공하는 등 소송을 적극 도왔다. 결국 서초 예배당의 공공 도로 점용은 불법이라는 사실이 확정됐으며, 이 모든 일의 저변에는 '큰 예배당'을 지으려 교인들에게도 제대로 설명조차 하지 않은 오정현 목사의 그릇된 욕망이 자리하고 있었다는 사실이 산 위의 동네와 같이 밝히 드러나게 되었다.

10장 옥한흠과 오정현을 넘어

갱신위원회의 정체성은 마당 기도회였다. 2013년 11월 오정현 목사를 지지하는 교인들이 서초 예배당으로 떠난 후부터 갱신위원회는 매 주일 자체적으로 예배를 드려 왔지만, '마당 기도회'라는 명칭은 바꾸지 않았다. 금요일에는 눈이 오나 비가 오나 서초 예배당 앞에서 마당 기도회를 열었다. 주일에는 마당이 아닌 강남 예배당 본당에서 기도회를 했고, 금요일에는 서초 예배당 교인들이 막아서서 정작 마당에는 들어가지 못했다. 몸은 더 이상 마당에 있지 않았지만, 마당에서 자발적으로 사랑의교회의 회복을 위해 기도했던 첫 마음을 잃지 않으려 했다.

주일 마당 기도회에는 매번 다른 설교자가 섰다. 갱신위원회 내 주일예배 준비팀에서 매주 설교자를 섭외했다. 얼마나 갈 수 있을까 싶었던 이런 운영 방식은 이후로 8년 이상 지속됐다. 웬만한 조직력과 실행력이 아니면 감당하지 못할 일이었다. 마당 기도회 강단에는 주로 복음주의적이면서도 개혁적인 목회자와 신학 교수 등이 섰다. 마당 기도회에서 설교한다는 사실 자체가 일종의 개혁적 성향을 보여주는 일이었다. 학연·지연 문화가 강한 목회자 세계에서, 사랑의교회 오정현 목사와 척을 진다는 것은 모종의 불이익을 감수해야 하는 일이었기 때문이다. 실제로 설교자 중 사랑의교회가 속한 예장합동 소속 목사들은, 오정현 목사의 요구로 동서울노회에서 조사를 받기도 했다.

매주 설교자를 섭외해야 하는 수고로움은 있었지만, 이런 운영 방식은 갱신위원회 교인들에게는 더없이 좋은 기회가 됐다. 지난 10년간 오정현 목사의 설교만 듣다가, 설교 잘하는 목사·교수들이 돌아가면서 설교해 주니 신앙적 견문이 훨씬 넓어진 것이다. 초창기에는 분쟁 교회를 전문적으로 상담하는 교회개혁실천연대(개혁연대)의 도움도 받았다. 박득훈·방인성·오세택 목사 등 평생 교회 개혁 운동에 헌신해 온 이들에게 교회란 무엇인지 다시 배울 수 있었다. 이들은 한국교회에 만연한 '제왕적 목회', '목회자 권위주의'를 배격하고, 투명한 재정 시스템을 만드는 것은 물론 교회를 민주적으로 운영해야 한다고 했다. 특히 대형 교회를 지양하고 흩어지라고, 작지만 건강한 교회를 세워 연합하라고 했다. 오정현 목사와 싸울 것은 싸우되, 한편으로는 새로운 교회를 위한 운동에도 힘을 쏟아야 한다고 했다. 오정현 목사를 끌어내리고 다시 그 자리로 돌아가는 것을 꿈꾸거나 강남 예배당을 소유하려는 목표를 가지는 것은 진정한 개혁, 갱신이라 할 수 없었다.

하지만 이러한 가르침을 갱신위원회 교인들이 다 받아들인 건 아니었다. 초창기 갱신위원회에는 교인 2000명 이상이 참여했다. 모두가 같은 마음일 수는 없었다. 제자 훈련을 받았다고는 하지만, 불과 몇 달 전까지만 해도 오정현 목사가 이끄는 사랑의교회에서 별다른 문제의식을 느끼지 못하는 사람이 대다수였다. 극보수라 할 수 있는 예장합동 소속에, 강남 한복판에 있는 출석 교인 3만 명 이상의 메가처치에 다니던 교인들. 그들의 성향은 신앙적·신학적으로나 정치적·사회적으로나 매우 보수적이었다. 일부 교인은 일련의 사태를 겪으며 새로운 교회와 공동체를 꿈꿨으나, 또 일부 교인은 그저 오정현 목사가 싫을 뿐 다른 변화는 별로 바라지 않았다. 이들의 마음은 하나로 모아지지 않았다.

이러한 성향의 연장선상에서, 교인들이 예민하게 반응한 부분은 바로 그리스도인의 사회참여에 대한 부분이었다. 마당 기도회 강단에 선 이들 중 사회 선교 운동을 해 온 목사들은, '좌우'를 떠나 그리스도인이라면 정치·사회를 어떤 시각으로 바라봐야 하는지 이야기했다. 하지만 보수 성향이 짙은 교인들은 이런 말들을 불편해했다. 단순히 불만을 표시하는 것을 넘어 설교자에게 무례하게 반응하기도 했다.

2016년 5월 29일 마당 기도회에는 강경민 목사(일산은혜교회 은퇴)가 설교자로 섰다. 강 목사는 일생을 목회와 복음주의 사회 선교에 헌신했으며, 당시 평화와통일을위한기독인연대(평통기연) 운영위원장으로 대북 사역을 일선에서 감당했다. 그는 설교에서 지역주의나 이념을 신앙보다 절대화하는 모습을 지적했다. 그 한 사례로 인도주의적 대북 지원조차 막은 당시 박근혜 정부의 정책에 대해 '그것은 정치적 영역'이라며 아무런 비판도 하지 않고, 오히려 박 대통령이 영남 사람이라든지 반공이라는 이유만으로 무비판적으로 정권을 지지하는 행태는 세속화의 한 형태라고 일침했다.

설교 도중 네다섯 명이 자리를 박차고 나가 버렸다. 예배 후에는 한 장로가 강경민 목사 면전에서 "그런 이야기를 하면 다시는 우리 교회에 못 온다"고 말하는 일도 벌어졌다. 온라인 카페 사랑넷에는 "한쪽으로 편향되어 개인적인 정치 성향을 노골적으로 저질스럽게 표현하는 설교자"라며 강 목사를 모욕하는 글이 올라오기도 했다. 강경민 목사가 옷깃에 달고 온, 세월호를 상징하는 노란 리본 배지를 문제 삼는 이도 있었다. 마당 기도회에 참석하는 개혁 장로들은 그다음 주 주보에 사과문을 올렸다. 강경민 목사에게 사과한 것이 아니라, 강 목사를 비난한 교인들에게 사과했다. 이들은 "갱신공동체는 (설교자들에게) 복음에 입각한 설교를 부탁드리고 있으며 정치적이거나 은혜롭지 않은 표현은 피해 주실 것을 특별히 부탁드리고 있다"며 "지난주 설교자가 기도회에서 개인적 이념을 표한 것은 심히 유감"이라고 했다.

일부 교인의 무례한 행동과 장로들의 부적절한 대응이 언론을 통해 기사화하자, 강경민 목사는 7월 3일 〈뉴스앤조이〉에 직접 글을 썼다. 그의 글은 단지 개인적 해명 차원이 아니었다. 갱신위원회의 정체성은 무엇인지, 갱신위원회는 어떤 길을 가야 하는지, 무엇이 우려되는 것인지 정확하게 표현하고 있었다.

"내가 갱신위에 대해 오해했던 것은 그분들이 참으로 '신학적 회심'을 하고 계신 분들이라는 점이다. 선입견이었다. 엄밀히 말하면 그분들의 대다수를 반오정현 그룹이라고 말하는 게 옳지 않을까 싶다. 물론 오정현 목사의 행태가 너무나 실망스럽기 때문에 반오정현의 편에 서기만 해도 일정하게 개혁 그룹이 된다는 것은 슬픈 진실임에 틀림없다. 그런 정신이라도 있어야 한다고 생각하기에 여전히 응원하고 싶다. (중략)
사랑의교회갱신위에 속한 교인들께 간절한 마음으로 부탁드리고 싶다. 당신들은 반오정현 정신 때문에 그 고통스럽고 지난한 싸움을 하는 게 아니지 않은가? 옥한흠 목사님이 가르친 제자 훈련의 정신을 살려 보자는 신앙적 몸부림 아닌가! 옥 목사님의 제자 훈련은 주님의 뜻을 분별하고 그 뜻에 순종하는 삶을 회복하자는 거다. 문제는 삶이다. 예수의 삶을 위해 제자 훈련이 필요한 것이지 제자 훈련을 위해 예수가 필요한 게 아니다. 그러니 옥 목사님이 개발해 놓은 제자 훈련 지침서가 성경 위에 놓여서는 안된다. 제자 훈련 지침서가 끊임없이 개혁되야 한다.

따라서 옥 목사님의 목회 철학도 비판받아야 마땅하다. 옥 목사님도 이를 원한다는 점은 명약관화하다. 오 목사가 옥 목사님과 다른 게 문제가 아니라 오 목사가 옥 목사님보다 뒷걸음질하는 게 문제다. 당신들이 오정현을 반대했던 것은 백번 옳았고 잘한 일이었다. 그러나 교회 개혁의 목표를 오직 옥한흠 목사의 목회 철학에서 찾는 것은 옳은 일이 아니다. 확신컨대 그것은 옥 목사님의 바람이 아니다."[29]

강경민 목사의 진심 어린 충고에도, 사람을 쉽게 '좌우'로 판단하는 문제는 사라지지 않았다. 개혁연대 공동대표였던 방인성 목사가 2017년 4월 9일 설교했을 때는 수십 명이 집단으로 자리를 떴다. 당시 방 목사는 4·16 세월호 참사 3주기를 맞아 마당 기도회 설교를 부탁받고 강단에 올랐다. 방인성 목사는 사랑의교회 사태 초창기부터 갱신위원회 교인들을 도운 사람이고, 세월호와 관련해서는 2014년 참사 이후 광화문광장에서 진상 규명을 위해 40일간 단식한 바 있다. 그는 설교

---

[29] 강경민, '사랑의교회, 과연 개혁될 수 있을까?', 2016년 7월 3일 〈뉴스앤조이〉

에서 그리스도인이 왜 세월호 참사에 관심을 가져야 하는지 이야기했다. 진실 규명을 방해하고 2차 가해를 일삼은 사람들은 박근혜 정부와 여당뿐만 아니라 기독교인들도 포함된다고 말했다. 그러자 설교 도중 수십 명이 불쾌함을 표시하며 본당에서 나가 버렸다.

당시는 박근혜 전 대통령이 탄핵되고 '장미 대선'이 준비되는 때였다. 한국 사회 격동의 시기였고, 사람들이 정치적인 성향을 잣대로 많이 갈라졌다. 세월호 참사는 박근혜 정부 실정失政의 중심에 있었다. 박근혜 정부와 보수 여당을 지지하던 사람들은 세월호 이야기를 꺼렸다. 갱신위원회 교인들도 마찬가지였다. "'오정현'이 분노의 대상을 가리키는 단어라면 '세월호'는 불편의 대상을 가리키는 단어였다."[30]

김종희 전 〈뉴스앤조이〉 대표는 세월호가 서초 예배당뿐 아니라 강남 예배당에서도 금기어가 된 현실을 지적하며 글을 쓴 바 있다. 그는 정치적 성향 차이를 떠나 그리스도인이, 특히 갱신위원회 교인들이 왜 세월호 참사에 관심을 가져야 하는지, 그것이 갱신위원회의 정체성 및 교회 개혁과 어떻게 연결돼 있는지 꿰뚫어 봤다. 그리고 이 지난한 싸움에서, 정말 '이기는' 것은 무엇인지 통찰했다. 김 전 대표 글에 나오는 것처럼, 그의 글을 보고 어떤 사람은 여전히 마당 기도회와 세월호는 다른 이슈라고 구분했고, 어떤 사람은 조용히 안산 합동 분향소를 다녀왔고, 어떤 사람들은 세월호에 어떻게 반응할 것인지 머리를 맞대고 고민했다.

---

[30] 김종희, '사랑의교회 마당 기도회, 강도 만난 자의 이웃이 될 수 있을까', 2016년 4월 28일 〈뉴스앤조이〉

"사랑의교회 마당 기도회에 참석하는 분들은 어쩌면 다행이다. 몇 년째 좋은 설교자들을 돌아가면서 초청해서 듣는다. 분쟁을 겪는 교회가 장기간 이렇게 하는 경우는 없었다. 지금도 뭐가 옳은지 모른 채 탐욕에 지배당한 목사의 설교를 듣고 있다고 생각해 보라. 소름이 돋을 것이다. 어쩌면 차라리 지금이 더 감사한 상황일지 모른다.

그런데 그러고만 있을 것인가. 슬픔과 분노에만 잠겨 있을 것인가. 매주 좋은 설교만 듣고 있을 것인가. 소송전만 벌이고 있을 것인가. 절대로 멈추라는 뜻은 아니다. 하지만 자신이 품고 있는 아픔과 슬픔을 가지고 세월호 가족들을 만나 손이라도 잡아 보았는지 궁금하다. 안산에 가서 그분들을 안아 보았는지, 단원고 교실에 가서 눈물을 쏟아 보았는지, 광화문에 가서 촛불 예배에 한 번이라도 참여해 보았는지 궁금하다. 아마 그분들을 만나고 나면 '지금 내가 당하는 이 고통은 정말 아무것도 아니구나' 싶을 것이다.

얼마나 많은 사람들이 이 나라에서 억울하게 종북, 좌빨, 빨갱이로 매도되고 있는가. 사랑의교회 마당 기도회 교인들도 그런 매도를 당할 것이다. 하지만 자기가 그런 오해를 받는 것은 억울하면서, 세월호 가족, 위안부 할머니, 밀양 할머니, 수많은 노동자들이 그렇게 처참히 짓밟히는 것에 무감하다면, 그 모순을 어떻게 설명할 수 있을까.

내가 내막도 모르면서 단정적으로 썼을지 모르겠다. 내가 틀렸으면 좋겠다. 그러면 희망이 있다. 사랑의교회의 진정한 개혁의 완성은 나쁜 놈을 쫓아내는 것이 아니다. 세월호 가족으로 상징되는 이 땅의 수많은 을들에게 '상처 입은 치유자'가 되는 것이다. '작은 예수'가 되는 것이다. '제자 훈련'은 그러라고 해야 하는 것이다. 그러면 이긴 것이다. 그런데 그게 가능할까?"[31]

〰〰〰〰〰

갱신위원회의 제1 개혁 대상은 당연 오정현 목사였다. 사랑의교회 사태는 오정현 목사의 책임이 절대적이기 때문이다. 어찌 보면 개혁 대상이 명확했기에, 교인들의 교회와 사회를 바라보는 시각 차이를 덮고 올 수 있었다고도 볼 수 있다. 하지만 갱신위원회 내부에서도 오정현 목사만 바라보고 있지는 않았다. 갱신위원회는 오정현 목사와 사랑의교회 문제가 사라지지 않았음을 지속적으로 알리는 한편, 내외부의 기대대로 진정한 갱신이란 무엇인지 성찰해 나갔다. 이러한 모습은 2017년 4월 20일 열린 마당 기도회 400회 기념 포럼과, 2018년 4월 15일 열린 마당 기도회 500회 기념 포럼에서 나타났다. 갱신위원회는 이때마다 '자축'이 아닌 '자성'하는 모습을 보였다.

사랑의교회 교인들에게 옥한흠 목사가 정립한 '제자 훈련'을 성찰하는 일은 피할 수 없는 것이었다. 제자 훈련은 사랑의교회의 근간이었고, 사랑의교회를 초대형 교회로 성장시켰으며, 이제 사랑의교회를 넘어 한국교회 전반에 유행처럼 퍼져 있었다. 숱한 비리가 드러난 오정현 목사를 지지하는 교인이 훨씬 많다는 사실 자체가 제자 훈련의 실패를 의미한다는 냉혹한 평가도 있었다. 그러나 '평신도 교회 개혁 운동'의 대명사라고도 할 수 있는 갱신위원회의 존재는 제자 훈련에도 분명 성과가 있었다는 사실을 방증했다. 그렇다면 제자 훈련의 성

---

31 위의 글

과는 무엇이고 한계는 무엇이며, 그 한계를 어떻게 극복해야 할지 갱신위원회 교인들은 철저하게 살펴야 했다. 오정현 목사가 입버릇처럼 말하는 '제자 훈련의 국제화' 같은 것은 전혀 대안이 될 수 없었다.

'갱신공동체, 어제를 돌아보고 내일을 준비한다'는 주제로 진행된 마당 기도회 400회 기념 포럼에서는, 송인규 목사(한국교회탐구센터 소장)와 갱신위원회 배종민 집사, 고직한 선교사가 제자 훈련의 성과와 한계를 살폈다. 이들은 제자 훈련이 평신도 신학을 한국에 소개하고, 평신도를 말씀으로 훈련시켰으며, 이것이 곧 사랑의교회 갱신의 불씨가 됐다는 것을 인정했다. 그전까지 한국교회에는 평신도가 훈련한다는 개념 자체가 없었기 때문이다. 하지만 제자 훈련은 세상으로 흩어지기보다 교회에 모이는 것에 중점을 두게 했고, 이는 결국 세상에서 그리스도의 제자로 살아야 하는 그 목적을 흐리게 만들었다. 교회에만 집중하게 되다 보니 우리 사회 고통 받는 이웃과 사회와는 멀어지게 됐다. 또한 평신도를 깨워 사역의 주체 및 목회자의 동역자로 세웠다고 하지만, 실상은 평신도가 목회자의 보조자 정도가 되어 성직주의와 교권주의에서 완전히 벗어나지 못했다는 한계가 있었다. 발제자들은 그동안의 제자 훈련의 한계를 뛰어넘으려면 세상으로 흩어지는 평신도, 흩어지는 공동체가 되어야 한다고 했다.

1년 후 마당 기도회 500회 기념 포럼을 앞두고, 갱신위원회에서 활동했던 신재용 집사는 '옥한흠이 만든 괴물은 오정현뿐인가'라는 글을 〈뉴스앤조이〉에 기고했다. 신 집사는 이 글에서 '오정현과 우리는 옥한흠 목사의 목회 철학이 낳은 샴쌍둥이다'라는 충격적인 명제를 던졌다. 그는 오정현 목사가 괴물이 된 데에는 교인들의 책임도 있으며,

오 목사를 괴물로 만든 옥한흠 목사의 목회 철학을 갱신위원회가 그대로 계승해야 하는가라는 의문을 던졌다. 특히 신재용 집사는 옥한흠 목사의 목회 철학에 '예언자적 신앙에 대한 전망'이 '없었다'며 옥 목사와 사랑의교회가 놓친 것 – 그리스도인으로서 권력과의 관계를 어떻게 설정해야 하는지에 대한 이야기까지 나아갔다. '강남에 사는 중산층'이라는 의식을 공유했으나, 그것이 한국 사회에서 어떤 의미와 역할을 가지는지는 무지했던 지난날의 신앙생활을 냉정하게 되짚었다. 신재용 집사는 담담하지만 날카롭게 제자 훈련의 한계와 갱신위원회가 나아가야 할 방향을 짚어 냈다.

"목회적 의미에서 우리와 오정현은 샴쌍둥이다. 옥한흠 목사의 목회 철학이 낳은 샴쌍둥이 말이다. 그 이유는 옥한흠의 목회 철학이 가진 한계와 비판을 생각해 보면 당연한 결과다.
옥한흠 목사가 한국교회에 끼친 지대한 영향에도, 적지 않은 사람이 그의 목회 철학이 내포하는 한계를 지적해 왔다. 평신도를 깨운다는 슬로건은 유교 사회의 권위주의 틀 속에서 목사 중심의 교권을 강화하는 결과로 돌아왔고, 제자 훈련과 소그룹을 통한 영성 훈련도 경영학자들이 탐낼 만한 조직학적 성과를 가져왔을 뿐이라는 비판도 있다. 이 같은 비판은 조금 가혹하다. 제자 훈련과 평신도 사역이 가져온 변화가, 그것이 없던 시대에 비해 현저하고 결과 또한 수많은 사람의 삶의 변화를 통해 실제적으로 실증되었기 때문이다. 수긍 가는 면이 있다 해도 전적으로 동의하기는 힘들다.
하지만 다음의 비판에는 전적으로 동의한다. 근대화를 막 지나온 중산층의 사회적 역할이나 책임과 같은 소위 '중산층의 도덕과 윤리'는 옥한흠 목사의 목회 철학에서 크게 다뤄지지 않았다. 대형 교회가 천박한 시장 자본주의 논리에 사로잡혀 있는 현실에 대한 근본적인 문제도 제기하지 못했고, 오히려 규모의 논리와 성장의 메커니즘이 대형 교회를 지탱하는 기둥인 것처럼 옹호되기 일쑤였다. 한국 근대사회의 병폐를 교회가 고스란히 담아내는 것을 넘어 그것을 '교회식으로' 내재화하는 것에 대해서도 이렇다 할 해법을 제시하지 못했다.

한마디로 세속 세계의 도덕적 차원에 대한 폭넓은 검토와 분석, 심도 있는 전망과 해법을 실존적인 고민 속에서 다룰 여지가 옥한흠 목사의 목회 철학에는 '없었다'. 신학적인 견지에서 보자면, 옥한흠의 목회 철학에는 유력한 세상의 정치·경제·종교 제도 등과 건전한 긴장을 유지하는 방법, 곧 권력에 대해 진실을 이야기하고 그것을 견제하며 그 속에서 공존하는 '예언자적 신앙에 대한 전망'이 '없었다'.

'없었다'는 표현이 과할 수도 있다. 하지만 나는 굳이 '없었다'는 단어를 '부족하다'는 단어로 대체하고 싶지 않다. 옥한흠 목사가 설교 시간, 우면산 자락에 건설될 '승화공원'(속칭 화장장)에 대해 님비NIMBY적 관점을 노골적으로 주장했던 것이나, 근대화의 그릇된 욕망이 낳은 부적합한 대통령 후보자를 장로라는 이유만으로 찍으라 권유한 일 등은 옥한흠 목사의 인식 부족 정도로 취급할 문제가 아니기 때문이다. 이 같은 말 속에는 분명 한국 사회의 근대화가 가져온 병폐에 대한 본질적인 각성과 성경적인 성찰이 결여되어 있다. 이미 적지 않은 이가 실존적으로 고민하던 문제에 대해, 그의 목회 철학은 이를 반영할 만한 여지를 갖지 못했던 것이다.

물론 옥한흠 목사는 대사회적인 메시지를 이야기했고 선지자적인 설교를 통해 성도들의 각성을 촉구했다. 하지만 내가 느끼기에 그것은 정말 몇몇 예외적 사례에 불과하다. 그의 설교가 가져다준 수많은 영적인 각성에도, 대수롭지 않게 지나치는 '세속 세계의 도덕적 차원'에 대한 그의 견해와 관점에 느꼈던 반복되는 절망은 '기준에 미달'한다거나 '충분하지 않다'는 의미에서 '부족하다'는 말로는 담아내기 어려운 점이 많다. 실상은 '결핍'이나 '결여'에 더 가깝기 때문이다. 따라서 감히 그의 목회 철학에는 그런 요인이 '없었다'고 주장하는 것이다. (중략)

오정현을 조련하고 키워 냈던 그의 철학이 그러했듯이, 그의 설교에는 유력한 세상의 정치·경제·종교 제도와 긴장을 유지하는 방법이 없었다. 세상의 모든 권력에 관한 진실을 그의 설교는 이야기하지 않았다. 십자가와 구원에 대한 설교에는 눈물이 있었지만, 한국 사회의 정치적 불평등과 지역 간 편견, 경제 수준에 따른 차별과 배제가 일상화한 우리 삶의 이야기에서는 눈물을 찾을 수 없었다. 그의 설교 속에서 타자는 영적인 차원에서만 가까이해야 할 이웃이었을 뿐, 생활의 영역에서는 여전히 멀리해야 하는 이방인이었다. 다시 한번 말하지만, 그런 고민 없이도 우리는 선한 그리스도인이자 성숙한 영성 생활을 하는 성도가 될 수 있다고 우리를 세뇌했을 뿐이다. 우리는 그 설교를 장기간 비판 없이 들었다. 이상하다는 생각조차 하지 않았다. 그리고 전적으로 동의했다. (물론 사람마다 정도의 차이는 있었을 것이다.) 그러는 사이 우리도 괴물이 되었다."[32]

마음으로는 부정하고 싶지만 머리로는 부정할 수 없는 내용이었다. 이 글은 단순히 사랑의교회 교인들에게만 적용되는 것이 아니었다.

---

[32] 신재용, '옥한흠이 만든 괴물은 오정현뿐인가', 2018년 4월 12일 〈뉴스앤조이〉

제자 훈련을 그저 교회 성장 프로그램의 하나쯤으로 여기며 유행처럼 따라하는 교회들은 물론, 옥한흠 목사로 상징되는 옛 시절의 한계를 고찰하지 못하고 자족하고 있는 교회들에게도 불을 던지는 글이었다. 갱신위원회 교인들은 이 글을 아프게 받아들였다. 3일 뒤 열린 마당 기도회 500회 기념 포럼에서도 신재용 집사의 글이 자주 인용됐다. 발제자였던 고직한 선교사는 "적잖은 교인이 이 글에 화를 낼지 모르겠지만, 우리에게 이런 인식이 있어야 마당 기도회를 500번이나 한 것의 의미를 발견할 수 있다"고 말했다.

마당 기도회 500회 기념 포럼에서는 갱신위원회의 사랑의교회 회복 운동이 오정현과 옥한흠을 넘어서야 한다는 이야기가 주를 이뤘다. 그때는 이미 서초 예배당의 공공 도로 점용에 대한 소송이 파기환송 2심까지 진행됐고, 오정현 목사 위임 결의 무효 확인소송도 대법원에서 파기환송된 시점이었다. 판결이 확정되지는 않았으나, 이렇게 오정현 목사의 실체를 낱낱이 드러내면 갱신위원회의 목적은 달성되는 것일까. 오정현 목사는 절대 스스로 물러나지 않을 것이고 마땅히 그를 끌어내릴 방법도 없으니, 이후에는 오 목사보다 괜찮은 목사가 있는 교회로 가거나 그런 목사를 데려와서 사랑의교회와 비슷한 교회를 만들면 되는 것일까. 갱신위원회의 목적은 단순히 '오정현 타도'에 있지 않았다. 제왕적 목회를 벗어난 교회, 목회자와 신자가 평등하게 동역하는 교회, 교회 내부 운영보다 교회 밖 세상에 더욱 힘을 쏟는 교회를 만들어 가는 것이 갱신위원회에 주어진 과제였다. 오정현 목사를 넘어서는 것은 옥한흠 목사를 넘어서는 것과 연결돼 있었다.

갱신위원회 태동은 분명 오정현 목사 반대였다. 오정현 목사가 집례하는 예배에 도저히 참여할 수 없었기에 그를 따라가지 않은 것이 시작이었다. 그러나 갱신위원회는 거기에 멈춰 있지 않았다. 오정현 목사와 싸우는 동시에 진정한 갱신이 무엇인지 고민했다. 그것은 사랑의교회 문제가 단지 사랑의교회만의 문제가 아니었으며, 오정현 목사의 문제가 단지 오정현 목사만의 문제가 아니었다는 사실을 깨닫는 것부터 시작이었다.

11장 사과하지 않는 목사

초창기 갱신위원회 교인 수는 2000명 이상이었다. 많은 수이기는 했지만 오정현 목사를 지지하는 교인은 2만 명이 넘었다. 메가처치를 상대로 싸우는 것은 쉽지 않은 일이었다. 말이 싸움이지 실은 계란으로 바위 치기에 가까웠다. 그러나 갱신위원회 교인들은 끈질기게 대응하고 문제를 제기했다. 때때로 강남 예배당에서 서초 예배당까지 걸어가며 가두시위를 벌이기도 했다. 담임목사의 비위로 분쟁이 난 교회에서, 담임목사 반대 측 교인들이 이렇게까지 조직적으로 담임목사의 실체를 드러낸 곳은 그동안 없었다. 교인들의 헌신으로 조직력, 행동력, 자금력 등을 갖췄기에 가능한 일이었다.

갱신위원회는 오정현 목사와 법적 다툼을 벌이고, 교회가 걸어 온 법적 싸움에도 대응해야 했다. 오정현 목사 측은 갱신위원회 교인들을 교회법으로 징계했고, 걸핏하면 강남 예배당에서 쫓아내려 했다. 자물쇠를 걸고 강철판을 덧대 용접을 해 놓는 것을 넘어, 명확히 정해지지도 않은 리모델링이라는 명목으로 갑자기 건설업체 인부들이 들이닥쳐 예배당 일부를 부수기도 했다. 급기야 교회 측은 2018년 7월, 갱신위원회 교인들을 상대로 명도 소송과 함께 '무단 점거 비용'으로

30억 5000만 원을 청구했다. 이외 교인들 간 소송까지 합치면 다 집계할 수 없을 정도로 많다. 소송이 100개가 넘고 소송 비용으로만 수억 원이 들어갔다.

그러던 중 2019년 7월, 소강석 목사(새에덴교회)가 갱신위원회와 오정현 목사 측의 '합의'를 주선했다. 소강석 목사는 그해 9월 예장합동 총회에서 부총회장이 됐고, 교단 부총회장 자격으로 양측의 합의를 이끌었다. 갱신위원회와 교회 측은 5개월간 합의와 결렬을 반복하다, 12월 최종 합의문을 만들었다. 합의문의 골자는 갱신위원회가 강남 예배당을 오정현 목사 은퇴 시(2026년 12월 혹은 2028년 12월)까지 사용하고, 오정현 목사가 공개 사과하며, 양측이 서로에게 건 소송을 모두 취하하는 것이었다. 전문은 다음과 같다.

> 사랑의교회와 마당 기도회는 지난 시간의 대결과 반목, 상호 비방을 모두 내려놓고 한량 없는 은혜로 구원 얻은 하나님의 백성들로서, 하나님의 공의와 사랑을 우리 삶 가운데 실천함(미가 6:8), 화평으로 심어 의의 열매를 거두어야 할 교회 본연의 사명(약 3:18)을 회복하고자 하나님 앞에서 다음과 같이 마음을 모아 합의하고 이를 성실히 이행하기로 합니다.
>
> **합의 각서**
>
> 1. 갑(사랑의교회)은 을(사랑의교회갱신위원회) 등을 상대로 서울중앙지방

법원 2018가합551570 부동산 인도 등 청구 소송을 제기하였는바, 이를 모두 취하하고, 동 부동산을 '을'에게 1차 시한인 2026년 12월 31일까지 무상 사용하도록 하고, '을'이 교회 복귀 준비 및 기타 등의 이유로 요청할 경우 그 기간을 2028년 12월 31일까지 연장하며, 동 부동산에서 '갑' 또는 그에 소속된 교역자들이나 직원들 및 직분자들의 사전 또는 사후의 통제·관리나 간섭을 받지 않고 '을'이 자유롭고 독립된 신앙활동(기도회, 예배 및 교제 등)을 할 수 있도록 보장, 협력한다.

2. 강남 예배당의 '본당(지하 예배당)' 및 성가대 연습실'은 '을'이 매주 주일(일요일) 오전 8시부터 오후 2시(성가대 연습실은 오후 4시까지)까지 및 매주 수요일 오전 8시부터 오후 10시(저녁 집회 포함)까지 사용하고, 강남 예배당의 '사랑관' 1층부터 4층까지는 '을'이 매주 주일(일요일) 오전 8시부터 오후 9시까지 및 매주 화요일과 수요일 오전 5시부터 오후 10시(새벽 기도회 및 저녁 집회, 순장반 교육 훈련 및 다락방 모임 포함)까지 사용한다. 다른 요일에 사역 공간이 추가로 필요 시, '을'은 '갑'에게 협의한 후 사용한다.

3. '갑'은 2013년 2월부터 2019년 12월 현재까지 권징받은 '을'에 속한 갱신 성도들을 해벌한다. 다만, 해벌된 이후 당회, 제직회 및 공동의회에서 반대 등의 교인의 권리를 주장 또는 행사하지는 않기로 한다. 단, 해벌받은 자가 사랑의교회로 복귀를 원하는 경우, '을'(마당 기도회 포함)을 탈퇴하고, '갑'의 적절한 복귀 절차를 통해 복귀할 수 있다.

4. '을'은 소속 갱신 성도들 명의로 위 3항의 기간 동안 법원 부과 간접 강

제금으로 '갑'에게서 받은 합계 금 3억 2400만 원 중 개인적 법적 권리를 주장하거나 부동의 중인 개인 2명의 간접강제 배당금을 제외한, 3억 1217만 7668원을 2020년 1월 15일까지 '갑'에게 반환함과 동시에 '갑'은 '을'이 제시한 강남 예배당 공사(대규모 마당 방수 공사, 화장실 공사 등)에 지출된 비용 증빙 서류를 수령한 즉시 '갑'은 '을'에게 강남 예배당 공사비를 지급한다.

5. '갑'과 '을' 등은 당사자 명의 여하를 불문하고 상대방에 대해 제기한 소송 및 신청 사건 등 일체의 법적 쟁송을 취하하고, 상대방은 그에 동의한다.

6. 오정현 목사는 사랑의교회 대표자로서의 부덕과 대사회적 물의를 하나님 앞에 회개하며 이를 언론과 사람 앞에 사과하며, 갱신 성도 일체 역시 하나님 앞에서 우리 모두 죄인임을 고백하고 오정현 목사의 허물을 예수님의 사랑으로 감싸며 갱신 과정에서 나타난 부덕의 허물을 언론과 사람 앞에 사과하고 사랑의교회 회복과 세움을 위해 전심을 다해 합력한다.

7. '갑'과 '을' 등은 이제까지의 대립과 갈등 관계를 모두 내려놓고, 하나님 나라의 큰 그림 속에서 지난 시간을 재해석하며, 앞으로 허락하실 하나님의 온전한 치유와 회복을 소망하고, 하나님께서 부르시는 날까지 달려가야 할 사역의 여정을 통해 하나님 크기의 꿈과 비전을 온전하게 이루어 가는 공동체가 되도록 서로 축복하고 기도하며 이를 실천해 나간다. 특별히 갱신 성도들은 오정현 목사가 한국교회를 위해 크게 섬

기도록 협력한다.

8. 본 합의 각서는 '갑'을 대표한 오정현 목사와 '을'을 대표한 김두종 은퇴장로 및 대한예수교장로회 합동(총회)의 부총회장 소강석 목사가 2019년 12월 24일 각 서명하여 3통을 작성한 후 각자 1통씩 보관한다.

'갑'을 대표한 오정현 목사가 본 합의 각서의 각 항의 이행을 위한 당회 및 공동의회 결의서(회의록)와 위 5항 기재 취하서를, '을'을 대표한 김두종 은퇴장로가 본 합의 각서의 각 항의 이행을 위한 갱신 성도들의 동의서(회의록)와 위 4항의 금원 및 위 5항 기재 취하서 각 지참하여 2020년 1월 15일, 대한예수교장로회 총회(합동)의 부총회장 소강석 목사의 입회하에 '갑'과 '을'이 상호 교환함으로 본 합의 각서의 효력이 발생한다.

2019년 12월 24일

갑 대한예수교장로회 사랑의교회
서울 서초구 반포대로 121
대표자 오정현

을 사랑의교회 성결 회복을 위하여 기도하는
사랑의교회 갱신 성도들
서울 서초구 서초대로 73길 37
대표자 김두종

> 위 중재 및 입회인
> 대한예수교장로회(합동)
> 서울 강남구 영동대로 330(대치동)
> **부총회장 목사 소강석**

갱신위원회와 교회 측은 각각 12월 말 교인들에게 이 사실을 알렸다. 교회 측은 이듬해인 2020년 1월 12일 공동의회에서 만장일치로 합의안을 승인했다. 갱신위원회는 전주인 1월 5일 마당 기도회에서 투표로 합의안을 승인했다. 교인 612명 중, 찬성 500표(81.7%), 반대 103표(16.8%), 기권 9표(1.5%)가 나왔다. 반대하는 사람이 100명이 넘었던 만큼, 오정현 목사 측과의 합의는 갱신위원회 내부에서 논란거리였다. 갱신위원회의 제1 개혁 대상인 오정현 목사를 합의 대상으로 인정한다는 사실 자체가 '타협'처럼 보였던 것이다. 그런 주장도 일리가 있었지만 더 많은 교인은 합의가 좀 더 건설적이라고 판단했다. 이미 여러 소송을 통해 오정현 목사의 실체가 밝혀진 시점이었고, 현실적으로 오 목사를 사랑의교회 담임목사직에서 내려오게 하는 방법은 없었기에 계속해서 그를 규탄하는 것은 큰 의미가 없다고 생각한 것이다. 이런 상황에서 계속되는 소송은 소모전에 지나지 않아 보였다. 이제는 그간 성찰한 대로 더 나은 공동체를 만들어 가는 것이 갱신 운동의 목표가 되어야 한다고 생각했다.

양측 교인들의 승인에 따라 갱신위원회와 교회 측 운영진은 1월 15

일 만나 합의에 따른 서류들을 교환하고 절차를 마무리했다. 이 자리에서도 갱신위원회 교인들은 오정현 목사가 제대로 된 사과를 해야 한다고 다시 한번 요구했다. 교회 측 장로와 양측을 중재한 소강석 목사는 걱정하지 말라며 갱신위원회 교인들을 안심시켰다. 그렇게 6년여간 평행선을 달리던 갱신위원회과 교회 측의 극적인 합의가 이뤄지는 듯했다.

불행하게도 그저 합의가 진행됐을 뿐 오정현 목사는 전혀 달라지지 않았다. 오정현 목사는 합의 다음 날인 1월 16일 자 〈동아일보〉와 〈국민일보〉 광고면에 사과문을 발표했는데, 자신의 부도덕함에 대해서는 그 특유의 두루뭉술한 화법으로 뭉개 버렸다. 논문 표절이 드러난 2013년 2월 표절과 반복한 거짓말에 대해 "참고 문헌을 인용하는 과정에서 의도하지 않게 일부 미흡했던 점이 있었던 것 같다"라고 한 것처럼, 이번에도 그간 드러난 많은 문제에 대해 "담임목사로서 저의 여러 가지 부족함과 미흡함에 대해 깊은 책임을 느끼고"라고만 표현했다.

주님 안에서의 화해를 통해 부족했던 점에 대해 사과의 말씀을 드립니다.
새해를 맞이하여 한국교회와 우리나라 위에 주님의 크신 사랑과 은혜가 충만하시길 기도합니다.
사랑의교회는 마당 기도회와 지난 12월 23일(월) 그간의 오랜 갈등과 반목을 중단하고 그리스도 안에서의 형제애를 되찾아 하나님의 영광을 위해 마음을 모아 화해하고 협력하기로 하였습니다.

돌이켜보면 지난 7년 동안, 세상의 빛과 소금이 되어야 할 교회가 본의 아니게 그 사명을 제대로 수행하지 못하여 너무 안타깝게 생각하며, 한국교회는 물론 우리 사회에 우려를 끼쳐드린 점에 대해 사과를 드립니다.

특히 담임목사로서 저의 여러 가지 부족함과 미흡함에 대해 깊은 책임을 느끼고, 하나님 앞에서 저 자신을 돌아보고 자복하며, 뜻을 달리해 온 마당 기도회 성도들과 한국교회 앞에 진심으로 사과의 말씀을 드립니다.

더불어 사랑의교회 당회는 우리의 부덕함과 겸손하지 못한 자세를 깊이 반성하고, 더욱 낮은 자세로 주님의 뜻을 이루어 가는 교회가 되도록 최선을 다하겠습니다.

그동안 사랑의교회를 위해 함께 기도해 주신 모든 분들께 마음속 깊이 사과드립니다.

이제 사랑의교회는 주님의 몸 된 교회로서 더 깊은 은혜의 자리에서 민족과 사회의 온전한 치유와 하나님나라의 확장을 위한 거룩한 소명을 감당하는 데 매진하겠습니다. 감사합니다.

주후 2020년 1월 16일 사랑의교회 오정현 목사 및 당회, 교우 일동

갱신위원회는 즉각 반발했고, 양측을 중재한 소강석 목사마저 난처해했다. 갱신위원회가 합의에서 가장 중요하게 생각하는 부분이 오정현 목사의 공개 사과였기에, 갱신위원회는 사과문에 반드시 들어가야 할 내용들을 정리해 교회 측에 제시한 바 있었다. 논문 표절, 학력 위조, 공공 도로 불법 점용, 목사 자격 문제, 갱신위원회 탄압 등 구체적인 내용을 언급하며 사과해야 한다고 했다. 최종 합의 자리에서도 갱신위원회는 오정현 목사의 제대로 된 사과를 다시 한번 요구했고, 교회 측은 물론 소강석 목사도 그 자리에서 오 목사에게 전화를 걸어 의사를 확인했다. 갱신위원회가 교회 측에 전달한, 사과문에 반드시 들어가야 할 내용은 다음과 같다.

1. 하나님과 사람을 속이고 거짓말한 죄: 논문 표절, 설교 대필 및 표절, 학력 위조(부산고 졸업) 등
2. 하나님 이름을 망령되이 일컬으며 교회 신뢰를 추락시킨 죄: "세상 법 위에 영적 제사법 있다"고 하면서 세상 법에 막힌다 해도 수단 방법 불구하고 초대형 교회 건축을 위해 참나리길 공용 도로의 위법적 점유를 통해 본인의 탐욕을 성취하여, 하나님과 사람 앞에서 교회의 신뢰와 위치를 완전 타락시킨 죄
3. 목사 안수 과정에서 하나님이 기뻐하시는 정직한 방법(정공법) 대신에, 하나님이 가장 싫어하시는 거짓과 편법과 술수를 동원함으로써 하나님 말씀을 정면으로 위반함으로써 지난 15년간(2004년 1월부터 2019년 4월까지)의 당회장 자격 및 사역이 모두 무효가 되는 대법원 최종 판결을 초래했을 뿐만 아니라, 이에 더하여 노회·총회를 동원하여 한국교

> 회사에서 초유의 편법적 재위임을 위한 2주 편목 과정과 30분짜리 목
> 사 시험 등의 눈속임을 자행한 죄
> 4. 회개 및 성결 회복을 위하여 눈물로 기도하는 성도들에게 탄압과 박해
> 를 가한 죄: 오 목사가 설교 시에는 소송을 제기하는 것은 하나님 뜻에
> 어긋난다고 하면서 평신도 소송단을 만들어 갱신 성도들을 상대로 각
> 종 위협적 소송을 일삼은, 목회자라면 있을 수도 없는 표리부동한 죄
> 5. 하나님 사랑과 이웃 사랑을 실천하기보다는 화려한 건물, 정치권과의
> 유착을 통한 화려한 자리, 화려한 헌당식, 화려한 소비 등 성경적 말씀
> 을 몸소 실천의 본을 보이기는커녕, 성도들에게 전혀 모범이 되지 않
> 고 믿음의 걸림돌이 되게 하는 행태를 버리지 않은 죄

오정현 목사가 이를 받아들이지 않을 것이라 판단한 소강석 목사는 다음과 같은 중재안을 내놨다.

> **화해와 상생을 기원하는 사과문**
>
> 사랑의교회를 사랑하는 성도님들과 한국교회 성도님께 하나님 아버지와 우리 주 예수 그리스도의 이름으로 문안드립니다. 부족한 종 오정현 목사입니다.

한때 한국교회 성장과 평신도 훈련에 있어 많은 선한 영향력과 모델이었던 사랑의교회가 작금에 선한 영향력을 잃어버리고 한국교회와 성도들에게 큰 염려와 누를 끼치게 된 것을 돌아보며 한없이 부끄럽고 죄송한 마음으로 용기를 내어 사과의 글을 드립니다. 사랑의교회 성도님과 한국교회 성도님들께 진심으로 죄송하고 가슴 깊은 마음으로 용서를 구합니다.

저는 남가주사랑의교회에서 성공적인 이민 목회를 하던 중 평소 존경하고 가장 닮고 싶은 목회자였던 고 옥한흠 목사님으로부터 사랑의교회 담임목사로 부름을 받았습니다. 당시 섬기는 교회의 성도들과 주변의 많은 만류가 있었음에도 평신도를 깨워 민족과 교회를 세우는 일에 미력이나마 동역할 수 있다면 하나님께 부름받은 목회자로서 가치 있는 일이라 여겼기 때문에 기꺼이 달려올 수 있었습니다.

그리고 존경하는 고 옥한흠 목사님의 가르침과 성도님들의 사랑으로 성공적인 세대교체를 이루고 성장과 함께 도약을 준비할 수 있었습니다. 하나님의 은혜와 헌신적인 성도들의 사역의 열매로 교회는 부흥 성장하게 되었고, 교회는 예배당의 물리적인 한계를 극복하기 위해서는 새로운 예배당 건축을 준비하게 되었습니다.

하지만 이 과정에서 지난날 통념과 관례를 따라 정직하지 못하게 지났던 저의 과오와 부족함이 드러나게 되었습니다. 이로 인해 사랑의교회 성도들과 한국교회에 큰 누를 끼치게 되었습니다. 학위 취득 과정에 허물이 있었습니다. 논문을 제출하는 과정에서도 바쁜 목양 일정을 핑계 삼아 동역하는 목사님의 힘을 빌려 작성하는 과정에서 정직하지 못했습니다. 무엇보다 사랑의교회 담임목사로서 교회와 성도들을 섬김에 있어 목표를 이루기 위해 저와 다른 생각을 가진 성도들의 이야기에 귀를 기울이지 못했습니다. 교회 건축 과정에서 하루하루 해결하고 결정해야 할 일들을 처리하느라 목회자로서 마땅히 우선해야 할 하나님 사랑과 형제 사랑의 실천에 부족함이 있었습니다. 또한 저와 생각이 다른 성도들과 충분한 대화와 소통하지 못함으로 영적 제사법을 앞세워 성장 만능과 물량주의로 가고 있다는 오해를 낳기도 했습니다. 여러분 다시 한번 진심으로 사과드립니다.

더불어 지난 시간 동안 저와 관련된 이 모든 문제들을 법정에서 밝힐 수 있다고 생각했습니다. 하지만 그 또한 저의 과오였습니다. 하나님의 나라와 교회의 문제는 결코 세상 법으로 가름할 수 없음을 깨달았습니다. 오히려 진실을 규정한다는 미명 아래 저와 생각이 다른 성도들에게 씻을 수 없는 상처를 남기고 말았습니다. 이 같은 과오를 모두 알고도 부족한 제가 사랑의교회 담임목사로 직무를 계속할 수 있도록 결의해 주신 당회와 성도님들께 진심으로 감사드립니다.

하지만 저는 이제 지난 시간 부족한 자의 과오로 인해 먼저 하나님과 손상된 사랑의교회의 위상, 상처 받은 성도들 그리고 한국교회 앞에 사죄함으로 이 지루한 갈등과 분열을 중단하고 화해하기를 기원합니다.

저는 당회원들과 논의하여 하나님께서 값없이 주셨던 사랑의교회 강남성전을 한국교회 공익을 위해 내어놓을 예정입니다. 더불어 그동안 저와 생각이 달라 갈등으로 분들이 자유롭게 예배할 수 있도록 하겠습니다.

그동안 저의 부족함으로 오랜 시간 실망하고 상처 받으신 성도님들 머리 숙여 진심으로 사과드립니다. 부디 저의 부족함을 용서해 주시고 서로 협력하여 상생의 길을 찾기를 간절히 소망합니다.

한없이 부족한 오정현 목사 올림

합의 바로 다음 날 발표된 오정현 목사의 사과문은 소강석 목사의 중재안에도 한참 못 미치는 수준이었다. 갱신위원회는 1월 19일 마당 기도회에서, 오정현 목사의 사과문을 수용할 수 없다고 입장을 정했다. 사과문에는 △박사 학위논문 표절 △학력 사칭(부산고 등) △갱신위원회 교인 권징 △서초 예배당 참나리길 불법 점유 건축 등 네 가지 사항이 반드시 포함돼야 한다고 교회 측에 통첩했다. 오정현 목사가 제대로 사과하지 않는다면 합의를 파기할 수도 있다고 했다. 교인들은 "오정현 목사에게 또 속았다"며 분노했다.

결과적으로 합의는 파기되지 않았으나, 오정현 목사가 다시 사과하는 일은 없었다. 이미 양측이 모든 소송을 취하한 상태라 원점으로 되돌리는 일은 쉽지 않았다. 무엇보다도 갱신위원회가 합의 파기를 고민하고 있을 때, 코로나19 집단감염이 시작되면서 전국에 비상이 걸렸다. 당장 모이기도 힘든 상태에서 합의 문제도 흐지부지됐고, 그렇게 전대미문의 팬데믹으로 2~3년을 보냈다. 현재 합의는 오정현 목사의 사과 빼고는 모두 지켜지고 있는 상태다. 오정현 목사는 논문 표절 사태가 벌어진 2013년부터 지금까지, 자신의 잘못에 대해 단 한 번도 제대로 사과한 적이 없다. 갱신위원회는 언제가 되더라도 오정현 목사가 제대로 사과해야 한다는 입장이다.

12장 내부의 과제, 외부의 과제

코로나19가 터지고 갱신위원회는 발 빠르게 비대면 예배로 전환했다. 정부의 방역 지침보다도 더 엄격하게 대면 접촉을 제한했다. 그간의 경험들로 하나님을 예배하는 행위가 꼭 특정 장소에 모여서 해야 하는 것이 아님을 알고 있었고, 당시 연속되는 개신교발 집단감염으로 교회가 사회로부터 엄청난 지탄을 받고 있었기 때문이다. 갱신위원회는 코로나 기간을 대부분 온라인 예배로 보냈다.

오정현 목사는 제대로 사과하지 않았고 마침 닥쳐 온 팬데믹에 대처하느라 조금 어정쩡한 상황이 됐지만, 공식적으로 오 목사와의 싸움을 종결했다는 의미는 컸다. 지금까지 갱신위원회의 제1 과제는 당연 '오정현 타도'였는데, 이제 타도할 대상이 사라진 것이다. 이제 갱신위원회의 우선순위는 '공동체'가 됐다. 강남 예배당을 쓸 수 있는 2026년 혹은 2028년까지 어떤 공동체를 만들어 갈 것이며, 이후 강남 예배당을 떠나서는 어떤 모습으로 존재할 것인지가 가장 큰 화두가 됐다.

갱신위원회는 합의 후 위원회라는 말보다 '공동체'라는 말을 사용하기로 했다. 주일 마당 기도회는 '마당 예배'로 바꿨고, 서초 예배당 앞에서 했던 금요 마당 기도회는 강남 예배당에서 하게 됐다. 이전에는 사랑의교회 교인으로서 오정현 목사를 규탄하고 사랑의교회 본질 회복 운동을 벌였다면, 이제 오정현 목사를 따르는 사랑의교회와는 다른 '교회'로서의 정체성을 본격적으로 고민할 때가 왔다. 사실 합의 후 바로 이런 작업을 시작했어야 했는데 코로나 상황으로 제대로 논의하지 못한 채 2~3년이 지나가 버렸다.

초창기 2000명이 넘었던 갱신공동체 교인 수는 시간이 지나며 점점 줄어들었다. 지난 10여 년 동안 교인들은 지쳐서, 집행부와 성향이 맞지 않아서, 다른 교회를 만드는 게 더 의미 있는 일이라고 생각해서 등등 여러 이유로 갱신공동체를 떠났다. 때로는 수십 명이 한꺼번에 떠나 새로운 교회를 만드는 경우도 있었다. 교회 측과의 합의 후에도 많은 교인이 떠났다. 코로나를 견디고 갱신공동체에는 교인 약 500명이 남았다.

사랑의교회 사태를 촉발한 원인은 여러 가지가 있겠지만, 그중 하나를 꼽으라고 하면 단연 '제왕적 목회'다. 갱신공동체 교인들의 지난 10여 년간 운동을 한마디로 요약하자면, 한국교회에 만연한 담임목사의 제왕적 목회의 문제점을 알린 것이라 할 수 있다. 갱신공동체는 이러한 교회 운영을 답습할 수 없었다. 갱신공동체는 운영위원회 체제를 선택해 민주적인 운영을 꾀했다. 구체적으로는 교인 10여 명으로 구성된 운영위원회와 40여 명으로 구성된 사역협의회를 통해 공동체에 필요한 의견들을 수렴하고 결정한다. 2022년 초에는 설교를 전담하는 '설교목사'로 김동일 목사를, 목양을 담당할 '목양목사'로 류석·이경희 목사를 청빙했다. 목사들은 직함 그대로 각각 설교와 목양만을 담당한다. 목사를 비롯해 누구도 공동체 내에서 과도한 권한을 행사할 수 없게 규정을 만들어 놨다. 투명한 회계를 위해 매달 재정 내역을 발표한다.

불필요한 권위를 없애려고도 노력했다. 갱신공동체에서는 성별에 상관없이 예배 인도와 대표 기도를 한다. 여성이 예배 사회를 보고 대표 기도를 하는 것은 사랑의교회가 속한 예장합동에서는 볼 수 없는 모습이다. 예장합동은 여성에게 안수직(목사·장로·안수집사)을 주지 않고, 교단에 속한 교회 대부분은 예배 인도를 부목사에게, 대표 기도는 장로에게 맡긴다. 여성이 강단에 서는 모습은 볼 수 없다. 그러나 갱신공동체는 민주적인 교회를 고민하며, 여성이라는 이유로 강단에 서지 못할 이유는 없다고 봤다. 성가대인 '마당 찬양대'가 가운을 입지 않는 것도 불필요한 권위를 없애려는 것의 일환이다.

소그룹(다락방) 모임은 이전 사랑의교회 시스템과 같다. 갱신공동체는 오정현 목사 측과 갈라진 이후 초창기부터 자체적으로 다락방 모임을 해 왔다. 다락방마다 순장과 순원이 있고, 순장들은 주 1회 순장 모임을 한다. 제자 훈련 교재는 옥한흠 목사가 쓴 것을 그대로 사용하고 있다. 다만, 교재가 워낙 오래돼 목양목사들이 만든 보조 자료를 함께 보는 편이다.

대사회적 사역도 한다. 전문 단체를 통해 탈북민과 이주 노동자를 지원하고 있고, 3000원에 한 끼 식사를 대접하는 따뜻한밥상도 지원하고 있다. 교인뿐 아니라 주변 사람들이 이용 가능하도록 평일에도 예배당 마당을 열어 놓고 잠시 쉬어 갈 수 있게 테이블과 의자들을 세팅했다. 여름에는 마당에 음료 냉장고를 놓고 생수를 가득 채워 누구나 가져갈 수 있게 했다. 예배당 1층 한쪽 공간에 탁구대를 설치해 무료로 개방했다. 농어촌 지역 개척교회와 선교사도 돕고 있으며, 빚진 마음으로 교회 개혁 단체들과도 연대하고 있다.

하나님 보시기에 아름다운 공동체가 되기 위해 노력하고 있지만, 갱신공동체 내에 아직 걷히지 않은 어두운 그림자도 있다. 이 때문에 공동체의 미래를 위해 머리를 맞대고 힘을 합쳐야 하는 시기에 실망스러운 일이 벌어지기도 했다. 설교를 전담하던 김동일 목사가 2024년 1월, 전 교인을 대상으로 한 재신임 투표에서 탈락한 것이다. 목사의 재신임을 묻는 것은 제왕적 목회를 근절하는 방법 중 하나다. 목사에게 문제가 있거나 목사가 교인들과 맞지 않으면 재신임 투표를 통해 물러나게 할 수도 있겠으나, 김동일 목사의 경우 그 이유가 황당했다. 김 목사는 교회 개혁과 목회자의 양심을 강조해 온 인물이지만, 신학적으로나 정치적으로는 보수 성향에 가깝다. 그런데도 몇몇 교인은 김 목사가 검찰 권력과 윤석열 정권을 비판하자, 이를 문제 삼아 그에게 '좌파'라는 프레임을 씌웠다. 이들이 김동일 목사의 재신임 투표를 요구했고, 김 목사는 이를 수용했다. 투표 날, 김동일 목사를 반대하는 교인들은 평소 예배에 출석하지 않는 교인들까지 대거 끌어들여 반대표를 던지게 했다. 출석 교인의 2/3 찬성을 넘겨야 재신임이 가능했는데, 김 목사를 반대하는 표가 41.1%나 나왔다.

다른 곳도 아닌 갱신공동체에서 누군가를 반대하기 위해 세를 동원하는 상황이 벌어진 것이다. 사랑의교회 회복을 눈물로 외쳐 왔지만 오정현 목사를 지지하는 다수에 밀려 '좌파', '이단'이라는 억울한 누명을 써 본 적 있는 갱신공동체 교인들이, 누군가를 같은 방식으로 밀어낸 것과 같다. 제자 훈련의 한계를 직시하고 오정현은 물론 옥한흠도 넘어서야 한다고 성찰했던 것과는 한참 동떨어진 모습이었다. 정치 성향을 잣대로 사람 자체를 판단하는 일. 이것은 현재 갱신공동체의 큰 걸림돌이다.

〜〜〜〜〜

'사랑의교회 사태'가 아직 완전히 끝난 것은 아니다. 오정현 목사가 진정으로 회개하지 않았기에 마침표를 찍을 수가 없다. 갱신공동체는 어떤 공동체가 될 것인지 의견을 모으는 데 주력하고 있지만, 그럼에도 오정현 목사에 대한 일말의 경계는 늦추지 않고 있다. 갱신공동체가 경험한 오 목사는 그야말로 무슨 짓을 저지를지 모르는 인물이기 때문이다. 계속해서 들려오는 소문들은 갱신공동체의 촉각을 곤두서게 하고 있다.

먼저는 오정현 목사가 2026년 말 은퇴할 때 그가 '원로목사'로 추대되는 경우다. 예장합동 헌법상 원로목사가 되려면 한 교회에서 20년 이상 시무하고, 은퇴 시 공동의회에서 원로목사가 되는 것이 통과돼야 한다. 원로목사에 대한 예우는 교회마다 다르지만, 사랑의교회가 원로목사에게 은퇴 전 연봉의 절반만 준다고 쳐도 그 금액은 상당하다. 오정현 목사는 2003년 사랑의교회에 부임해 20년 이상 시무했다고 볼 수 있으나, 엄밀히 말하면 그는 2019년 2주 짜리 단기 편목을 거쳐 예장합동 가입과 함께 사랑의교회에 위임된 것이다. 오정현 목사가 원로목사로 추대되는 것은 법적으로 문제가 될 수 있기에 갱신공동체는 이를 주목하고 있다.

또 한 가지는 오정현 목사 후임자 선정이다. 2024년 11월 현재 오정현 목사의 은퇴는 2년밖에 남지 않았는데, 교회 측에서는 아직까지 후임 목사 청빙에 대한 논의가 표면화하지 않고 있다. 그러다 보니 사랑의교회가 예장합동 동서울노회를 떠나 정년이 75세인 예장백석 교단으로 옮길 수도 있다는 소문이 돌기도 했다. 2024년 9월 교단 총회를 앞두고는 은퇴를 앞둔 대형 교회 목사들이 정년 연장 헌의안을 지지한다는 소문도 돌았다. 결과적으로 사랑의교회는 동서울노회를 떠나지 않았고 정년 연장안도 총회에서 부결됐으나, 오정현 목사의 은퇴와 후임자 선정에 대한 관심은 점차 높아져 가고 있다.

최악의 시나리오는 오정현 목사가 세습을 감행하는 것이다. 오 목사의 장남 오기원 목사는 미국에서 목회하다가 2023년 5월 돌연 한국에서 교회를 개척했다. 뉴서울교회라는 이름으로 서울 방배동 예장백석 총회 회관 2층에서 5월 14일 창립 예배가 열렸다. 개척교회 창립이라고 하기에는 너무나 화려한 예배였다. 김장환 목사(극동방송 이사장), 장종현 목사(예장백석 대표총회장), 김하나 목사(명성교회), 나경원 전 국회의원 등이 참석했고, 오세훈 서울시장은 영상으로 축사를 전했다. 부자 세습을 감행한 김삼환 목사(명성교회 원로), 고요섭 목사(여수은파교회)를 비롯해, 소강석 목사, 송태근 목사(삼일교회), 김진홍 목사(두레수도원), 이명박 전 대통령, 장제원 국회의원 등이 화환을 보냈다. 뉴서울교회 창립 예배는 마치 사랑의교회가 지교회를 설립하는 것처럼 사랑의교회 교인들과 직원들이 많이 참석했다.

한국말도 서툰 오기원 목사가 오정현 목사의 은퇴 시점이 얼마 남지 않은 시기에 왜 한국으로 들어왔는지, 자연스럽게 세습에 대한 의심이 일었다. 세습 목사들이 축하를 전하는 것도 새삼 화제가 됐다. 오기원 목사는 북한 사역, 외국인 사역을 하겠다며 선을 그었지만, 김하나 목사도 과거 명성교회를 세습하지 않겠다고 공언한 적이 있어 오기원 목사의 말을 전적으로 믿을 수도 없다. 지난 10여 년간 끊임없이 구설에 오른 오정현 목사가 설마 세습까지 감행할까 싶지만, 갱신공동체는 교인들은 오정현 목사라면 충분히 가능성이 있는 이야기라며 주시하고 있다. 만약 오정현 목사의 은퇴와 함께 어떤 불미스러운 일이라도 일어난다면, 갱신공동체는 다시 한번 오정현 목사를 규탄할 준비가 돼 있다.

공공 도로 점용 허가가 취소돼 원상회복 명령을 받은 일도 감시 대상이다. 올해 3월 서울행정법원이 교회 측의 소송을 기각해 서초구청의 원상회복 명령은 그대로 유지됐다. 현재 항소심 중이지만, 이 명령이 취소될 확률은 제로에 가깝다. 이 소송에서 교회 측이 지게 되면 언제까지고 변상금을 내며 현 상황을 유지할 수 없을 것이다. 갱신공동체는 이 소송에도 관심을 기울이고 있다. 2024년 10월 오정현 목사가 주도한 '10·27 집회'를 앞두고 갱신공동체가 교회 개혁 단체들과 함께 기자회견을 연 것도, 공공 도로 원상 복구 감시의 일환이었다.

갱신의 기치를 든 지 11년이 지났지만, 갱신공동체는 여전히 내부와 외부의 과제를 안고 있다. 숱한 시련에도 하나님이 남기신 이유를 보여 주는 공동체가 되기를 힘쓰는 한편, 아직 끝나지 않은 사랑의교회 사태를 감시하는 일이다. 갱신공동체가 앞으로 어떤 모습으로 존재하게 될지, 그리고 사랑의교회는 어떻게 될지 아직은 그들 스스로도 모른다. 실망스럽고 우려되는 부분이 있는 것도 사실이지만, 지난

11년의 운동을 통해 그들은 이미 존재 이유를 충분히 증명해 왔다. 그리고 여전히 갱신공동체의 많은 교인은, 제자 훈련을 뛰어넘어 진정한 그리스도의 제자의 길을 가는 공동체가 되기를 진심으로 바라고 노력하고 있다.

II부

사진으로 보는
사랑의교회 갱신공동체 10년사

4부 사진으로 보는 사랑의교회갱신공동체 10년사

부록 ① 2008년 6월 1일 옥한흠 목사가 오정현 목사에게 보낸 편지

우리가 정말 한배를 타고 있는가?

　주님께서 지친 몸을 다시 일으켜 주시기를 바란다. 화요일 만나 내가 듣고 싶은 이야기를 미리 알려 주는 것이 너를 위해 도움이 될 것 같아 몇 자 적어 보낸다. 우리의 중심을 보시는 하나님 앞에서 교회를 위해 그리고 우리 자신을 위해 솔직한 대화를 나눌 수 있기를 빈다.
　5년 전 오 목사를 사랑의교회 제2대 목사로 초빙할 때에는 여러 가까운 목사들이 부정적인 견해를 자주 피력하였지만 나는 마음이 평안했다. 왜냐하면 다음과 같은 확신 때문이었다. 동시에 이 확신이 주님의 선하신 뜻이라고 믿었기 때문이다.

　"오 목사는 제자 훈련 목회 철학으로 무장한 지도자다. 그러므로 한 사람을 천하보다 귀하게 여기는 주님의 심정을 가지고 있을 것이다. 그리고 이삼백 명의 양 떼를 위해 달동네에서 평생을 헌신한 존경스러운 부친의 등을 바라보면서 자란 사람이기 때문에, 내 후임이 되어도 절대 자기의 인간적인 야심을 비전이라는 화려한 포장지로 싸서 대형 교회의 힘을 남용하거나 오용하지 아니하는 양심적인 지도자가 될 것이다. 그리고 강해 설교가 좀 약한 편이지만 사랑의교회 강단에서 섬기게 되면 놀라운 잠재력을 발휘하여 나를 능

가하는 탁월한 설교자가 될 것이다. 3년만 지나면 사랑의교회는 세상이 대적하지 못할 말씀과 성령의 큰 능력으로 무장한 제자 공동체가 될 것이다."

그러나 안타깝게도 지금은 나의 이런 확신이 가끔 흔들리는 것 같아 고민이다. 며칠 전 나이가 지긋한, 지명도가 높은 모 목사님이 편지를 보내왔다. 오 목사가 마음껏 자기의 비전을 펼칠 수 있도록 풀어 주라는 것이다. 자기가 듣기로는 옥 목사가 오 목사의 발목을 잡고 일을 하지 못하게 하고 있다는 것이다. 이런 루머가 왜 돌고 있는 것일까? '3년만 넘기면 내 마음대로 목회할 것이다'라는 말을 하고 다닌다는 소리는 가끔 들었지만, 이런 편지를 가지고 충고하는 사람이 등장할 줄은 미처 몰랐다. 무엇이 그렇게 부자유스러운지, 그래서 목회에 얼마나 지장을 받고 있는지 내가 묻고 싶다. 지금 상황에서 발목이 잡힌 목회를 하고 있다는 생각을 한다면, 오 목사는 정말 오만하고 분수를 모르는 무서운 인물일 수도 있다는 생각이 든다. 지난 4년 동안 너의 문제는 너무 자유가 많았기 때문이라고 생각해 본 적은 없는지 묻고 싶다. 차라리 내가 원로로서 정말 못된 짓을 한 것이 있다면 무릎을 꿇고 용서를 빌겠는데, 내 양심이 마비되어 그런지 생각이 잘 나지 않아 더 괴롭다.

그리고 얼마 전에는 나의 가슴을 찢어 놓는 일이 또 있었다. 나는 한국교회를 비판하는 인터넷 사이트는 한 달에 한 번도 들어가 보지 않는 사람이다. 그런데 누군가가 〈뉴스앤조이〉에 들어가서 김종희 기자의 글과 그 기사에 대한 반응이 얼마나 뜨거운지 댓글을 좀 읽어 보라고 했다. 나는 사실 오 목사가 쓴 '대운하', '광우병'에 대한 〈국민일보〉 칼럼을 읽어 보지 못했다. 그리고 그 내용이 성령께서 주시는 음성이었다고 말한 설교도 들어 보지 못하였다.

그러나 막상 인터넷을 열고 들어가자 나는 너무 충격을 받았다. 오 목사와 함께 사랑의교회는 물론 나까지 싸잡아서 저질적인 표현으로 비난하는 글들이 줄줄이 이어지고 있었다. 오 목사를 변호하는 글들은 불과 몇 개 되지 않았다. 오 목사가 바른 소리를 했는데 그처럼 동네북이 되었다면 내가 방패막이가 되어 함께 무덤에라도 들어가고 싶은 심정이었지만 그럴 수가 없는 것이 안타까웠다. 비판자의 지적처럼 오 목사는 목사로서 이 사회의 밑바닥 민심을 너무 읽지 못한 경솔한 소리를 한 것이 틀림없어 보였기 때문이다. 어떻게 보면 질이 좋지 못한 일부 네티즌들이 하는 소리로 무시해 버릴 수 있을지 모른다. 하지만 내가 보기에는 그렇게 간단하지 않을 것 같다. 그들이 오 목사를 헐뜯고 사랑의교회를 비판하고 옥 목사를 의심하는 말에는 우리 교회의 미래를 위해 겸허히 받아들여야 할 다소의 진실이 들어 있다는 사실을 부인할 수 없기 때문이다.

그래서 나는 오 목사와 만나 다음 몇 가지 질문을 통해 너의 진심이 어디에 있는지, 너의 정체가 정말 무엇인지 다시 한번 확인해야겠다는 생각을 하게 되었다. 그렇지 않고는 내 속에 소리 없이 쌓이는 불신의 먼지를 털어 낼 수 없을 것 같다. 원로는 되도록이면 빨리 죽는 것이 좋다는 말이 있다. 그러나 죽지 않고 살아 있는 이상 후임자와 한배를 타야 한다고 생각한다. 나 자신을 위해서가 아니라 교회를 위해서다. 내가 평생 생명처럼 사랑한 양 떼들을 위해서다. 그들을 위해 지도자 된 우리는 좋지 못한 일로 욕을 먹어서는 안 된다. 교회가 돌을 맞아서도 안 된다. 무엇보다 중요한 것은 목회가 본질을 벗어나면 절대로 안 된다는 것이다.

두 사람의 대화를 통해 우리가 지도자로서 잘못하고 있는 것이 발견되면 윌로우크릭교회의 빌 하이벨스 목사처럼 "내가 잘못했다. 새 종이를 내놓고 다시 그려야 한다"고 하는 양심적인 결단을 할 수 있기를 기도한다.

1. 그동안 지켜본 바로는 권력과 밀착하려고 하는 성향이 강한데 그 이유가 무엇인가?

2. 이명박 대통령 정책 지지 발언. 공인으로서 그렇게 하는 것이 잘한 일이라 생각하는가? 사랑의교회가 비록 강남에 위치해 있지만 이 나라의 1%도 안 되는 강남의 가진 자들을 위한 교회라는 이미지를 준 일이 별로 없다. 그러나 오 목사는 이상하게도 밖으로는 귀족적인 이미지를 풍기고 있다. 소망교회 담임이었으면 좋았겠다는 말도 듣는다. 그 원인이 어디에 있는지 고민해 본 일이 있는가?

3. 중국 종교성 관리들과의 여러 차례 접촉. 정권 유지를 위해 입맛대로 기독교를 이용하고 있는 공산 정권과 만나 무슨 선교를 협의한다는 것인가? 이것은 선교 본질에도 벗어나는 일이고 아직도 핍박받고 있는 중국 성도들을 무시하는 짓이 아닌가? 중국 정부와 접촉하는 일에 한국교회 아니면 사랑의교회로부터 위임을 받은 것도 아니지 않은가? 그렇게 하는 저의가 무엇인가?

4. 글로벌 시대의 교회 비전이 필요하다는 말을 가끔 하는데 구체적으로 어떤 것을 말하는 것인가? 지금 사랑의교회는 글로벌 시대에 어울리는 비전을 가지고 있지 않다고 보는가?

5. 하나의 지역 교회가 할 수 있는 사역은 한계가 있다. 사랑의교회가 지금 하고 있는 일들만 해도 감당하기 쉽지 않다고 본다. 그런데 계속해서 세계적으로 네트워크를 만들어 사역을 확장해야 한다고 생각하는가?

6. 양 떼를 위해 목숨을 버리는 선한 목자의 양심을 가지고 고민하고 있는지 묻고 싶다. 사람에게 멸시당하고 사회에서 버림받으면서 교회를 마지막 보루로 생각하고, 목회자의 따뜻한 손길을 기다리는 불쌍한 사람들이 사랑의교회 안에도 부지기수로 많다. 그들을 위해 오 목사가 무엇을 해 주고 있다고 생각하는가? 강단에서 몇 마디 하는 립 서비스는 가증스러운 짓이라고 생각지 않는가? 밖으로 도는 시간을 절약해서 주님이 가까이 두기를 원하시는 이런 자들과 함께 울고 웃어 주는 목회자가 진정한 주의 종이요 제자라고 생각하지 않는가?

7. 세계적인 경제 위기와 함께 국내 서민층의 고통이 가중되고 있는 때에 그들의 정서에 역행하고 부자 교회의 허세를 부리는 것같이 보이는 이벤트(창립 30주년 기념 잠실 체육관 행사, 작년에 이어 다시 계획하는 손치 여행 집회)들을 계획하는 이유가 무엇인가?

8. 교리 설교의 스타일과 내용을 수정할 용의가 없는가? 신학을 전공하는 학

생들이 모인 신학교에서도 '하나님', '구원', '성화'와 같은 무거운 주제는 40~50분 안에 다 가르치지 않는다. 제자 훈련에서도 한자리에 앉아 3시간 이상 다루는 주제들이다. 그래도 어렵다고 야단들이다. 교리 설교를 하겠다는 말을 듣고 내가 언젠가 한 말을 기억하고 있는지 모르겠다. 배고픈 아이들 앞에서 요리 강좌를 하면 안 된다고. 교리 설교는 무거운 주제일수록 몇 번을 나누어서 가르쳐야 하고 소제목 하나마다 평신도의 가슴에 와 닿을 수 있는 쉬우면서도 깊이 있는 해설을 담고 있어야 한다고 생각한다. 그럼에도 그들이 소화하는 양은 일부에 지나지 않을 것이다. 소제목을 줄줄이 엮어 내려가는 단편적인 지식이 설교라고 보지 않는다. 머리만 복잡하게 만들고 마음에 와닿는 것이 별로 없는 설교는 열매를 기대하기가 어려운 법이다. 입장을 바꾸어 누가 신학 박사인 너에게 그런 식으로 한꺼번에 교리를 이야기한다면 마음에 와닿는 것이 얼마나 될 것이라고 보는가?

9. 〈Christianity Today〉 한국판 발행과 함께 신학적으로 예민한 칼럼들을 어떤 기준으로 선택할 것인가? 그리고 논쟁이나 비판이 일어날 때 누가 책임지고 대처할 생각인가? (예: 리차드 마우, 〈관대한 복음〉)

10. 교회 안에서만 인터넷을 능숙하게 다루는 인구가 2만 명이 넘을 것이다. 모든 정보가 삽시간에 퍼지고 있다. 〈뉴스앤조이〉도 마찬가지다. 목회자가 제일 두려워해야 할 대상은 알면서 침묵하고 있는 다수다. 그들은 언제나 잠재적인 위기 아니면 도전이 될 수 있다. 어떻게 대비할 생각인가?

나는 우리 둘이서 만날 때에는 기쁘고 소망스럽게, 그리고 서로를 자랑스럽게 여기면서 대화를 나누기를 얼마나 소원하는지 모른다. 물론 원로와 후임자의 사이는 생태적으로 고부간과 같아 쉬운 일이 아닌 줄 알지만 노력하면, 특히 그리스도의 사랑으로 서로를 품으면 조금도 어려운 일이 아니라고 믿는다. 이번과 같은 긴장된 대화가 다시 없기를 바란다. 그래서 날마다 너를 위해 기도하고 있다. 물론 나를 위해서도 기도한다.

2008. 6. 1.

옥한흠

부록 ②　2012년 9월 2일 김진규 교수가 오정현 목사에게 보낸 편지

존경하는 오정현 목사님께

　저의 첫 번째 글로 인해서 여러 가지 마음고생을 시켜 드려 죄송합니다. 거듭 말씀드리지만 저의 의도는 목사님을 괴롭히고자 하는 것이 아니었습니다. 글의 호소력을 위해서 저의 경험을 이야기 한다는 것이… 너무 깊이 이야기 한 것이 문제의 발단입니다.

　저의 마음은 조금도 사랑의교회나 오정현 목사님에게 누를 끼치길 원치 않습니다.

　저의 페이스북의 글이 유포된 뒤에 수많은 기자들이 전화를 걸어서 정보를 줄 것을 요청해 왔으나, 저는 일절 답변을 하지 않았습니다. (옥성호 형제에게도 결정적인 정보는 주지 않았습니다.) 저의 동기는 단 하나 하나님의 영광을 가리지 않기 위해서였습니다. 이는 저의 진심입니다.

　사랑의교회 당회의 조사위원회를 다녀온 이후에 저는 문제가 된 논문을 좀 읽어 보아야겠다고 생각을 하고 논문을 구해서 읽어 보았습니다. 아시다시피 목사님께 2번 요청했으나 주시지 않아 다른 사람을 통해서 구했습니다. 결과는 저의 예측대로였습니다. 목사님 논문에는 심각한 표절의 흔적들을 볼 수 있었습니다. 제가 조사한 제2장에는 상당 부분의 자료들을 Michael Wilkins의 〈Following the Master〉에서 표

절해서 짜깁기한 논문이었습니다. 증거를 위해서 사진으로 찍은 자료를 보내 드립니다.

외부 세력으로부터 교회를 보호해야 하겠지만, 그렇다고 교회 내부에서 썩어 가는 것을 방치해서는 안 된다고 생각합니다. 사실 이것이 성경의 원리입니다. 고린도 교회 내부에서 성도라고 하는 자가 죄를 짓고 있을 때에 바울은 그를 쫓아내라고 명하고 있습니다.

[고전 5:1-고전 5:2]
(1) 너희 중에 심지어 음행이 있다 함을 들으니 그런 음행은 이방인 중에서도 없는 것이라 누가 그 아버지의 아내를 취하였다 하는도다 (2) 그리하고도 너희가 오히려 교만하여져서 어찌하여 통한히 여기지 아니하고 그 일 행한 자를 너희 중에서 쫓아내지 아니하였느냐

고린도 교인은 7계명을 어긴 경우이지만, 표절은 8계명을 어긴 경우입니다. 남의 지식을 훔쳐 왔으니, 이는 분명히 8계명을 어긴 경우입니다. 또 이를 덮기 원해서 저와 이동원 목사님을 비롯해서 당회원들과 아마 수많은 사람들에게 거짓말을 했을 겁니다. 제9계명을 어긴 겁니다. 이에 대한 철저한 회개가 있어야 한다고 생각합니다. 그래서 목사님께 몇 가지 제안을 드립니다. 저는 성경의 원리대로 교회의 순수성을 회복하길 원합니다. 이는 평신도의 문제가 아니라, 대교회의 담임목사님이기 때문에 반드시 회개의 절차가 필요하다고 생각합니다.

1. 표절은 남의 지식을 훔친 것이기 때문에 자신의 과오를 인정하고 학위를

받은 대학에 연락하여 학위를 취소해 줄 것을 요청해야 합니다. 성경에 따르면 훔친 물건에 대한 회개에는 반드시 변상이 수반됩니다. 이 절차가 없는 회개는 빈껍데기 회개일 뿐입니다.

2. 사랑의교회 전체 교인들을 상대로 해야 하겠지만 여건이 허용치 않으면, 적어도 사랑의교회 당회에서 오 목사님은 자신의 표절 사실을 인정하고 용서를 구해야 한다고 생각합니다. 이는 거짓된 학력으로 교회를 섬겨 왔기 때문에 교회를 속인 죄에 해당합니다.

3. 지금까지 모든 것을 가리기 위해서 거짓말을 한 죄를 회개해야 한다고 생각합니다. 하나님 앞에는 물론이지만 이는 또한 교인들을 속인 것이기 때문입니다. 이동원 목사님께도 거짓말한 것 사과하세요.

지난 주간에 묵상한 큐티 본문이 왕하 22:13-28이었습니다. 아합 왕이 여호사밧 왕과 함께 전쟁에 나가기 전에 선지자들을 불러서 전쟁에 나갈 여부를 선지자들을 불러 물어봅니다. 400명의 거짓 선지자들은 왕의 귀에 듣기에 좋은 소리만 합니다. 그러나 미가야는 오직 하나님께서 주시는 말씀만 하겠다고 맹세합니다. 미가야가 준 말씀은 아합의 귀를 거스르는 말이었습니다. 아합을 꾀어 죽이겠다는 천상 회의의 내용을 말합니다. 아합이 들을 리가 만무하지요. 거짓 선지자 시드기야는 미가야의 뺨을 치면서 "여호와의 영이 나를 떠나 어디로 가서 네게 말씀하시더냐"(24절)라고 합니다. 아합은 화를 내면서 미가야를 옥에 가둡니다. 아합은 참선지자 미가야의 말을 듣지 않고 전쟁에 나갔다가 결국 전사하게 됩니다.

참된 말은 때로는 귀에 거슬립니다. 그러나 여기에 생명이 있는 것,

잘 아시잖아요? 제가 제시한 것이 비성경적인가요? 비성경적이라면 말해 보세요. 하루빨리 실행하길 간곡히 부탁드립니다.

아합 치하의 미가야 선지자나 예루살렘 멸망 전 예레미야나 어느 선지자가 핍박을 받지 않았습니까? 이들은 바른 소리를 했다가 결국 어려움을 당했습니다. 이들은 멸시를 당하였고 감옥에 들어가기도 했습니다. 그러나 하나님의 계시대로 모든 일은 이루어졌습니다. 저는 한국교회의 무너진 도덕성 회복을 위해서 미가야나 예레미야가 당한 어려움을 당할 각오를 하고 있습니다. 특별히 한국교회의 도덕성이 무너져 반드시 하나님의 정의와 공의가 이 땅에 세워져야 세상으로부터 손가락질을 당하지 않게 된다고 믿습니다.

부자 계승의 문제, 간음죄 문제, 교회 헌금 유용의 문제, 표절/대필의 문제 등 대부분 대형 교회 목사들이 주도하고 있으니, 하나님께서 얼마나 마음이 아프시겠습니까? 지난 주간에는 목사가 몰카까지 들고 다니면서 야한 장면을 찍어 인터넷에 올렸다가 적발되기도 했고, 목사 중에 포주가 나오지 않나…! 어떻게 해서 한국의 목사들이 이 지경이 되었습니까? 저는 사회 속에서 목사라는 신분을 밝히기가 너무나 부끄럽습니다. 이런 말씀을 드려도 논문 표절에 대해서 변명하시겠습니까? 계속 자기 합리화만 하겠습니까?

혹시 이 글을 읽으시고 다른 방법으로 압력을 행사하려고 하지 마세요. 문제가 더 커질 수 있습니다. 지금까지 목사님이 법적인 조치를 취한다고 하면서 문제는 더 복잡하게 되었습니다. 그것도 조사위원회까지 만들어서 간접적 엄포를 놓고!! 저도 처음에는 논문을 읽을 생각을 하지 않았지만, 저 자신을 위해서라도 꼭 읽어야겠다고 결심했습니다. 반드시 하나님의 방법대로 하세요. 제가 위에 제시한 3가지가 가장 성경적인 방법이라고 생각합니다. 빠른 조치를 기대하겠습니다.

주안에서

김진규 드림

부록 ③ 2013년 3월 13일 사랑의교회 당회 대책위원회 보고서

담임목사 학위논문 표절 관련 진상 규명 및 권고

2013. 03. 13.
담임목사학위논문관련대책위원회

I. 대책위원회 활동 경위

1. 대책위원회 구성

당회는 2013년 2월 13일 임시당회에서 다음과 같이 결의하고 당회원 7인(옥인영, 백형선, 오성욱, 이상진, 강영배, 노정현, 오일환)으로 담임목사논문표절관련대책위원회(이하 대책위원회)를 구성하였다.

① 사랑의교회 당회는 담임목사의 논문과 관련하여 제기된 문제를 처리하기 위해 사랑의교회 장로 7인으로 대책위원회를 구성하기로 하다.
② 대책위원회의 활동 기간은 2월 14일부터 3월 13일까지 1개월로 하기로 하다.
③ 대책위원회의 활동 범위는 철저한 진상 규명과 사후 처리 대책의 강구이다.
④ 사랑의교회는 제자 훈련 목회 철학을 통해 세상에서 빛과 소금의 역할을

온전히 감당하는 주님의 제자로서 이 같은 과정이 공동체를 새롭게 하고 주님이 기뻐하시는 교회가 되도록 기도하기로 하다.

2. 활동 원칙

대책위원회는 2013년 2월 15일 제1차 회의에서 '진리와 사랑의 원칙' 하에 논문 표절 진상 조사fact-finding를 먼저 진행하고, 이후에 대책 방안을 마련하기로 결정하고, 교회 홈페이지에 우리의 입장을 게시하였다.

대책위원회에서 드리는 말씀

담임목사의 학위논문과 관련하여 2013년 2월 13일 사랑의교회 당회에서 선임한 장로 7명으로 구성된 대책위원회는 '진리와 사랑의 원칙'으로 이번 사태의 진상을 규명하고 사후 처리를 위한 대책을 마련함으로써 교회를 바로 세우는 데 진력할 것임을 천명합니다.

이번 고난을 통하여 사랑의교회가 제자 훈련하는 교회답게 세상 앞에 더욱 성숙한 모습을 보이기를 소망합니다.

2013년 2월 18일

대책위원회 일동

3. 활동 내용

1) 담임목사 학위논문 표절 문제와 관련하여 오정현 담임목사를 비롯한 관련자(권영준 장로, 고성삼 목사, 고직한 선교사, 이화숙 권사, 홍정길 목사, 이동원 목사, 김진규 교수, 옥성호 집사, 전윤식 장로, 한기수 장로, 노정현 장로, 김주수 서기장로, 김동선 사역장로회장)에게 질의서를 발송하였으며, 이 가운데 김주수 장로, 김동신 장로를 제외한 모든 답변서를 받아 진상 규명의 기초 자료로 사용하였다.

2) 대책위원회 명의로 포체스트룸대학에 표절 여부, 표절 의혹 제기 시 진행하는 일반적인 절차, 2012년 9월 27일 Specialist Committee 의 결정에 대한 배경 등을 묻는 공식 서한을 발송하였고, 대학으로부터 2013년 5월 초 공식적인 답변을 주겠다는 답신을 받았다. 또한 Biola대학 총장과 Wilkins 교수에게도 공식 질의서를 발송하였으며 현재까지 답신을 받지 못하였다. 이들 모든 공식 서한의 번역은 객관성과 공정성을 확보하기 위하여 외부 전문가(한국외국어대학교 통번역대학원 곽중철 교수)에게 의뢰하였다.

3) 담임목사 학위논문 표절 여부의 객관성을 확보한다는 차원에서 미국의 논문 표절 검사 회사가 제공하는 프로그램을 통해 표절 여부와 정도를 규명하고자 하였으나 해당 회사의 판독을 위한 Database 에 해당 학위논문 참고문헌 관련 자료가 충분히 확보되지 않은 것으로 판단되어 보류하였다.

4) 대책위원회는 권영준 장로의 조사위원장 자격의 범위와 시한에 대한 규명을 위해 김주수 서기장로, 김동신 사역장로회장, 그리고 조

사위원회 위원 전원의 의견을 청취하였으며, 당회원 가운데 3명의 변호사(김병재 장로, 백현기 장로, 오세창 장로)의 자문을 거치는 방식을 취하도록 하였다. 그러나 이들 가운데 김주수 서기장로, 김동선 사역장로회장, 백현기 장로의 답신을 받지 못하였다.

5) 대책위원회는 2013년 2월 15일 제1차 회의에서 당일부로 관련자들에게 인터넷 및 SNS 매체에 논문 표절 문제와 관련한 일체의 자료를 배포하는 행위를 자제토록 권고할 것을 결의하였다. 또한 2013년 2월 20일 제3차 회의에서도 문제 해결을 어렵게 한다는 점을 고려하여 이해 당사자들이 교회 대내외 활동에 있어서 이번 사태와 관련한 개인적 언급을 자제토록 통보하기로 하였으며, 2월 27일 제7차 회의에서는 2월 24일자 〈NEWS우리〉 게재 내용 및 권영준 장로 이메일 발송 방식에 대한 권고문을 작성하고, 이를 담임목사, 권영준 장로, 김은수 목사, 〈NEWS우리〉 박승호 편집장에게 발송하였다. 그 내용은 다음과 같다.

대책위원회에서 드리는 말씀

담임목사학위논문관련대책위원회는 2013년 2월 24일자 사랑의교회 〈우리〉지 제4면에 게재된 내용에 대해 적지 않은 우려를 표합니다. 왜냐하면 TF조사위원회 보고서에 관한 당회의 입장은 '공식적으로 볼 수 없다'는 것뿐임에도 불구하고, 당회가 마치 조사위원회의 자격과 조사보고서를 전면적으로 부인하는 것처럼 표현되었으며, '한국교회언론회'의 2월 8일 자 논평을 일방적으로 게재한 것은 사랑의교회 성도들의 인식을 편파적으로 유도하여 성도들이 혼란에 빠질 소지가 있기 때문입니다.

또한 이와 관련하여 대책위원회에 제출된 권영준 장로의 의견이 참조로 하여 모든 당회원들에게 전달되고 있는 것에 대해서도 우려를 표합니다.

이러한 사안들은 이번 사태의 진상을 객관적으로 규명하고, 공정한 사후 처리 대책을 마련함으로써 교회를 바로 세우고자 하는 당회의 노력에 방해가 되는 것입니다. 따라서 대책위원회는 당회를 대신하여 대책위원회의 활동이 끝나고 당회의 공식적인 입장이 발표될 때까지 이러한 행동을 자제하여 주시기를 다시 한 번 권하는 바입니다.

2013년 2월 27일

대책위원회

6) 또한 위의 내용을 정정하는 내용의 일환으로 〈NEWS우리〉에 즉각적으로 게재토록 하였으나 3월 10일 자 결호로 말미암아 관련 내용을 3월 17일 자에 게재하기로 하였으며, 공백을 줄이기 위해 사랑의교회 홈페이지 공지사항에 관련 내용을 게시하였다.

7) 2013년 3월 13일 당회에 제출할 보고서 가운데 진상 규명에 따른 대책안과 관련하여 담임목사의 경우는 표절 여부 및 도덕성 문제를, 권영준 장로의 경우는 절차 문제를 핵심으로 다루기로 하였으

며, 고성삼 목사와 박승호 편집장에 대한 권고 내용을 포함하기로 하였다.

II. 담임목사 학위논문 표절 의혹 사실관계

2012년 6월 백석대학 김진규 교수의 페이스북에 오정현 담임목사의 논문 대필 및 표절을 유추할 수 있는 글이 게재되면서 시작된 오정현 담임목사의 박사 학위논문의 표절 의혹 관련하여 대책위원회에서 확인한 사실관계를 요약하면 다음과 같다.

- 2012. 6. 20. 이전 백석대 김진규 교수가 페이스북에 담임목사의 논문 대필/표절을 유추할 수 있는 글을 올리고, 올린 글이 인터넷 사이트 '하우사랑'에 게재되면서 확산.
- 2012. 6. 21. 김진규 교수의 글을 접한 옥성호 집사가 당회 서기 및 당회원들에게 보낸 메일을 통하여 당회에서 조사하여 줄 것을 요청.
- 2012. 6. 24. 운영장로 간담회에서 4인 장로로 '담임목사학위관련TF팀'(이하 조사위원회라 함) 구성(권영준, 전윤식, 한기수, 노정현).
- 2012. 6. 24. 고성삼 목사가 포체스트룸대학의 논문 지도 교수인 Venter 교수에게 논문의 작성 및 심사 과정을 확인 요청하는 메일 발송.
- 2012. 6. (일자 미상) 담임목사가 홍정길 목사에게 김진규 교수를 만나 설득해 줄 것을 요청.

- 홍정길 목사가 오정현 목사에게 "영어가 안 되지 않냐?"라는 물음에 담임목사가 "내가 한글로 논문을 썼고 아내에게 영어 번역 도움을 받았을 뿐으로 논문은 내 글이 확실하고 표절이나 대필이 아니다"라고 대답함(자료: 홍정길 목사 답변서).

■ 2012. 7. 1. 조사위원회 위원 담임목사 면담.
 - **권영준 장로**: 오정현 목사로부터 "의혹 제기에 대하여 용납할 수 없다"는 입장을 들었으며 "추후에 부정직한 증거가 나오면 사랑의교회 담임목사직에서 사퇴하겠다"고 언급하였음 (자료: 2012. 7. 8. 조사위원회의 조사보고서).
 - **담임목사**: "논문 대필에 대한 의혹 제기가 터무니없다는 것을 알아달라는 의미에서 한 표현이었지 담임목사직을 사퇴하겠다"고 말하고자 함이 아니라고 함(자료: 오정현 목사 답변서).

■ 2012. 7. 1. 조사위원회에서 '출판 및 집필에 관한 규정'을 제정하기로 합의.

■ 2012. 7. 1. 황의각 장로가 논문을 한글로 쓰고 영어로 번역하여 지도교수의 지도를 받았다는 이야기에 의문을 제기하는 내용의 이메일을 당회원들에게 발송.

■ 2012. 7. 2. 담임목사가 당회원들에게 입장을 밝히는 메일 발송.
 - **담임목사**: "논문은 직접 작성하였으며 한글로 초록을 쓰고 이를 다시 영어로 옮겼다는 말은 절대 사실이 아니며 있을 수도 없는 일"이라고 언급.

■ 2012. 7. 2. 황의각 장로가 재차 질문하며 담임목사 면담을 요청하는 메일을 담임목사 및 당회원들에게 발송.

- 2012. 7. 7. 아침 홍정길, 이동원 목사가 김진규 교수를 만나 사랑의교회와 당회에 직접 방문하여 사과하도록 권면.
  - 김진규 교수: "김진규 교수가 직접 사과하지 않으면 법적 조치를 취할 수 있다"라는 담임목사의 말을 이동원 목사를 통해서 들었음(자료: 김진규 교수 답변서).
- 2012. 7. 8. 담임목사가 권영준 장로에게 김진규 교수가 사과하러 온다는 것을 전하며 만나 줄 것을 요청.
- 2012. 7. 8. 조사위원회 위원 4인은 원로목사실에서 김진규 교수를 만나 사과한다는 말을 듣고 김진규 교수 본인이 직접 작성한 사과문을 접수.
- 2012. 7. 13. 당회에서 김진규 교수의 사과문을 증거자료로 첨부한 조사위원회의 보고서를 김주수 서기장로가 낭독하였으며 백현기 장로가 "이 보고로 TF팀의 임무는 종료되는 것인가?"라고 질문하자 김주수 서기장로는 "추가적인 내용이 있으면 더 필요하다면 활동하겠지만 현재로서는 보고로서 끝내도록 하겠다"라고 답변.
- 2012. 7. 29. 조사위원회에서 '출판 및 집필에 관한 규정' 초안을 확정.
- 2012. 8. 1. 담임목사, 서기장로, 법제위원장에게 확정된 '출판 및 집필에 관한 규정' 초안을 메일로 발송.
- 2012. 8. 5. 운영장로회에서 '출판 및 집필에 관한 규정'의 제정을 연말 당회 이후로 미루기로 함.
- 2012. 8. (일자 미상) 김진규 교수 2차례에 걸쳐 담임목사에게 논문 사본을 요청하였으나 받지 못하고 옥성호 집사로부터 입수하

여 표절 사실 확인.

- 어느 변호사가 김진섭 백석대 부총장을 찾아와 인터넷 사이트 '하우사랑'에 게재된 김진규 교수의 글을 내리지 않으면 법적인 조치를 취할 수 있다라고 한 말을 김진섭 백석대 부총장이 김 교수에게 전하는 등 위협적 분위기를 느낀 김 교수는 법적 대응을 위하여 담임목사의 논문을 읽기로 하고 이를 입수, 읽다가 표절 사실을 확인하게 되었음(자료: 김진규 교수 답변서).

- 2012. 8. 24. 김진규 교수가 권영준 장로에게 논문 표절 사실을 알리는 메일 발송.

- 2012. 8. 25. 김진규 교수가 이동원 목사에게 논문 표절 사실을 알리는 메일을 발송.

- 2012. 9. 2. 김진규 교수가 담임목사에게 논문 표절 사실을 알리고 회개를 촉구하는 메일 발송.

- 2012. 9. 3. 담임목사는 권영준 장로에게 전화로, 김진규 교수와는 만나서 '신중히 처리하여 줄 것'을 당부(자료: 권영준 장로, 김진규 교수 답변서).

- 2012. 9. 6. 김진규 교수가 권영준 장로에게 '당분간 조사를 중단할 것'을 권유하는 메일 발송(자료: 2012. 9. 2. 김진규 교수의 이메일).

- 2012. 9. 9. 권영준 장로가 옥성호 집사를 통하여 Wilkins 교수에게 저서의 인용을 허락하였는지 사실 확인을 요청하는 메일 발송.

- 2012. 9. 9. 이전 고성삼 목사는 포체스트룸대학을 통하여 논문 지도 교수인 Venter 교수로부터 논문 작성 심사 과정에 관한 답신을

받음.

- 2012. 9. 9. 고성삼 목사는 포체스트룸대학에 김진규 교수가 제시한 표절 내용을 알리며 수정할 방법을 알려 달라고 요청하는 메일 발송.

- 2012. 9. 10. 옥성호 집사는 윌킨스 교수로부터 저서의 인용을 허락하지 않았으며 담임목사를 알지 못한다는 내용의 메일을 받음.
  - 담임목사: 대책위원회에 제출된 답변서에 Wilkins 교수 강의 수강 내역 사본 (John Oh로 표기되었음)을 첨부하였으며 "I don't believe that I know him"을 '나는 그를 전혀 모른다'라고 번역한 것에 대하여 유감을 표명함.

- 2012. 9. 27. 고성삼 목사는 포체스트룸대학으로부터 의도적으로 한 것이 아니라는 결과와 논문의 수정 방법을 알리는 메일 받음.

- 2012. 11. 23. (포체스트룸대학 메일에는 20일) 고성삼 목사는 포체스트룸대학을 방문하여 수정한 논문 2부를 전달.

- 2012. 11월 말-12월 초(일자 미상) 권영준 장로가 한기수 장로에게 김진규 교수로부터 표절에 관한 자료를 받았다고 언질을 줌.

- 2012. 12. 9. 권영준 장로가 고직한 선교사, 이화숙 권사에게 논문 표절 사실을 알리며 기도 부탁.

  (보고서 원문에는 2012. 12. 9. (일자 미상)으로 표기돼 있으나 '(일자 미상)'은 오기로 보임. - 편집자 주)

- 2012. 12. 22. 권영준 장로가 담임목사를 면담한 자리에서 담임목사로부터 "논문은 자신이 직접 작성한 것이며, Wilkins 교수

와는 잘 아는 사이로 저서 인용 허락을 받았는데 실수로 acknowledgement에 이름을 빠뜨렸으나 최근에 양해를 얻었고, 대학과 상의하여 논문을 보완 다시 제출하는 것을 추진하고 있어 그 결과를 기대하고 있으며, 더 이상의 표절 의혹 부분은 없다"는 말을 들었음.

- 2013. 1. 19. 이전 권영준 장로가 홍정길 목사를 만나 표절 사실을 알림.
- 2013. 1. 19. 권영준 장로는 이동원 목사에게 전화로 담임목사의 표절 사실과 표절이면 사임하겠다고 말한 담임목사의 언급과 그 기록이 당회 회의록에 있음을 알리고 이동원 목사로부터 교회와 담임목사가 win-win할 수 있는 가능한 방법에 대하여 상의함.
- 2013. 1. 27. 오후 2시 조사위원회 위원인 한기수 장로와 노정현 장로를 만나(전윤식 장로는 불참하며 그 결과에 따르겠다는 문자 전송) 그간 경위를 설명하고 논문을 보여 주며 표절 사실을 설명하였고 참석한 위원들은 표절 사실을 인정함.
- 2013. 1. 27. 오후 3시 30분 권영준 장로는 이화숙 권사와 함께 담임목사를 면담하여 표절 사실을 설명하고 이동원 목사가 건축 문제를 들어 자발적으로 사임할 것을 권하였다고 전했고, 담임목사는 김진규 교수가 지적한 부분을 수정한 논문을 제시하며 "김진규 교수가 표절로 문제 삼은 부분은 이번에 새로 고쳤으므로 앞으로 문제될 것이 없다", "바이올라대학교 총장을 통하여 윌킨스 교수의 허락을 받았다"고 말함(자료: 2013. 1. 27. 대화록, 이화숙 권사 답변서).

- 담임목사: 2월 10일 주일예배 시 "건축으로 인해 사회적 논란을 일으킨 것에 대해 책임지고 사임을 하면 저의 논문 문제는 덮어 주겠다고 하면서 48시간 내에 사임을 하지 않으면 이 사실을 언론에 공개하겠다"라고 말함.

- 담임목사: "논문을 보완하고 있던 과정 중 바이올라대학 총장이 왔기에 윌킨스 교수의 인용 문제를 이야기하니 자신이 알아보겠다고 하여 양해가 된 것으로 알고 수정된 논문의 acknowledgement에 윌킨스 교수를 넣었다"라고 대책위원회에 답변(자료: 오정현 목사 답변서).

■ 2013. 1. 27. 오후 9시 담임목사 부부는 이동원 목사 부부, 홍정길 목사와 만나 자문을 구하였고 두 목사는 '당회에 사의를 표할 것'을 권함(자료: 답변서, 이동원 목사 답변서).

■ 2013. 1. 27. 늦은 밤 권영준 장로는 전화로 당회 서기장로에게 표절 사실과 담임목사와의 면담 내용을 설명함.

■ 2013. 1. 28. 담임목사는 고직한 선교사를 만나 "앞으로 채로운 차원에서 보다 더 협력하여 사역하자"라고 말함.

■ 2013. 1. 28. 고성삼 목사는 고직한 선교사에게 옥한흠 목사의 논문의 대필을 언급함.

■ 2013. 1. 28. 고성삼 목사는 전화로 고직한 선교사에게 옥한흠 목사님의 논문도 자신이 대필하였는데 왜 문제 삼지 않느냐고 말함.

■ 2013. 1. 29. 김주수 서기장로는 한기수 장로와 노정현 장로에게 논문의 표절 사실을 담임목사에게 확인시켜 줄 것을 요청하여 두 장로는 서기장로와 함께 건축위원장 사무실에서 담임목사

를 만나 조사위원회 위원으로서 볼 때 표절이 확실하다고 말함.

- 2013. 1. 29. 권영준 장로와 김동신 장로 만남. 김동신 장로의 제안으로 1주일간 기도회를 갖기로 함.
- 2013. 1. 29. 고성삼 목사는 홍정길 목사에게 전화로 "옥한흠 목사의 논문을 대필하였기에 양심선언을 할 수밖에 없다"고 말함(자료: 홍정길 목사 답변서).
- 2013. 1. 30. 고성삼 목사는 포체스트룸대학에 학교 로고가 표시된 공식 문서로 답변해 줄 것을 요청하는 메일 발송.
- 2013. 1. 30. 일주일간 장로회 새벽 기도로 모임.
- 2013. 1. 31. 권영준 장로 '담임목사의 박사 학위논문의 표절 문제 조사 결과 보고 및 사임 표명의 조건 성취에 따른 후속 절차에 관한 처리 요청'이라는 제목의 메일을 당회원들에게 발송.
- 2013. 2. 1. 포체스트룸대학은 고성삼 목사에게 2012. 9. 27. 보낸 메일을 대학교 레터헤드를 사용, 서명하여 다시 보내옴.
- 2013. 2. 3. 권영준 장로는 포체스트룸대학에 표절 추가 발견 내용을 알리며 다시 조사하여 줄 것을 요청하는 메일 보냄.
- 2013. 2. 3. 권영준 장로는 바이올라대학 총장에게 윌킨스 교수의 논문 인용 허락을 대신 받아 주었는지 여부를 확인 요청하는 메일 보냄.
- 2013. 2. 6. 당회 간담회 개최하여 권영준 장로의 보고서는 당회의 공식 보고서가 아니라는 내용이 포함된 '사랑의교회 당회의 입장' 채택.

- 2013. 2. 7. 권영준 장로는 바이올라대학 법무담당으로부터 "총장 Corey 박사는 이번 사건의 전후를 막론하고 이러한 저작물들을 사용하는 것을 허락한 바도 없고, 법적으로 허락할 수도 없는 것이다", "Wilkins 박사의 저작물이든 누구의 것이든 간에 그러한 행위(총장을 통해 허락받았다는 주장)는 법의 테두리에서 벗어나는 일입니다"고 하며 담임목사의 주장을 부인함.

- 2013. 2. 9. 권영준 장로는 포체스트룸대학으로부터 추가된 표절 제기에 대하여 재조사할 것이라는 메일 받음.

- 2013. 2. 10. 담임목사 주일예배 말미에 성도들에게 사과하고 권영준 장로와의 2013. 1. 27. 면담 시 대화 내용을 언급.

- 2013. 2. 12. 권영준 장로는 포체스트룸대학에 표절 리스트를 제시하며 조사하여 줄 것을 촉구하는 메일 발송.

- 2013. 2. 13. 고성삼 목사 포체스트룸대학 방문하여 대학의 특별위원회에서 상황 설명.

- 2013. 2. 13. 임시당회 개최하여 7인 장로로 대책위원회 구성(옥인영, 백형선, 오성욱, 이상진, 강영배, 노정현, 오일환)하였고, 대책위원회는 2013년 3월 13일까지 한 달간의 기간 동안 진상 규명과 사후 처리 방안을 마련하기로 함.

- 2013. 3. 10. 오정현 담임목사는 대책위원들에게 아래와 같은 내용의 이메일을 보냈음.

대책위원회에 드리는 글

1. 저의 학위논문을 포함하여 이로 인해 일어난 모든 문제는 저의 잘못으로 비롯된 것으로 하나님께 전적으로 회개하며 모든 교인들에게 용서를 구합니다.
2. 저의 교만과 부덕으로 사랑의교회에 여러 가지 논란을 가져온 것을 책임지고 모든 것을 내려놓겠으니 당회에서 논의하여 주시기 바랍니다.
3. 향후 어떠한 결정이 있더라도 저는 이제부터 한 생명을 귀중히 알고 살리는 제자 훈련의 정신을 기초로 한 사역에 전심을 쏟을 것을 결심하며 다음과 같은 구상을 추진하겠습니다.

    가. 설교와 제자 훈련 등 교회 내 사역과 국내 사역에 더욱 집중하겠습니다.
    나. 교회 재정과 행정은 진행 중인 ECFA를 통해서 투명성을 더욱 확대되도록 노력하겠습니다.
    다. 대내외 사역 활동의 선택과 집중에 역점을 두고 사역 활동을 정리해 나가겠습니다.
    라. 한국 기독교계의 발전을 위한 활동을 적극 지원하도록 하겠습니다.

주후 2013년 3월 10일
사랑의교회 담임목사 **오정현**

- 2013. 3. 12. 오정현 담임목사는 대책위원들에게 아래와 같은 내용의 이메일을 보냈음.

> 교회가 어려운 상황으로 가는 것을 담임목사로서는 더 이상 지켜볼 수 없어 다음과 같은 입장을 표명합니다.
>
> 1. 제 박사 학위를 내려놓겠습니다.
> 2. 제 논문에 부족한 부분이 있었습니다.
> 3. 이 모든 일에 있어 하나님 앞에서 전적으로 회개하며, 그동안 고통받은 사랑의교회 성도들께 진심으로 사과드립니다.
>
> 주후 2013년 3월 12일
> **오정현 드림**

III. 주요 쟁점 사항에 관한 대책위원회 판단

1. 오정현 담임목사 박사 학위논문 표절 의혹

오정현 목사는 1998년 남아프리카공화국 소재 포체스트룸대학에서 박사 학위를 취득하였다. 이 과정에서 제출한 박사 학위논문은 의도적이든 아니든 여러 저서의 일부를 심각한 정도로 표절한 것이라고 판단한다. 이는 '담임목사논문관련TF' 4인 위원의 일관된 의견, Wilkins 교수의 확인, 그리고 포체스트룸의 답변서와 논문 수정 제출, 오 목사가 개인적으로 의뢰하여 평가한 보고서("오정현 목사의 소위 '논문 표절' 시비에 대한 기초 평가")의 내용을 종합한 결과이다.

현재 2012년 9월 27일 표절 의혹 문제를 다룬 후 추가 의혹이 제기되자 다시 소집된 포체스트룸대학의 Specialist Committee가 이 문제를 재심의하고 있다고 하고, 대책위원회는 그간 절차의 적합성과 추가로 제기된 표절 의혹을 반영한 공식적인 대학의 결정을 기다리고 있다. 5월 초에 포체스트룸대학의 공식적인 답변이 있을 것으로 예상되나 이와 관계없이 표절 그 자체는 부정할 수 없다고 판단된다.

1) 논문 표절

2012년 6월 24일 운영장로회에서 현직 교수 4인으로 구성된 '담임목사논문관련TF'(이하 조사위원회라 함) 위원 모두가 표절임을 인정하였다. 또한 "의도적인 표절을 하지 않았다(he did not intentionally refrain from ……)"라고 한 2012년 9월 27일 포체스트룸대학의 Specialist Committee 결정문도 표절 자체를 부정하지 않았다고 판단된다(자료: 2013. 2. 1. 포체스트룸대학 공문). 더욱이 이러한 사실을 떠나서 표절 의혹이 제기된 일부 내용은 다른 서적의 일부를 그대로 복사하여 재구성한 것임을 일반인도 알 수 있을 정도이기 때문이다. 아울러 Wilkins 교수가 옥성호 집사를 통한 답변에서도 "자신의 저서와 놀랄 만큼 유사하다(much there seems to bear striking similarity to excerpts from my book Following the Master)"라고 언급한 것도 표절의 증거로 충분하다고 판단된다(자료: 2012. 9. 10.

Wilkins 교수 이메일).

그리고 오정현 목사가 개인적으로 외부 학자와 목회자들(평가자가 누구인지 밝히지 않았음)에게 의뢰하여 받은 평가 보고서("오정현 목사의 소위 '논문 표절' 시비에 대한 기초 평가")에서 "표절 부분이 18개에 지나지 않으며 페이지 단위로 볼 때 0.75%밖에 되지 않는다"는 것과 2012년 9월 27일 포체스트룸대학 위원회에서 내린 "의도적인 표절이 없다"라는 것을 근거로 표절이 문제가 되지 않는 것처럼 말하고 있으나 이러한 평가 결과는 학자의 전문가적 견해라고 받아들이기는 힘든 편향된 의견이라고 판단된다(자료: 오정현 목사 답변서).

2) APA(American Psychological Association)의 규정 적용에 대한 견해

오정현 목사는 수차례에 걸쳐 자신의 학위논문은 '미국 APA에서 규정하고 있는 논문 작성 기준에 따라 적절하게 작성하였다'고 하였다. 〈Publication Manual of the American Psychological Association(6th ed.)〉에서는 "Authors do not present the work of another as if it were their own work."라고 언급하며 "Whether paraphrasing, quoting an author directly, or describing an idea that influenced your work, you must credit the source. To avoid charges of plagiarism, take careful notes as you research to keep track of your sources and cite those sources according to the guidelines."라고 하고 있다. 또한 타인의 문헌 인용 지침에 따르면 40단어 이내일 경우 본문에 따옴표(" ")로 표시하고 출처를 표기하게 되어 있다. 또한 40단어가 넘을 경우 따옴표 없이 별도의 문단으로 기술하고 출처를 표기하도록 하고 있다. 오 목사의 논문에서는 이 지침에

따라 인용 부분을 기술한 곳도 있지만 표절 의혹으로 제기되고 있는 부분은 이러한 기준에 따르지 않은 것이다. 따라서 이를 모르고 의도적이지 않게 기술하였다는 주장은 설득력이 없다.

3) 포체스트룸대학 Specialist Committee의 결정 과정의 문제점

2012년 8월 김진규 교수에 의해 표절 의혹이 제기되자 오정현 목사는 고성삼 목사를 통해 포체스트룸대학에 아직 생존해 있는 주심 교수인 Venter 교수에게 이에 관한 의견을 물었다. 이에 대해 Venter 교수가 아프리카어로 작성한 의견을 School of Ecclesiastical Science의 Director인 Dr. Rantoa Letsosa에게 보내어 영문으로 번역하여 고 목사에 보내왔다(자료: Dr. Rantoa Letsosa의 이메일). 또한 이 내용과 함께 Director인 Dr. Letsosa는 "모든 학생은 자신의 논문이 자기 스스로 작성한 것이라는 서약oath을 해야 하고, 학교는 그 논문을 의심할 법적 근거나 이유가 없으며, 그렇지 아니한 경우는 본인이 책임져야 할 사항이다"라는 내용을 첨언하였다.

그 뒤 Dean of Faculty Theology인 Dr. Fika J. van Rensburg는 2012년 9월 27일 Specialist Committee의 결정을 고 목사를 통해 알려 왔다. 그 내용의 요지는 3인의 교수로 Specialist Committee를 구성하여 논의한 결과, 의도적으로 표절한 것은 아니라는 결론을 내렸다("Dr. Oh did not intentionally refrain from giving the consulted work credit and did not intentionally present Wilkin's findings as if these findings were his own."). 단, 이 당시의 논의는 제2장, 그리고 Wilkins 교수의 저서 한 권에서 제기된 의혹을 근거로 내린 것이다.

4) 논문 수정과 교체의 부적절성

오정현 목사는 대학 위원회의 recommendation에 따라 15년이 지난 시점에서 학위논문을 수정하여 다시 제출하였다고 하나, 이는 사회적 통념을 벗어나는 비정상적인 것이다. 또한 이미 사망한 부심 Dr. Coetzee 교수의 서명이 들어 있는 인증서를 그대로 복사하여 붙이는 것은 자칫 법적 논란을 일으킬 수 있는 심각한 행위이다. 아울러 Wilkins 교수의 서적에 대한 표절 문제가 제기되자 논문의 acknowledgement에 Wilkins 교수의 이름을 의도적으로 삽입했다는 의심을 받기에 충분하다. 그러나 이러한 Specialist Committee의 절차와 recommendation이 적법한 것인지는 대책위원회에서 포체스트룸대학에 질의한 내용에 대한 답변이 온 뒤에 판단할 수 있을 것이다.

2. 논문 표절 은폐 및 축소 의혹

오정현 목사는 2012년 9월 2일 백석대학교 김진규 교수로부터 오 목사의 박사 학위논문이 '표절해서 짜깁기한 것'이므로 이에 대해 회개를 촉구하는 메일을 받았다. 그 뒤 거짓말, 말 바꾸기 등과 문제 제기자들에 대한 회유 및 제3자를 통한 영향력 행사 등 세상적인 방법을 동원하여 문제를 축소 은폐하려는 시도를 하였다.

1) 거짓말과 말 바꾸기

최초 김진규 교수가 담임목사 학위논문 제2장에서 Michael Wilkins 교수의 저서 〈Following the Master〉에서 표절 의혹을 제기하자 "사전에 Wilkins 교수의 허락을 득했다"라고 했다. 그러나 Wilkins 교수에게 확인한 결과 이 말이 거짓으로 드러나자 이번엔 "Biola대학 총장을 통해 양해를 구했다"라고 말을 바꾸었으나 이 또한 사실과 다른 것으로 확인되었다(자료: Wilkins 교수 답신, Biola 대학법무관 답신). 오 목사는 대책위원회의 질의에 대한 답변서에서 "원래 논문을 작성하면서 타인의 저서나 논문을 인용할 때 허락을 받아야 하는 것은 아니므로 이 점에 대해 그렇게 의미를 부여할 일은 아니라고 생각한다"라는 견해를 밝히는 등 일관성 없는 입장을 보였다. 또한 "대부분의 논문에서 발생하는 표절은 비의도적 부주의로 생겼을 것이다. 표절에 대한 평가는 논문을 수여한 기관에서 판단하는 것이 원칙이다. 15년 전에 쓰인 논문에 최근의 가장 엄격한 기준을 적용하는 것은 몹시 의도적이고 작위적인 것으로 판단된다"(자료: 2013. 3. 5. 오정현 목사 답변서)라고 밝히며 자신의 표절은 큰 문제가 되지 않는 것처럼 말한 것은 사랑의교회의 담임목사로서 뿐 아니라 일반적으로 갖추어야 할 기본적인 윤리의식의 부재를 드러내는 것이다.

또한 오정현 목사는 2012년 7월 2일 장로들에게 보낸 메일에서 "학위논문은 제가 직접 영어로 작성하였습니다. 한글로 초록을 쓰고 이를 다시 영어로 옮겼다는 말은 절대 사실이 아니며 있을 수 없는 일입니다"라고 하였다(자료: 2012. 7. 2. 오정현 목사 이메일). 그러나 홍정길 목사의 증언에 따르면 오 목사는 논문을 한글로 작성하고 "영어 번역은 윤난영 사모의 도움을 받았다"고 하여(자료: 홍정길 목사 답변서) 결국 오 목사는 당회원 모두에게 사실과 다른 증언을 하였다. 아울러 오 목사는 2012년 7월 1일 학위 관련 조사위원들과 만난 자리에서도 표절이나 대필 의혹을 전면 부인했으며, "그 어떤 부정직한 증거라도 나온다면 사랑의교회 담임목사직을 사퇴하겠다"고 말하였고, 2012년 7월 13일 당회에서는 본인이 학위논문을 직접 썼다고 발언하였다.

2) 논문 수정과 교체를 통한 표절 감추기

오정현 목사는 포체스트룸대학에 접촉하여 대학의 권유(Dean of Faculty Theology의 요구에 의해 구성된 'Specialist Committee'의 recommendation)에 따라 해당 부분을 수정한 논문을 제출하여 교체하였다. 이는 통상적인 절차로 보기에는 어렵다. 더욱이 위원회 결정의 근거가 "일부 사람이 오 목사와 사랑의교회를 공격하려는 의도를 해결해야 한다"(⋯⋯ since the whole thing begin out of the motivation of attacking leadership, not only for Dr. Oh himself, but for the leadership at SaRang Church, and we, pastors, leaders of SaRang want this to be solved for good, once for all.)"는 차원에서 이루어진 것이라는 점에서 볼 때 해당 Committee의 결정은 합리적인 절차에 의해 이루어진 것으로 보기는 어렵다고 판단된다(자료: 2012. 9. 27. 고 목사에게 온 Dr. Rensburg의 이메일).

따라서 논문 수정과 교체는 포체스트룸대학의 recommendation에 따라 진행된 것이라고는 하나 오 목사가 고 목사를 통해 직간접적으로 대학 관계자에게 영향을 행사한 것으로 이해될 수 있다. 왜냐하면 1998년 작성 제출한 논문을 2012년 그 일부를 수정해 제출한 것은 표절한 것이 아니라면 굳이 할 필요가 없는 조치이며, 이 과정에서 고 목사는 남아공에 2차례(2012. 11. 23. 수정 논문 제출 목적, 2013. 2. 13. 심사위원회에 상황 설명 목적) 다녀오는 등 포체스트룸대학과 수차례 소통을 하였으며, 이 문제를 "공식적으로 다뤄 달라"고 하였다고 하지만 또한 "오 목사 사역에 지장이 있으니 도와달라"고 한 것은 당사자인 오 목사의 입장을 일방적으로 전달하며 표절 문제를 덮으려는 의도로 볼 수밖에 없다(자료: 고성삼 목사 답변서).

아울러 현재 대책위원회는 Specialist Committee 구성 과정과 이 위원회 recommendation이 공식적인 절차에 따른 것인지에 대학 당국에 문의한 상태로 대해 답신을 기다리고 있으므로 이 답변에 따라 절차와 논문 수정의 정당성을 좀 더 명확히 판가름할 수 있을 것이다. 그러나 대학 위원회에서 학위논문을 수정하여 다시 제출하라고 한 것은 사회적 통념을 벗어나는 비정상적인 것이며, 이미 사망한 부심 Dr. Coetzee 교수의 서명이 들어 있는 인증서를 그대로 복사해서 붙인 것과 논문의 acknowledgement에 Wilkins 교수의 이름을 의도적으로 삽입하는 등의 행동은 매우 부적절하다고 판단된다.

3) 회유와 제3자를 통한 영향력 행사

오정현 목사는 2012년 6월 자신의 논문 대필 의혹이 제기되었을 때 홍정길 목사와 이동원 목사에게 "의혹 제기 당사자인 김진규 목사를 설득해 달라"고 부탁을 하였다. 두 목사는 2012년 7월 7일 인터컨티넨탈 그랜드 키친 식당에서 조찬을 하며 '사랑의교회와 당회에 사과'하도록 권면한 일이 있다(자료: 이동원 목사 답변서). 또한 오 목사는 두 목사께 사과문이 아니라 '직접 조사위원회를 만나 사과해 주기를 부탁'하는 요청을 하게 되고 이에 따라 김진규 교수는 2012년 7월 8일 조사위원회에 출석하여 자신이 직접 다시 작성한 사과문을 제출하였다.

2012년 7월 8일 조사위원회에서 한 김진규 교수의 증언에 따르면 최초 사과문은 백석대학교 부총장(총장인지 부총장인지 확인되지 않음)에 의해 작성되고 김 교수가 싸인한 것이다.

2012년 9월 2일 표절 증거와 함께 회개를 촉구하는 김진규 교수의 메일을 받고 난 후 오정현 목사 부부는 2012년 9월 3일 김진규 교수를 만나 이야기를 나누었고, 그 뒤 김진규 목사는 권영준 장로에게 "저는 괜찮지만 백석학원 전체가 다칠 수 있다. ……(중략) 진정한 개혁을 위해서는 지금은 좀 참자", "일도 시작하기 전에 꼬꾸라지면 곤란하지 않겠습니까?"라고 하며 태도를 바꾸어 조사 중단을 권유하였다(자료: 김진규 교수 2012. 9. 6. 이메일).

이러한 태도 변화에 대한 김진규 교수의 답변에 따르면 김 교수는 2012년 7월 논문 대필 의혹 제기 후 "여러 경로를 통해서 법적인 조치(명예훼손죄)를 취하겠다는 위협과 암시"가 있었고, 이에 대한 대비 차원에서 오 목사의 논문을 재확인하게 되었다고 한다(이 과정에서 김진규 교수는 오 목사에게 논문 복사본을 요구했으나 거부되어 이에 옥성호 집사로부터 논문을 입수하여 검토함). 결국 김 교수는 표절의 증거를 찾아 2012년 9월 2일 이를 오 목사에게 알리고 회개를 촉구하였다. 그 다음 날인 2012년 9월 3일 김 교수는 오정현 목사의 연락을 받고 오 목사 부부와 만난 자리에서 오 목사는 논문 표절에 대한 언급은 없이 단지 눈물만 흘리는 모습을 보였고 이에 김 교수는 측은한 마음이 들어 "더 이상 조사하지 않겠다"고 했다고 하였다(자료: 김진규 교수 답변서).

고직한 선교사는 2013년 1월 28일 오전 오정현 목사의 일대일 면담 요청으로 오후 4시 당회장실에서 만났고, 이 자리에서 오 목사는 "앞으로 새로운 차원에서 보다 더 협력하여 사역하자"라는 말을 하여, 고 선교사는 이를 회유하는 것으로 받아들였다(자료: 고직한 선교사 답변서).

또한 2012년 12월 22일 오정현 목사와 권영준 장로가 일대일로 만나 표절 의혹 문제에 대한 의견을 나눈 후 동년 12월 26일 윤난영 사모가 "옳고 그른 것을 판단하는 교만이 하나님 앞에서 큰 죄이다", "교회를 온전히 세우는 것이 목회자에게 있어 가장 중요한 우선순위이며 저희의 명예보다 더 중요한 것은 저희가 하나님의 영광에 걸림돌이 되지 않기를 원하는 마음뿐이다"라는 말로 오 목사의 사역을 위해 참아 달라는 뜻의 이메일을 보냈는데, 이는 표절 의혹 문제를 무마하려는 시도로 인식될 수 있다.

만약 위에서 기술한 몇 가지 내용이 사실이라면, 이는 '교육과학부 연구 윤리 확보를 위한 지침' 제4조(연구 부정행위의 범위) 5항 "본인 또는 타인의 부정행위의 의혹에 대한 조사를 고의로 방해하거나 제보자에게 위해를 가하는 행위"에 해당하는 부정행위를 행한 것이 된다.

4) 편파적 시각 의도적 확대, 그리고 사랑의교회 위상 실추

오정현 목사는 2013년 2월 10일 주일예배를 통해 이 문제에 대해 사과와 유감의 뜻을 밝혔다. 그러나 이 과정에서 확실한 증거도 없이 이번 문제의 발단을 논문 표절에 대한 의혹 제기의 문제로 보기보다는 교회의 건축을 방해하고 담임목사직을 그만두게 하려는 의도를 가진 외부 사람의 함정으로 인식하고, 이러한 시각을 교인들에게 알리고 공감을 구하는 의도적인 행동을 하였다. 또한 대책위원회가 발족되어 진실을 파악하고 있는 중간 과정임에도 불구하고 한국교회언론희 발표문("처음부터 진실에 근거한 사실 확인과 아울러 잘못된 일을 바로잡으려는 시도가 아니므로 그 내막은 복잡해 보인다."라는 서문으로 시작하고, "이 사건은 시작부터 'frame'을 만들고 그 속에서 비슷하게 사실인 듯 보이는 내용들로 짜맞추기를 시도하고 있음을 알 수 있다."라고 기술한 2013. 2. 8. 논평: '사랑의교회 문제, 한국교회의 문제로 본다')을 〈NEWS우리〉의 발행인으로 2013년 2월 24일 자 4면에 게재하여 확실한 근거 없이 편파적인 시각에서 보도된 논평을 마치 사랑의교회 공식 입장인 양 보이게 하여 성도들을 혼란에 빠지게 할 소지를 갖도록 한 책임이 있다(자료: 2013. 2. 24. 〈NEWS우리〉, 2013. 2. 27. 대책위원회 경고문(2013. 3. 8. 사랑의교회 홈페이지 게재)).

3. 권영준 장로 조사 및 보고 절차의 부적절성

권영준 장로는 2012년 6월 24일 운영장로회의 의결로 구성된 조사위원회의 위원장으로 3인의 위원과 함께 당시 제기된 논문 대필 의혹을 조사하여 그 결과 '고 옥한흠 목사의 대필 의혹 발언을 근거로 김 교수가 추측해서 Facebook에 올린 것'이므로 대필에 대한 근거가 없다라는 내용의 보고서를 2012년 7월 13일 당회에 제출하였다. 그 뒤 조사위원회는 동년 7월 29일 '출판 및 집필에 관한 규정' 초안을 만들어 법제위원회에 제출하는 등의 위원회 활동을 하였다.

그 뒤 2012년 8월 24일 김진규 교수로부터 오정현 목사의 학위논문의 표절 의혹이 있음을 통보받았다. 그로부터 권 장로는 조사위원장이라는 자격으로 단독으로 표절 여부를 조사하였고, 조사 결과를 바탕으로 담임목사를 만나 몇 차례 회개를 촉구하는 발언을 하였다.

2013년 1월 27일에는 증인(이화숙 권사)을 대동하고 담임목사에게 2012년 7월 13일 임시당회에서 채택된 조사위원회 보고서에 기록된 "…… 그 어떠한 부정직한 증거라도 나오면 사랑의교회 담임목사직에서 사퇴하겠다"라는 발언을 근거로 이동원 목사가 건축 문제를 들어 자발적으로 사임할 것을 권하였다는 내용을 전하며 사임을 권고한 사실이 있다. 그러나 오 목사가 이를 받아들이지 않자 그동안 조사 과정과 조사 내용을 상세히 기술한 보고서를 이메일로 모든 당회원들에게 배포하였다. 이 이메일은 제3자에 의해 인터넷 매체를 비롯한 언론에 알려지고 이로 인해 사랑의교회와 기독교계에 큰 파장을 야기하는 결과를 가져왔다.

물론, 이러한 과정에서 권 장로는 정감 운동 담당 장로로서 부정직함을 밝히기 위해 열심히 노력한 사실과 성경적 방법에 따라 오 목사의 회개를 촉구하였다는 점, 그리고 사랑의교회와 한국교회가 피해를 입지 않을 방법을 찾기 위해 고뇌의 시간을 가지며 노력을 한 점은 인정되나 조사위원장, 당회원의 일원으로 지켜야 할 절차와 방법은 적절하지 못했다고 판단된다. 만약 권 장로가 담임목사의 명예와 교회를 모두 보호할 수 있는 더 지혜로운 방법을 택하였더라면 지금 사랑의교회가 겪고 있는 대대적인 혼란과 대외적인 파장을 줄일 수 있었을 것이다.

1) 조사위원회 운영의 부적절성

조사위원회 활동 시한에 대한 논란이 있기는 하나 권 장로가 2012년 8월 24일 김진규 교수로부터 오정현 목사의 학위논문 표절 증거에 대한 제보를 받고, 2013년 1월 27일 조사 내용을 보고하기 위해 위원회를 소집하기까지 거의 4~5개월 동안 일체의 모임을 갖지 않고 단독으로 문제를 조사를 진행하였다. 또한 그 결과를 바탕으로 사후 처리 방법까지 단독으로 결정해서 진행한 것은 '극도의 보안 유지'가 필요했기 때문이라고 해도 정당화하기에는 미흡하다고 판단된다. 특히 담임목사 임면에 대한 사안이기에 중요성과 비밀 유지의 필요성 때문이라고 주장하고 있으나 대필이 아닌 표절에 대한 사실은 이미 2012년 9월에 옥성호 집사에게 알려졌고, 당회 서기장로나 조사위원들을 배제하고 2012년 12월 9일 고직한 선교사와 이화숙 권사에게 담임목사의 표절 사실을 먼저 알린 것은 비밀 유지라는 주장과는 상반된 것이며, 위원들을 불신하고, 운영장로회나 당회를 무시한 행위라고 볼 수 있다.

2) 조사보고서 보고 절차상의 문제

2012년 7월 13일 임시당회에서 제출된 조사보고서는 조사위원들의 공식적인 확인 과정을 거쳐 날인해서 제출된 것인 데 반하여, 2013년 1월 27일 조사보고서에는 위원들의 확인 날인이 없으며 세 위원들 모두 표절 사실은 인정하나 조사위원회의 공식보고서로 인정할 수 없다고 답변하였다(3인 조사위원의 답변서). 이를 바탕으로 대책위원회는 권 장로에 의해 작성되고 배포된 보고서는 세 위원들이 사전에 공식적인 논의, 검토, 그리고 확인 과정이 없는 상태에서 권 장로 단독으로 작성하여 위원들과 논의 없이 일방적으로 당회원들에게 배포되었기 때문에 "위원회의 공식 보고서라 할 수 없다"고 한 2013년 2월 6일 당회의 결정이 적합하다고 판단한다.

권 장로는 자신이 조사위원장의 자격으로 조사를 진행하고 보고서를 작성하였다고 했고, 그 보고서를 당회에 공식적으로 보고하지 않고, 개인적으로 전 당회원에게 배포하였다.

권 장로는 담임목사 임면에 관한 중요 사항이라 비밀을 중요하게 생각하였다고 하면서 일방적으로 이메일로 당회원들에게 배포하였다. 그러나 권 장로가 제출한 2013년 1월 27일 '담임목사와의 대화록'에서 권 장로는 "담임목사에게 당회원들에게 제출된 옥성호 형제의 메일이 1주 만에 폭발적인 숫자인 2만 2000명이 넘었고 SNS에서는 연일 불이 붙어서 난리인 것을 알린 사실로 미루어 보아 외부로 공개될 것"이라고 말하는 등 그 결과를 충분히 예상할 수 있었다고 판단된다(자료: 2013. 1. 27. 15:30 오정현 목사와의 만남(대화 내용)). 더욱이 담임목사의 임면에 관한 중요한 사항이라면 당연히 당회에서 신중하게 논의되었어야 한다. 그 결과, 외부에 알려져 교회와 한국 교계에 파장을 초래하였다.

3) 담임목사 거취 관련 문제 언급의 부적절성

권영준 장로는 '담임목사는 대필이나 표절 시에는 담임목사직을 사임하기로 공언한 바 있으므로 표절 사실이 확인된 상황에서 이는 오정현 담임목사의 도덕성 실추에 의한 명예 손상과 교회에 올 수 있는 파장을 최소화하기 위하여' 홍정길 목사와 이동원 목사 두 분의 자문을 구하였다고 하였고, 두 분의 조언에 따라 2013년 1월 27일 담임목사를 찾아가 담임목사직의 사임을 권유하였다. 물론 오정현 목사가

2012년 6월 학위논문 대필 의혹이 제기되었을 때, 두 분 목사님의 도움을 요청한 바가 있기는 하나 이렇게 중요한 문제는 먼저 교회 내의 공식 기구인 당의, 아니면 최소한 조사위원회에서 논의가 있어야 했다. 또한, 오정현 목사의 담임목사 사임에 관한 중요 사안을 당회 또는 조사위원회가 아닌 외부 목사님들, 그리고 고직한 선교사, 이화숙 권사 등과 의논하고 시행한 것은 권 장로 본인이 스스로 '자신이 조사위원장의 자격'으로서의 권한을 벗어난 행위라고 판단된다.

4. 고성삼 목사의 부적절한 행동

고성삼 목사는 고 옥한흠 목사의 국제비서로 오랫동안 사역을 해 왔으며 현재 글로벌 사역을 담당하고 있는 사랑의교회 부교역자이다. 고 목사는 오정현 담임목사의 요청에 의해 2차례 포체스트룸대학을 직접 방문하는 등 대학 당국과 긴밀히 접촉하여 왔다.

  2012년 김진규 교수에 의해 논문 표절 증거가 제시되자 고 목사는 포체스트룸대학에 '온전히 오 목사와 사랑의교회를 공격하려는 의도"(…… since the whole thing begin out of the motivation of attacking leadership, not only for Dr. Oh himself, but for the leadership at SaRang Church, and we, pastors, leaders of SaRang want this to be solved for good, once for all.)"라는 내용의 이메일을 보내어 포체스트룸대학의 Specialist Committee의 결정에 영향을 주어 표절 문제를 축소 은폐하는 행위를 주도적으로 진행하였다. 또한, 권영준 장로에 의해 표절 증거가 추가로 제기되자 포체스트룸대학 관련 위원회에 가서 상황을 설명하는 등 표절 문제를 무마하려는 시도로

의심되는 행동을 하였다.

또한 담임목사의 표절 문제를 덮기 위한 압박 수단으로 홍정길 목사, 고직한 선교사, 김영순 사모 등에게 "오정현 목사의 논문 대필을 문제 삼을 경우 고 옥한흠 목사의 논문을 본인이 대필한 사실을 양심선언을 통해 밝히겠다"고 하였다. 이렇게 3차례에 걸친 발언 내용을 볼 때 우발적이라고 볼 수 없는 행위로 사랑의교회 명예를 실추시키고, 교회를 혼란에 빠뜨리는, 목회자로서는 해서는 안 될 매우 부적절한 행위로 판단된다.

IV. 관련자 조치 권고

1. 오정현 담임목사에 대한 조치 권고

1) 표절에 관한 견해

대책위원회는 담임목사가 1998년 남아프리카공화국 소재 포체스트룸대학으로부터 취득한 박사 학위논문이 여러 종의 저서 일부를 표절하였다는 결론에 도달하였다.

- 2012년 6월 24일 운영장로 간담회에서 구성한 "담임목사학위관련TF팀" 구성원(권영준, 전윤식, 노정현, 한기수 장로) 모두가 담임목사의 논문이 표절한 것이라고 합의한 사실 및
- 포체스트룸대학에서 2013년 2월 1일 자 Fika van Rensburg 교수 명의로 발송한 시선에서, 동 대학의 3인의 교수로 교수로 구성하여 논문을 검토한

Specialist Committee의 2012년 9월 27일 자 결론 또한 '의도적으로 참고문헌의 출처를 표기하지 않거나, 의도적으로 윌킨스 교수의 생각을 자기 자신의 것처럼 표현하지 않았다"는 의견서는 궁극적으로 의도성은 없다고 해도 표절한 것이 사실임을 반증하는 표현으로 판단하였다.

- 오정현 담임목사는 대책위원회 질의에 대한 2013년 3월 5일 자 답변서에서 "대부분의 논문에서 발생하는 표절은 비의도적 부주의로 생겼을 것이다. 표절에 대한 평가는 논문을 수여한 기관에서 판단하는 것이 원칙이다. 15년 전에 쓰인 논문에 최근의 가장 엄격한 기준을 적용하는 것은 몹시 의도적이고 작위적인 것으로 판단된다"고 밝혔으나 동시에 동 답변서의 첨부 자료를 통해 '표절로 제기된 문제 중에서 인정할 수 있는 사안은 총 68개 중 18개"라고 스스로 표절을 인정하였다.

- 포체스트룸대학 Dr. Rantoa Letsosa 교수는 모든 학생은 박사 학위를 받기 전에 논문이 본인의 저작임을 맹세하게 되어 있어, 논문이 본인의 저작이 아닐 것이라는 의심할 이유나 법적 근거가 없고, 그 맹세가 사실과 다를 경우 본인의 책임이라는 것을 밝힌 바 있다.

- 따라서, 대책위원회는 2013년 5월 9일경으로 예상되는 포체스트룸대학의 조사 결과 발표와 관계없이 오정현 담임목사의 박사 학위논문이 의도적이든 아니든 정도가 심하든 아니든 타인의 저서 일부를 표절하였다는 사실에는 변함이 없다고 판단된다.

2) 도덕성에 관한 견해

오정현 담임목사는 박사학위 논문에 대한 의혹이 제기된 이후, 정감 운동을 5대 사역 비전 중 하나로 삼고 "사회를 변혁하는 정감 공동체의 역할을 성실히 수행"한다고 정관에까지 명시하고 있는 사랑의교회 담임목사로서 합당하다고 보기 어려운 행동을 하였다.

- 2012년 7월 1일 운영장로회에서 선임한 조사위원회 4명의 위원(권영준, 전윤식, 노정현, 한기수 장로)과 만난 자리에서 표절이나 대필 의혹을 전면 부인하였고, "그 어떤 부정직한 증거라도 나온다면 사랑의교회 담임목사직에서 사퇴하겠다"고 발언한 사실이 있으며, 더 나아가 2012년 7월 13일 당회에서 이 발언을 확인하여 대필이나 표절의 의혹을 전면 부인한 바 있다.
- 그러나 그 이후, 1998년 작성한 논문을 2012년에 총 5페이지가량 수정하는 등 표절한 것이 아니었다면 굳이 행할 이유가 없는 불필요한 조치를 취하였고, 수정 당시에는 생존해 있지 않은 논문 부심 Coetzee 교수의 서명까지 다시 복사하여 붙이는 등 논문의 수정과 서명에 있어 사회적 통념에 반하는 전혀 정상적이라고 볼 수 없는 방법을 취한 사실이 있다.
- 오정현 담임목사는 2012년 7월 2일 자로 장로들에게 보낸 메일을 통해 "학위논문은 제가 직접 영어로 작성하였습니다. 한글로 초록을 쓰고 이를 다시 영어로 옮겼다는 말은 절대 사실이 아니며 있을 수 없는 일입니다"라고 밝혔으나, 다른 사람에게는 "내가 한글로 모든 논문을 썼고, 아내에게 영어 번역 도움을 받았을 뿐이므로 이 논문은 내 글이 확실하다. 대필도 표절도 아니라 번역 도움 받은 것밖에 없다"라고 엇갈린 주장을 한 사실이 있다.
- 담임목사는 2012년 12월 22일 권영준 장로와의 면담 시 Michael Wilkins 교수로부터 "자신의 저서를 인용해도 좋다는 사전 허락을 받았다"고 언급했으나, Wilkins 교수는 이미 9월 10일 자 이메일을 통해 자신의 논문

을 인용해도 좋다는 사전 허락을 한 사실이 없는 것으로 확인되었다. 또한 2013년 1월 27일 권영준 장로 및 이화숙 권사와의 회동 시 담임목사가 언급했던 "Biola대학의 총장 Barry Corey이 대신해 Wilkins 교수의 허락을 받아주었다"는 발언도 Biola대학의 Legal Counsel인 Jerry Mackey 변호사의 2월 7일 자 이메일을 통해 사실이 아닌 것으로 확인되었다. 그러자 담임목사는 3월 5일 자 답변서를 통해 "원래 논문을 작성하면서 타인의 저서나 논문을 인용할 때 허락을 받아야 하는 것은 아니므로 이 점에 대해 그렇게 의미를 부여할 일은 아니라고 생각합니다"라는 견해를 밝히는 등 일관성 없는 입장을 보이고 있다.

■ 아울러 고성삼 목사를 포체스트룸대학으로 두 차례 보낸 사실을 확인하였다. 2012년 11월 23일 고성삼 목사가 포체스트룸대학을 방문해 수정된 논문을 제출하였고 2013년 2월 13일 당회를 하는 시점에도 고성삼 목사를 포체스트룸대학의 인사위원회와 회동토록 한 것으로 미루어 논문과 관련하여 제기된 의혹을 무마시키려고 시도한 것으로 보이는 바, 사랑의 교회 담임목사로서 논란 가운데 있는 사안을 적절치 못한 방법으로 처리한 행위라고 본다.

■ 고 목사는 항공권 등 수백만 원이 소요되는 경비를 개인 경비로 지출했다고 주장하나, 담임목사의 지시 혹은 승인 없이 부교역자가 출장 가는 것이 현실적으로 불가능하고 더구나 개인 경비를 들여 남아프리카공화국까지 출장을 가게 했다는 사실로 미루어 그 의도에 많은 의구심을 가지게 한다.

■ 담임목사는 2013년 2월 10일 주일예배 시 "건축으로 인해 사회적 논란을 일으킨 것에 대해 책임지고 사임을 하면 저의 논문 문제는 덮어 주겠다고 하면서 48시간 내에 사임을 하지 않으면 이 사실을 언론에 공개하겠다"고

발언하여 성도들에게 큰 충격을 주었으나 그 발언은 사실과는 다소 배치되는 것으로 파악되었고 2013년 2월 24일 자 제420호 〈NEWS우리〉의 발행인으로서 제4면에 당회의 견해를 왜곡하여 성도들의 인식을 편파적으로 유도하는 기사가 게재되는 것을 방치하여 성도간의 혼란과 분열을 초래토록 하였다.

3) 담임목사에 대한 조치 권고

대책위원회는 표절 시비와 이에 따른 대처에 있어서 예수님의 제자로서의 삶을 강조하며 성장해 온 정감 운동을 하는 교회의 담임목사로서 적절하지 못한 언행과 처신으로 인해 사랑의교회의 많은 성도들은 물론 한국 교계와 사회에 충격을 주고 교회의 명예를 실추시킨 오정현 담임목사에게

(1) 자발적으로 12개월간 교회를 떠나 진정한 회개 및 자숙과 반성의 기회를 가지도록 권고해 주실 것과,
(2) 동 기간 중 사례의 30%를 차감하여 지급토록 하고
(3) 사역 복귀 2년 경과 후, 당회 및 공동의회에서 재신임을 받도록 해 주실 것을 당회에 청원합니다.

V. 대책위원회에서 드리는 말씀

사랑하는 성도 여러분,
대책위원회는 '진리와 사랑'의 원칙으로 이번 사태의 진상을 규명

하고 대책을 마련함으로써 교회를 바로 세우기 위해 눈물로 기도하며 코람데오의 마음으로 지난 한 달 동안 13차례 회의를 하였고, 좌로나 우로나 치우침 없이 맡은 일을 수행하였습니다. 모든 의사결정은 만장일치의 원칙에 따라 결정하였습니다.

이번 사태는 사랑의교회의 머리 되신 주님께서 우리의 부족함을 아시고 참고 기다리시다가 하나님의 때가 되어 주시는 엄중한 경고라고 생각합니다.

중세의 사제와 같은 위치로 변해 가는 목사의 권위와 세상 욕심과 명예를 위한 프로젝트 중심의 사역으로 목회자 원래의 모습을 잃어 가는 현실을 통회합니다.

다윗은 자기의 죄를 진심으로 몸으로 회개하며 평생의 삶 가운데 지켜나감으로 하나님께서 마음에 합한 자로 귀하게 사용하셨습니다. 야곱도 자기의 죄를 통회하며 벧엘에 다시 올라가 초심의 마음으로 돌아가 주님의 축복받는 자가 되었습니다. 그러나 사랑의교회는 초심의 마음을 잃고 세상에 물든 대형 교회로 변질되어 가고 있습니다. 이에 우리는 회개하는 심정으로 모두 한마음으로 베옷을 입고 주님 앞에 자복함으로써 새롭게 한 영혼을 귀하게 여기는 교회로 다시 일어나기를 소원합니다.

오정현 담임목사는 여러 차례 회개한다고 언급하였으나 그간의 모습으로 보아 행동으로 보여 주는 진정한 회개가 없음을 공감하는 것이 현실입니다. 대책위원회는 말뿐만이 아니라 행동으로 삶 가운데 회개와 함께 새로워지는 진정한 목자의 모습을 기대합니다.

성도 여러분, 우리가 가지고 있는 고정관념을 주님 앞에 내려놓고 하나님께서 주시는 사랑의 마음으로 우리 모두가 하나님의 용서하심을 받아 한 마음으로 옥한흠 목사님을 통해 하나님께서 세우신 사랑의교회의 초심으로 돌아가 한국교회와 세계 교회 앞에 빛과 소금의 역할을 감당하는 교회가 되기를 대책위원들은 한마음으로 소망합니다.

부록 ④ 옥한흠 목사 노트북 반환 소송 판결문

서 울 중 앙 지 방 법 원
제 7 민 사 부
판　　　결

사　　건	2016나69927 동산인도
원고, 항소인	대한예수교장로회 사랑의교회
	대표자 오정현
소송대리인	법무법인 (유한) 로고스
	담당변호사 최윤성
피고, 피항소인	옥성호
소송대리인	법무법인 인앤인
	담당변호사 경수근
제1심판결	서울중앙지방법원 2016. 9. 29. 선고 2015가단190038 판결
변론종결	2017. 6. 15.
판결선고	2017. 7. 18.

주   문

1. 원고의 항소를 기각한다.
2. 항소비용은 원고가 부담한다.

청구취지 및 항소취지

제1심판결을 취소하고, 피고는 원고에게 별지 목록 기재 동산(이하 '이 사건 노트북'이라 한다)을 인도하라.

이   유

1. 본안전 항변에 관한 판단

가. 피고 주장의 요지

원고는 비법인사단이므로 이 사건 노트북이 원고의 소유라면 이는 총유재산으로서 사원총회의 결의를 거쳐 이 사건 소가 제기되었어야 함에도 이를 결하였으므로, 이 사건 소송은 소송요건이 흠결되어 부적법하다.

나. 판단

총유물의 보존에 있어서는 공유물의 보존에 관한 민법 제265조의 규정이 적용될 수 없고, 민법 제276조 제1항의 규정에 따른 사원총회의 결의를 거치거나 정관이 정하는 바에 따른 절차를 거쳐야 하므로, 법인 아닌 사단인 교회가 그 총유재산에 대한 보존행위로서 소송을 하는 경우에도 교인 총회의 결의를 거치거나 그 정관이 정하는 바에 따른 절차를 거쳐야 한다(대법원 2007. 12. 27. 선고 2007다17062 판결 참조).

갑 제14호증의 1, 2, 갑 제22호증의 각 기재에 의하면, 원고는 대한예수교장로회 총회에 가입하여 그 총회의 구성 및 운영준칙인 헌법을 자치법규로 채택하고 있는 사실, 위 교단 헌법 Ⅳ 정치편 제9장 제6조에서는 "당회는 … (생략) 교회에 속한 토지 가옥에 관한 일도 장리掌理한다"라고 규정하고, 원고의 정관 제10조(당회의 직무와 권한)에서는 위 교단헌법의 규정을 다시 확인하면서 "시행 세칙으로 정하는 일정 규모 이상의 자산 취득, 처분, 증여, 매매, 교환, 변경 및 관리" 업무를 당회의 직무와 권한 중 하나로 열거하고 있고, 정관의 시행에 관한 규정 제8조는 "중요재산의 취득, 처분 차입 및 담보제공에 대한 처리는 다음과 같은 의결을 거쳐 집행한다. ① 1건당 재산의 가액이 일반회계예산 총액의 1/20 미만은 운영장로회의 의결로 처리하고 당회에 보고한다. ② 1건당 재산의 가액이 일반회계예산 총액의 1/20 이상 1/10 미만은 당회의 의결로 집행한다. ③ 1건당 재산의 가액이 일반회계예산 총액의 1/10 이상은 공동의회의 의결로 집행한다."고 정하고 있는 사실, 원고는 2017. 4. 16. 임시당회의를 개최하여 재적회원 39명(당회장 포함, 2016. 3. 7.자 제명 출교자를 포함하면 42명) 중 당회장 및 당회원 28명이 출석하여 출석자 전원 찬성으로 이 사건 노트북에 관한 인도소송을 하기로 결의한 사실이 인정되는바, 위 인정사실에 의하면, 이 사건 소제기는 원고의 총유재산인 이 사건 노트북에 대한 보존행위로서 원고의 정관이 정한 바에 따라 중요재산의 관리 및 처분 권한을 갖는 당회의 결의를 거쳐 이루어진 것으로서 적법하다. 피고의 주장은 이유 없다.

2. 본안에 관한 판단

가. 당사자 주장의 요지

(1) 원고: 이 사건 노트북은 원고의 총유재산으로서 망 옥한흠 목사의 생전에 망인이 사용하도록 제공한 것일 뿐이므로, 현재 위 노트북을 보관하고 있는 피고는 이를 원고에게 인도하여야 한다.

(2) 피고: 이 사건 노트북은 망인이 원고로부터 제공받은 노트북이 아니고, 원고가 담임목사에게 제공한 노트북은 담임목사가 은퇴하는 등의 경우에도 원고에게 반환할 의무가 없다.

나. 판단

(1) 먼저 원고가 망인에게 제공한 노트북이 이 사건 노트북인지에 관하여 본다.

을 제1, 2, 4-3, 4-4, 4-5, 6-1, 6-2호증의 각 기재에 변론 전체의 취지를 종합하여 인정되는 다음과 같은 사실에 비추어 보면, 갑 제6, 7, 8, 10, 16-1,2, 7, 23호증의 각 기재만으로는 이 사건 노트북이 원고가 망인에게 제공한 노트북과 동일하다고 인정하기에 부족하고 달리 이를 인정할 증거가 없다.

가) 원고의 정보시스템실에서는 2014. 5. 12. 망인이 2008년도 사용하였던 노트북은 원고 측이 2006. 9. 4. ㈜ 넥스트존으로부터 구매한 FUJITSU 모델명 E8110MCM18이라고 확인해주었다. 위 확인서에는 구매 당시 위 회사로부터 받은 견적서 사본이 첨부되어 있는데, 위 견적서에도 모델명 E8110MCM18인 노트북(이하 "E8110 노트북" 이라 한다)의 사양이 소개되어 있다.

나) 원고의 총무장로 도송준은 2014. 5. 12. 피고에게 망인이 사용하던 노트북을 반환하라는 내용의 내용증명을 보내면서 위 확인서 및 견적서를 첨부하였다.

다) 도송준은 피고가 위 내용증명을 받고도 아무런 답변이 없자 2014. 5. 21. 피고를 고소하였고, 이에 검찰은 피고가 원고 소유인 E8110 노트북의 반환을 거부하였다는 이유로 피고를 횡령 혐의로 기소하였다.

라) 한편 원고의 집사인 채성태가 정보통신망이용촉진및정보보호등에관한법률위반(명예훼손) 혐의로 재판을 받던 중 그 항소심 법원(서울중앙지방법원 2014노4677)이 피고가 보관하던 이 사건 노트북을 압수하여 국립과학수사연구원에 감정을 의뢰한 결과 이 사건 노트북의 모델명은 E8210으로서 E8110 노트북과는 모델명이 다른 사실이 확인되었다.

마) 법원(서울중앙지방법원 2015고단1856호)은 피고의 횡령 혐의에 대하여 2016. 2. 12. 피고가 보관하고 있는 노트북은 공소사실에 기재된 E8110 노트북이 아닌 이 사건 노트북이고, 이 사건 노트북은 망인이 원고로부터 제공받은 것이라고 볼 수 없으며, 나아가 담임목사에게 제공한 컴퓨터는 담임목사가 은퇴하는 등의 경우 원고에게 반환하여야 할 의무가 있다고 보기 어렵다는 이유로 무죄를 선고하였고, 위 판결은 그대로 확정되었다.

바) 한편 원고는 2015. 11. 13. 이 사건 소송을 제기하면서 원고가 망인에게 제공한 노트북은 E8110 노트북이라고 주장하며 그 반환을 구했으나, 위 형사 판결이 확정된 이후인 2016. 6. 21. 반환 대상을 이 사건 노트북으로 변경하였다.

사) 원고는 ㈜넥스트존이 발행한 세금계산서(공급받는자 보관용)를 제출하였는데, 위 세금계산서에 의하면 위 회사가 2006. 9. 4. 이 사건 노트북을 부가세포함 1,573,000원에 판매하였다는 것이나, 위 세금계산서는 국립과학수사연구원의 감정결과가 나온 이후에 법원에 제출된 것인 점, 위 세금계산서는 견적서 작성일과 같은 날에 발급되었는데 매매대금이 지급되기도 전에 매수인용 세금계산서부터 발급해주는 것은 일반적인 경우로 보이지 않는 점, 2006. 9. 10. 작성된 원고의 지출결의서에는 망인에게 E8110 노트북을 지급한 것으로 기재되어 있고, 원고의 자산등록자료에도 2006. 9. 4. E8110 노트북을 구입한 것으로 기재되어 있는 점 등에 비추어 이를 그대로 믿기 어렵다.

(2) 설령 원고가 망인에게 제공한 노트북이 이 사건 노트북이라고 하더라도, 을 제1, 7, 9호증의 각 기재에 변론 전체의 취지를 종합하여 인정되는 다음과 같은 사정, 즉, 원고가 망인이 2010. 9. 2. 사망한 후 4년여가 경과하고 유족 측과 노트북에 담긴 내용에 관하여 다툼이 생기자 그제야 노트북의 반환을 요청한 점, 망인은 원고 교회의 초대 담임목사였고 그의 사후 이 사건과 같은 노트북 반환 문제가 처음으로 생겼을 뿐 과거 노트북을 담임목사로부터 반환받은 예는 없는 점, 원고의 교역자이던 김명호와 2007. 3. 18.자 원고의 정보시스템실에서

전체 교역자에게 보낸 "전임교역자 노트북 지급규정 변경건" 메일에 따르면 망인이 재직하던 당시 교회에서 제공하는 노트북의 소유는 교역자에게 귀속되었던 점 등에 비추어 보면, 갑 제6, 11-1, 11-2, 11-3, 17, 23호증의 각 기재만으로는 담임목사가 은퇴하는 등의 경우 원고로부터 제공받은 노트북을 반환하여야 할 의무가 있다고 인정하기에 부족하고 달리 이를 인정할 증거가 없다. 결국 원고의 주장은 이유 없다.

3. 결론

그렇다면 원고의 청구는 이유 없어 기각할 것인데, 제1심판결은 이 사건 소를 각하하여 부당하나, 원고만이 항소한 이 사건에 있어서 불이익변경금지의 원칙상 항소인인 원고에게 불이익하게 제1심 판결을 취소하여 원고 청구기각의 판결을 할 수는 없으므로 원고의 항소만을 기각한다.

재판장 판사 김은성
판사 정일예
판사 이재경

부록 ⑤ 옥한흠 목사 노트북 포렌식 조사 결과

포렌식 분석보고서

2015년 8월 3일

한국유빅 ㈜

포렌식 분석 보고서

옥성호 귀하

한국유빅㈜ (이하 '유빅') 은 2015년 7월 29일자로 옥성호 (이하 '고객') 가 제공한 하드디스크 내에 저장된 파일에 대한 포렌식 업무를 수행하였습니다.

본 데이터 분석 업무는 유빅이 보유한 지식과 경험을 바탕으로 전문가로서 신의성실의 원칙 하에 수행되었으며, 데이터를 분석하고 그 결과를 제공하는 데 목적이 있습니다. 본 업무의 결과는, 하드디스크의 사용시기, 이후 추가적인 파일에 대한 액세스에 따라 직접적인 영향을 받을 수 있으며, 유빅은 제공된 하드디스크 내의 자료를 기초로 업무를 수행하였습니다.

본 업무의 주요 수행 절차와 수행 결과 발견된 내용들은 본 보고서에 기술되어 있으며, 본 보고서에 대한 문의사항에 대해서는 언제든 연락 주시기 바랍니다.

본 보고서는 고객의 법률자문 목적을 위해 작성 및 임의 제출한 것이며, 유빅의 동의 없이 제 3자에게 제공할 수 없습니다.

2015년 8월 3일

한국유빅 ㈜

1. 개요

유빅은 고객이 지정한 파일의 생성시간 및 수정시간 등 메타데이터의 검증 업무를 의뢰 받음. 고객이 지정한 파일은 이메일로 발송된 첨부파일과 고객의 컴퓨터에 저장되어 있던 원본파일이며, 본 검증 업무는 두 개 파일의 메타데이터를 비교함으로써 서로가 일치하는지를 파악하는 데에 초점을 맞춤.

2. 파일 검증 결과

분석 결과, 이메일에 첨부된 파일과 컴퓨터에 저장된 원본파일 (동일 파일명 "080531오목사대담.doc")은 응용프로그램(MS Office Word)이 작성하는 **생성시간과 수정시간이 정확히 일치하고 파일의 내용을 비교할 수 있는 해시값 또한 정확히 일치하므로 동일한 파일로 간주할 수 있음.** 따라서, 이메일에 첨부한 파일은 <u>2008년 5월 31일 14:49:00에 생성되었으며 2008년 6월 1일 13:37:00에 최종수정 되었음을 확인할 수 있음.</u>

	이메일 내 첨부파일	컴퓨터 내 원본 파일
파일명	080531오목사대담.doc	080531오목사대담.doc
경로명	C:\Documents and Settings\사랑의교회\Local Settings\Application Data\Identities\{1DC0D7DD-DF10-4532-A1F8-9F8138865392}\Microsoft\Outlook Express\보낸 편지함.dbx\DBX Volume\다시 수정해서 보낸다.\080531오목사대담.doc	C:\Documents and Settings\사랑의교회\My Documents\080531오목사대담.doc
응용프로그램생성시간	2008/05/31 14:49:00	2008/05/31 14:49:00
응용프로그램수정시간	2008/06/01 13:37:00	2008/06/01 13:37:00
MD5	ec089638a8117d2f2c652275c461a4d1	ec089638a8117d2f2c652275c461a4d1

3. 분석 대상

유빅은 2015년 7월 29일 14:30경 서울 강남구 역삼동 대봉빌딩에 위치한 유빅의 사무실에서 고객으로부터 분석 대상 노트북 내 하드디스크를 전달 받음.

대상	제조사	모델번호	시리얼번호	용량
HDD	Fujitsu	MHV2080BH	NW35T6426848	80 GB

대상 컴퓨터의 날짜와 시간이 현재의 날짜와 시간과의 차이가 없음을 확인하기 위해 현재 지역의 시간을 동기화하여 표시하는 GPS 시계의 날짜와 시간을 대조하였으며 현재 시간과 -25초 차이가 나는 것을 확인함.

대상 컴퓨터의 바이오스 날짜 / 시간	2015/07/29 16:01:34
현재 날짜 / 시간	2015/07/29 16:01:09

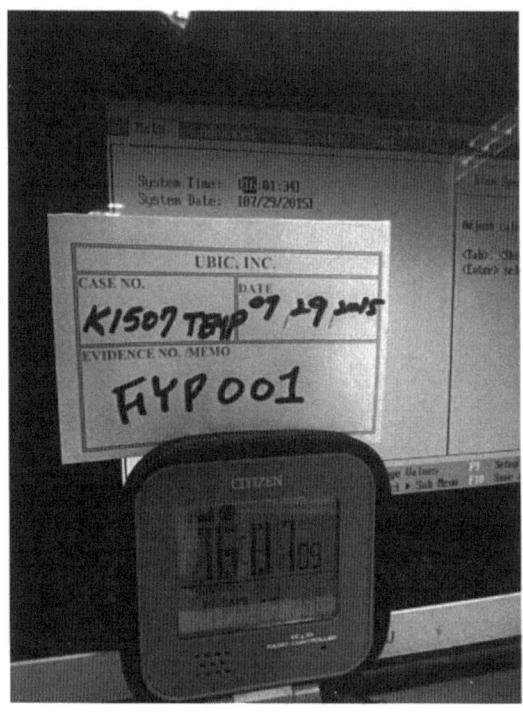

[사진1. 대상 컴퓨터의 바이오스 시간]

4. 파일 메타데이터 분석

■ 분석 대상 첨부파일을 포함하는 이메일

고객이 지정한 첨부파일은, 고객컴퓨터 내 아웃룩 익스프레스 이메일 폴더인 '보낸편지함' 내에서 제목이 '다시 수정해서 보낸다.'인 이메일에 첨부되어 있음.

이메일 파일 속성값	
제목	다시 수정해서 보낸다.
경로명	C₩Documents and Settings₩사랑의교회₩Local Settings₩Application Data₩Identities₩{1DC0D7DD-DF10-4532-A1F8-9F8138865392}₩Microsoft₩Outlook Express₩보낸 편지함.dbx₩DBX Volume₩다시 수정해서 보낸다.
보낸 사람	옥한흠 〈hanhoak@sarang.org〉
받는 사람	박정은 〈jepark@sarang.org〉
발송 날짜	2008/06/01 13:40:13
만든 날짜	2008/06/01 13:40:13
최종 수정 날짜	2008/06/01 13:40:13
최종 접근 날짜	2008/06/01 13:40:13
크기(바이트)	57,941

아웃룩 익스프레스 이메일 폴더 속성값	
파일명	보낸 편지함.dbx
경로명	C₩Documents and Settings₩사랑의교회₩Local Settings₩Application Data₩Identities₩{1DC0D7DD-DF10-4532-A1F8-9F8138865392}₩Microsoft₩Outlook Express₩보낸 편지함.dbx
만든 날짜	2006/09/05 17:00:42
최종 수정 날짜	2015/07/27 15:03:34
최종 접근 날짜	2015/07/27 15:03:34
크기(바이트)	8,748,656

■ 이메일 첨부파일

첨부 파일로부터의 메타데이터 추출은 Exiftool Version 9.88 (파일로부터 속성 값을 추출하는 전문 프로그램)을 사용하였음. 관련 속성 정보 중 검증에 필요한 속성값 일부를 아래에 표기함.

파일 속성값	
파일명	080531오목사대담.doc
파일확장자	DOC
경로명	C:\Documents and Settings\사랑의교회\Local Settings\Application Data\Identities\{1DC0D7DD-DF10-4532-A1F8-9F8138865392}\Microsoft\Outlook Express\보낸 편지함.dbx\DBX Volume\다시 수정해서 보낸다.\080531오목사대담.doc
만든 날짜	-
수정한 날짜	-
액세스한 날짜	-
파일크기(바이트)	40,960
해시(MD5)	ec089638a8117d2f2c652275c461a4d1
응용프로그램 메타 정보	
파일 타입	DOC
작성자	사랑의교회
마지막 작성자	사랑의교회
만든 날짜	2008/05/31 14:49:00
수정한 날짜	2008/06/01 13:37:00
마지막 프린트 날짜	2008/05/31 17:12:00
수정 횟수	12
총 수정 시간	4.5 시간
페이지 수	4

■ 컴퓨터 내 원본 파일

컴퓨터에 저장된 파일로부터의 메타 추출은 Exiftool Version 9.88 (파일로부터 속성 값을 추출하는 전문 프로그램)을 사용하였음. 관련 속성 정보 중 검증에 필요한 속성값 일부를 아래에 표기함.

파일 속성값	
파일명	080531오목사대담.doc
파일확장자	DOC
경로명	C:\Documents and Settings\사랑의교회\My Documents
만든 날짜	2008/05/31 14:50:26

수정한 날짜	2008/06/01 13:37:58
액세스한 날짜	2015/07/27 14:42:03
파일크기(바이트)	40,960
해시(MD5)	ec089638a8117d2f2c652275c461a4d1
응용프로그램 메타 정보	
파일 타입	DOC
작성자	사랑의교회
마지막 작성자	사랑의교회
만든 날짜	2008/05/31 14:49:00
수정한 날짜	2008/06/01 13:37:00
마지막 프린트 날짜	2008/05/31 17:12:00
수정 횟수	12
총 수정 시간	4.5 시간
페이지 수	4

5. 첨부파일과 이메일의 시간 분석

위 분석 내용을 토대로, 시간대별 파일의 생성시기를 보았을 때 첨부파일이 먼저 생성 후 이메일 파일에 첨부되어 발송되었음을 확인할 수 있음.

원본파일 생성	원본파일 수정	첨부파일 발송
2008/05/31 14:49:00	2008/06/01 13:37:00	2008/06/01 13:40:13

-이하 여백-

본 보고서에 기술된 내용은 사실과 다름이 없으며 분석자의 개인 의견이 반영되지 않았음.

분석자 : 한국유빅 임주섭

연락처 : 02-350-3003

5-1 유빅의 2015년 8월 3일 포렌식 보고서 요약

[아래 내용은 사랑의교회갱신공동체 위원장 김근수 집사가 포렌식 보고서 내용에 대해 해설한 것이다. 전자공학을 전공하고 IT 관련 업계에 종사해 온 김 집사가 전문적인 내용을 좀 더 이해하기 쉽게 풀어 설명했다.]

디지털 포렌식에서 파일의 무결점을 검증하는 방법은 파일의 속성인 메타데이터를 비교하여 암호화된 해시값을 비교하는 것입니다. 이를 통해 파일의 변조 등을 파악할 수 있습니다. 국과수와 유빅에서는 먼저 고 옥한흠 목사님의 컴퓨터 내 원본 파일(080531.오목사대담.doc)과, 박정은에게 발송된 아웃룩 익스프레스 이메일에 첨부된 첨부 파일(080531.오목사대담.doc)의 해시값을 비교하여 서로가 일치하는지를 분석하였습니다. 그 결과, 두 파일의 해시값이 정확하게 일치했기 때문에 두 문서는 모두 변조되지 않은 동일한 파일임이 검증되었습니다.

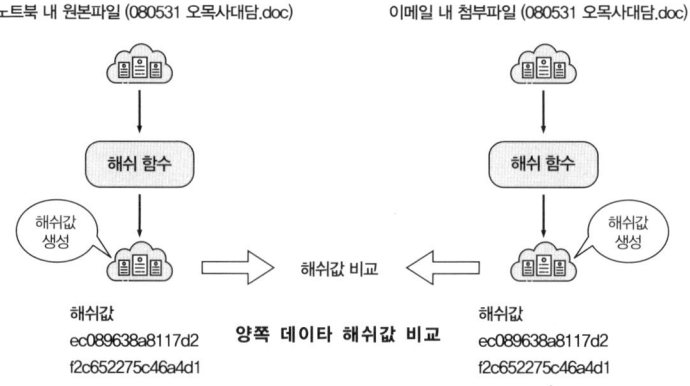

(설명1) 메타데이터 : 컴퓨터에 저장된 모든 파일에는 메타데이터가 숨겨져 있습니다. 메타데이터는 주민등록번호나 지문처럼 각각의 파일마다 고유한 값을 가집니다. 간단하게는 파일의 속성을 확인하면 되고, 보다 전문적으로는 디지털 포렌식 소프트웨어를 사용하여 파일의 생성 시간, 총 수정 시간, 수정 횟수, 수정 시간 등을 분석할 수 있습니다.

(설명2) 해시 함수(MD5): 주로 프로그램이나 파일이 원본 그대로인지를 확인하는 무결성 검사 등에 사용하는 함수입니다.

결론

1. 2008. 05. 31. 18:35경 옥한흠 목사가 비서 박정은에게 발송한 이메일과, 2008. 06. 01. 13:40경 '다시 수정해서 보낸다'라는 제목의 메일의 발생 날짜는 변조되지 않았습니다.
2. 옥한흠 목사 노트북에서 2008. 05. 31. 18:35과 2008. 06. 01. 13:40경 2회에 걸쳐 비서 박정은에게 보낸 사건 편지 파일(080531오목사대담.doc)을 첨부하여 보낸 기록이 발견되었습니다.
3. 옥한흠 목사 노트북에서 사용한 아웃룩 익스프레스를 통하여 이메일의 내용과 첨부 파일이 사후에 인위적으로 조작되었다는 특이점은 발견할 수 없었습니다.
4. 노트북 컴퓨터에서 만든 원본 080531오목사대담.doc 파일과 이메일 첨부 파일은 동일한 파일입니다. (암호화된 해시값이 일치합니다)

부록 ⑥ 오정현 목사 위임 결의 무효 확인소송 판결문

(**6-1** 서울중앙지법 2015가합15042)

서 울 중 앙 지 방 법 원
제 31 민 사 부
판   결

사   건   2015가합15042 위임결의무효확인등

원   고   1. 김두종
              2. 안용균
              3. 정태홍
              4. 김영배
              5. 최택범
              6. 김근수
              7. 마종국
              8. 이화숙
              9. 김근숙

원고들 소송대리인   법무법인(유한) 화우
              담당변호사 노서령, 이준상, 황적화

피 고	1. 오정현
소송대리인	법무법인(유한) 로고스
	담당변호사 김용, 안민, 오세창
	2. 대한예수교장로회총회(합동) 동서울노회
	대표자 노회장 박종석
소송대리인	법무법인 케이씨엘
	담당변호사 이재환
변론종결	2016. 1. 15.
판결선고	2016. 2. 4.

주 문

1. 원고들의 피고들에 대한 청구를 모두 기각한다.
2. 소송비용은 원고들이 부담한다.

청 구 취 지

피고 대한예수교장로회(합동) 동서울노회에 대하여: 피고 대한예수교장로회(합동) 동서울노회가 2003. 10.경 피고 오정현을 서울 서초구 서초동 1310-16 소재 소외 사랑의교회의 위임목사(당회장 담임목사)로 위임한 결의는 무효임을 확인한다.

피고 오정현에 대하여: 피고 오정현은 위 사랑의교회 위임목사(당회장 담임목사)로서의 직무를 집행하여서는 아니 된다.

이 유

1. 기초사실

가. 대한예수교장로회(합동) 교단(이하 '이 사건 교단'이라 한다) 내에는 교회의 평화와 질서를 유지하고 행정과 권징 등의 권한을 행사하는 치리회(治理會)로서 당회, 노회, 총회를 두고 있다. 그중 동서울노회(이하 '피고 노회'라 한다)는 이 사건 교단 소속 노회 중 하나로서 피고 노회 소속 지교회와 산하 기관을 총괄하는 조직이고, 사랑의교회(이하 '소외 교회'라 한다)는 피고 노회 소속 지교회이다. 원고들은 피고 노회 및 소외 교회 소속 신도들이다.

나. 소외 교회는 2003. 5. 4. 피고 오정현을 소외 교회의 위임목사(당회장 담임목사)로 청빙한다는 내용의 결의를 하고, 2003. 9. 17. 피고 노회에 피고 오정현에 대한 위임목사 청빙을 승인하여 줄 것을 청원(請願)하였다.

다. 피고 노회는 2003. 10. 13. 및 같은 날 14. 개최된 제64회 정기노회에서 소외 교회의 피고 오정현에 대한 위임목사 청빙 청원을 승인하여 피고 오정현을 소외 교회의 위임목사로 위임하기로 결의하였다(이하 '이 사건 결의'라 한다).

라. 이 사건과 관련된 이 사건 교단 헌법(이하 '교단 헌법'이라 한다) 규정은 다음과 같다.

Ⅳ. 정치

제15장 목사 선교사 선거 및 임직

제1조 목사 자격
목사는 총신대학교 신학대학원 졸업 후 총회에서 시행하는 강도사 고시에 합격되어 1개년 이상 교역에 종사하고 노회 고시에 합격되고 청빙을 받은 자라야 한다.

제13조 다른 교파 교역자
다른 교파에서 교역하던 목사가 본 장로교회에 속한 노회에 가입하고자 하면, 반드시 본 장로회 신학교에서 2년 이상 수업한 후 총회 강도사 고시에 합격하여야 한다. 한국 이외 다른 지방에서 임직한 장로파 목사도 같은 예(例)로 취급한다.

[인정근거] 다툼 없는 사실, 을가 제10, 11호증(가지번호 있는 것은 가지번호 포함, 이하 같다), 을나 제2, 3호증의 각 기재, 변론 전체의 취지

2. 원고들의 주장 요지

피고 오정현은 교단 헌법 정치편 제15장 제13조 후단 규정에 기하여 소외 교회의 위임목사로 위임될 자격이 인정된 것인데, 사실 피고 오정현은 다음과 같이 교단 헌법 정치편 제15장 제13조 후단 중 ① '한국 이외 다른 지방에서 임직한 장로파 목사일 것'과 ② '같은 예로 취급한다'는 규정에 따라 준용되는 같은 조 전단 중 '본 장로회 신학교에서 2년 이상 수업할 것' 요건을 갖추지 못하였다. 그럼에도 피고 노회가 자격이 없는 피고 오정현을 소외 교회의 대표자인 위임목사로 위임한 이 사건 결의는 당연 무효이고, 그에 따라 피고 오정현은 소외 교회 위임목사로서의 직무를 집행하여서는 아니 된다.

즉, ① 피고 오정현은 1985. 1. 22. 미국 개혁교회 교단(CRC: Christian Reformed Church) 소속 캘리포니아 남부노회(California South Classis)에서 미국 개혁교회 교단 헌법 제43조에 기한 평신도 임시 설교 인허만을 받았을 뿐 강도사 자격을 취득한 사실이 없다. 그럼에도 미국 장로교 교단(PCA: Presbyterian Church in America) 소속 한인서남노회(Korean Southwest Classis)는 1986. 10. 14. 피고 오정현이 미국 개혁교회 교단의 강도사 자격을 취득한 것으로 잘못 인정하여 피고 오정현에 대한 목사안수를 승인하였다. 따라서 미국 장로교 교단 한인서남노회의 피고 오정현에 대한 목사안수는 그 요건인 피고 오정현의 강도사 자격이 불비된 상태에서 이루어진 것으로서 무효이므로, 피고 오정현은 미국 장로교 교단 목사가 아니다.

그리고 ② 피고 오정현은 2002. 3.경 대학교 신학대학원 3학년에 편입하여 2003. 2.경 졸업하여 1년간 수업하였을 뿐 총신대학교 신학대학원에서 2년 이상 수업한 사실이 없다. 게다가 피고 오정현은 입학요강에 반하여 대학교 신학대학원 편입학 시험 당일 출석하지 않은 채 미국에서 팩시밀리로 시험을 치렀고, 부산고등학교를 졸업한 사실이 없음에도 부산고등학교를 졸업한 것으로 학력을 허위 기재하였으므로 위 신학대학원의 피고 오정현에 대한 편입학 허가 자체가 무효이다.

3. 본안전항변에 관한 판단

가. 피고들의 본안전항변 요지

이 사건 결의는 청빙 받은 목사와 피고 노회 사이의 관계에서 이루어진 것이지 신도들에 대하여는 아무런 연관성이 없으므로, 원고들이 피고 노회에 대하여 이 사건 결의의 무효 확인을 구할 법률상 이익이 없다. 또한, 이 사건 소는 결국 피고 오정현의 목사 자격의 심사를 구하는 취지인데, 이는 교리의 해석과 밀접하게 연관되어 있어 대한민국 헌법 제20조의 종교의 자유 및 정교분리의 원칙상 종교단체 내부에서 심사할 사항일 뿐 사법심사의 대상이 아니다. 나아가 원고들은 소외 교회의 신도로 활동하다가 현재 소외 교회를 탈퇴하여 소외 교회와 별도의 단체를 구성하여 종교활동을 하고 있으므로 더 이상 소외 교회의 신도가 아니어서 피고 오정현의 소외 교회 대표자 지위에 관한 이 사건 결의 효력의 확인을 구할 당사자적격이 없다.

나. 판단

살피건대, 교회의 헌법 등에 다른 정함이 있는 등의 특별한 사정이 없는 한, 교회의 대표자는 예배 및 종교활동을 주재하는 종교상의 지위와 아울러 비법인사단의 대표자 지위를 겸유하면서 교회 재산의 관리처분과 관련한 대표권을 갖는다고 할 것이므로, 재산의 관리처분과 관련한 교회 대표자 지위에 관한 분쟁은 구체적인 권리 또는 법률관계를 둘러싼 분쟁에 해당하여 그 대표자 지위의 부존재 확인을 구하는 것은 소의 이익이 있다고 할 것이다. 특히, 교회의 대표자로 되어 있는 목사가 교회의 적법한 대표자임을 전제로 하여 여러 법률관계가 형성되어 있고, 또 새로이 법률관계가 형성될 가능성이 있다면, 그 법률관계에 대하여 개별적으로 해결함에 앞서 분쟁의 근원이 되는 위 목사가 교회의 대표자 지위에 있는지 여부 자체의 확인을 구하는 편이 직접적이고도 획일적인 해결을 기대할 수 있으므로, 그와 같은 확인을 구하는 소송이 분쟁해결에 유효적절한 수단이 아니라고 할 수 없으며, 비법인사단인 교회의 구성원인 교인은 그와 같은 소송에서 원고 적격이 있다고 할 것이다(대법원 2007. 11. 16. 선고 2006다41297 판결 참조).

갑 제8, 17, 19, 27, 28, 34호증, 을가 제15, 16호증의 각 기재 및 변론 전체의 취지를 종합하여 알 수 있는 다음과 같은 사정을 위 법리에 비추어 보면, 이 사건 소가 부적법하다고 보기 어렵다. 따라서 피고들의 본안전항변은 받아들이지 아니한다.

① 이 사건 소는 피고 노회가 피고 오정현을 소외 교회의 대표자인 위임목사로 위임한 이 사건 결의의 효력을 다툼으로써 피고 오정현이 소외 교회의 적

법한 대표자인지 여부를 확인하고자 하는 것인데, 이는 결국 소외 교회 소속 신도들 총유재산의 관리처분권과 관련한 대표자 지위에 관한 분쟁으로서 원고들의 구체적인 권리 또는 법률관계를 둘러싼 분쟁에 해당한다.

② 소외 교회는 원고들을 비롯한 그 소속 일부 신도들을 상대로 소외 교회 강남 예배당의 토지 및 건물의 사용수익을 금지하는 취지의 방해금지가처분신청을 제기하여 현재 서울고등법원 2014라20333호로 가처분 사건 계속 중인데, 위 가처분 사건에서 피고 오정현이 소외 교회를 대표하여 위 가처분신청을 제기할 권한이 있는지 여부에 관한 전제 문제로서 이 사건 결의의 효력에 관하여 다투어지고 있다. 또한, 소외 교회의 2014년 정기당회와 2015. 3. 1.자 및 2015. 5. 17.자 각 임시당회 소집공고에 관하여도 피고 오정현이 당회를 소집할 권한이 있는 적법한 대표자인지 여부를 판가름하는 선결문제로서 이 사건 결의가 유효한지 여부에 관한 분쟁이 존재한다. 나아가 피고 오정현이 소외 교회의 적법한 대표자임을 전제로 하여 여러 법률관계가 형성되었고 앞으로도 새로이 법률관계가 형성될 가능성이 있다.

③ 이러한 사정에 비추어 볼 때, 교회 내부의 대표자 지위를 둘러싼 분쟁이 전면적으로 사법심사의 한계 밖에 있다고 보거나 소의 이익을 결여하고 있다고 본다면 위와 같이 교회법상 대표자 지위의 존부나 그에 관하여 교회 내부에서 이루어진 각종 의결 및 처분의 효력 유무가 구체적 권리의무에 관한 청구의 전제문제로 다투어지는 사안에서조차도 소를 각하할 수밖에 없게 되고, 이 경우 구체적 권리의무에 관한 분쟁이 해결되지 않은 채로 남게 되는 결과 국민의 재판청구권이 침해될 위험이 크다. 반면 그 법률관계에 대하여

개별적으로 해결함에 앞서 분쟁의 근원이 되는 이 사건 결의의 효력 존부의 확인을 구하는 편이 직접적이고도 획일적인 해결을 기대할 수 있다.

④ 현실적으로 종교단체 내에서의 대표자 지위를 둘러싼 분쟁의 경우 그와 관련하여 효력이 다투어지는 각종 처분이나 회의체의 소집 및 결의 절차 등에는 정의관념에 비추어 도저히 묵과하기 어려울 만큼 매우 중대한 하자가 있는 경우가 있을 수 있는데, 그저 종교단체 내부의 지위를 둘러싼 분쟁이라는 이유만으로 본안에 관한 심리조차 거부하는 것이 반드시 타당하다고 보기는 어렵다.

⑤ 종교단체 내에서의 대표자 지위가 그 종교단체의 정체성과 깊은 관련을 맺고 있는 것은 사실이나 그 지위에 영향을 미치는 처분이나 결의의 이유 자체가 언제나 신앙이나 교리와 직접 연관되어 있는 것은 아니다.

⑥ 이 사건 교단 헌법상 신도들이 그 소속 피고 노회의 결의에 대하여 불복하는 경우 상급 치리회인 총회에 피고 노회 결의를 시정하여 줄 것을 요청하는 소원을 제기할 수 있는 규정이 존재하기는 하나, 원고들은 자신의 권리구제절차를 선택할 자유가 있고, 교단 헌법상 위 소원절차를 필요적 전치절차로 규정하고 있지도 않으므로, 원고들이 교단 헌법에 따라 총회의 판단을 받은 바 없이 곧바로 이 사건 소를 제기하였더라도 그 자체로 부적법한 것은 아니다.

⑦ 나아가 원고들을 비롯한 일부 교인들이 소외 교회와 별개 활동을 한 것은

소외 교회 내부의 일시적인 갈등상태가 표출된 데에 불과한 것으로 보일 뿐, 원고들이 소외 교회에서 탈퇴하였다고 보기 어렵고, 달리 이를 인정할 만한 증거가 없다.

4. 본안에 관한 판단

가. 사법심사의 기준

우리 헌법이 종교의 자유를 보장하고 종교와 국가기능을 엄격히 분리하고 있는 점에 비추어 종교단체의 조직과 운영은 그 자율성이 최대한 보장되어야 할 것이므로, 교회 안에서 개인이 누리는 지위에 영향을 미칠 각종 결의나 처분이 당연 무효라고 판단하려면, 그저 일반적인 종교단체 아닌 일반단체의 결의나 처분을 무효로 돌릴 정도의 절차상 하자가 있는 것으로는 부족하고, 그러한 하자가 매우 중대하여 이를 그대로 둘 경우 현저히 정의관념에 반하는 경우라야 할 것이다 (대법원 2006. 2. 10. 선고 2003다63104 판결 참조). 특히 종교단체의 성직자 임명은 예배 및 종교활동을 주재하고 신도들을 이끌어갈 종교적 지도자의 자격을 갖춘 사람을 그 내부의 종교적 기준에 따라 선택하는 행위로서, 그 성질상 종교단체 내부의 자율권에 관한 사항에 해당하고 종교적 신념이나 정체성과도 밀접하게 관련되어 있으므로, 종교단체는 성직자 임명에 관하여 폭넓은 재량권을 가진다. 이러한 재량권에는 그 성직자의 임명자격에 관한 내부 기준을 설정하는 것은 물론이고, 그 설정된 자격기준의 해석 및 충족 여부를 판단하는 권한이 포함되며, 이러한 종교단체의 자율권에 기초한 재량권의 행사는 국가 사법

기관인 법원으로서도 존중하여야 한다. 따라서 법원이 앞서 본 바와 같이 종교단체의 대표자 지위의 존부를 심사한다는 명목으로 성직자 임명행위의 옳고 그름을 처음부터 전면적으로 재심사한 후 종교단체의 성직자 임명자격 기준에 관한 해석 및 충족 여부에 관한 판단이 법원의 일의적인 판단과 다르다는 사정만으로 그 임명행위의 효력을 부정하는 것은 타당하다고 할 수 없고, 법원의 사법심사 결과 그 재량권의 행사가 현저히 합리성을 결여하거나 자의적이어서 그 재량권의 행사를 그대로 용인·방치할 경우 현저히 정의 관념에 반하는 부당한 결과를 초래하는 등의 특별한 사정이 인정되는 경우에 한하여 그 성직자 임명행위의 효력을 부정할 수 있다고 봄이 상당하다.

나. 판단

살피건대, 갑 제12호증의 1, 제13호증의 1, 제29호증의 1 내지 3, 을가 제3, 19, 21 내지 23호증, 을나 제1, 2, 4, 5호증의 각 기재, 이 법원의 총신대학교 총장과 서울 출입국관리사무소에 대한 각 사실조회결과 및 변론 전체의 취지를 종합하면, ① 피고 오정현은 1985. 1. 22. 미국 개혁교회 교단 소속 남부노회에서 설교 인허(licensure to preach)를 받았고, 그 무렵부터 1986. 8.경까지 미국 개혁교회 교단 소속 오렌지한인개혁교회(Orange Korean Reformed Church)에서 설교를 해온 사실, ② 당시 미국 장로교 교단과 미국 개혁교회 교단은 상호간의 자격을 인정하고 있었고, 피고 오정현은 미국 개혁교회 교단의 설교 인허와 오렌지한인개혁교회에서의 경력을 인정받아 1986. 10. 14. 개최된 미국 장로교 교단 소속 한인서남노회에서 목사안수를 받은 사실, ③ 미국 장로교 교단 총회 위원회는 피고 오정현의 목사 안수 승인결의가 포함된 한인서남노회의 1986년 정기노회 회의록을 제출받아 검토한 후 어떠한 유보 없이 그 회의 결과를 그대로 승인한 사실, ④ 이후 피고 오정현은 2001년경 이 사건 교단 산하의 신학교인 총신대학교 신학대학원의 2002학년도 편입학 전형에 지원하였고, 전형 일정상 편입학 시험은 2001. 10. 22. 실시될 예정이었던 사실, ⑤ 시험 당일인 피고 오정현은 미국에 체류 중이었으나, 총신대학교 신학대학원 교무위원회는 2001. 10. 19. 위와 같은 사정을 감안하여 피고 오정현에 대하여 시험당일 시험시간에 팩시밀리로 시험을 실시하기로 결의하였고, 이에 피고 오정현은 시험 당일 미국에서 응시하여 총신대학교 신학대학원으로부터 합격 처분을 받은 사실, ⑥ 피고 오정현은 칼빈신학교 대학원 졸업학력을 인정받아 2002. 3.경 위 신학대학원 연구과정 3학년으로 편입하였고, 1년간 수학한 뒤 2003. 2. 11. 위 과정을 졸업한 사실, ⑦ 피고 오정현은 이 사건 교단 총회 고시부에서 실시한 2003년도 강도사 고시를 치러 합격하였고, 2003. 10. 13. 피고 노회의 제64회 정기노회에서 강도사 인허를 받은 사실이 인정된다.

위 사실관계를 앞서 본 법리에 비추어 보면, ① 미국 장로교 교단 한인서남노회는 성직자 임명에 관한 재량에 따라 피고 오정현이 미국 장로교 교단 소속 목사가 될 자격을 갖추었다고 판단하여 피고 오정현에 대하여 목사안수를 한 것이고, 위와 같이 미국 장로교 교단 한인서남노회의 피고 오정현에 대한 목사안수는 미국 장로교 교단 총회 위원회의 검토를 거쳐 원안대로 승인된 사항이며, 그후 현재에 이르기까지 미국 장로교 교단에서 피고 오정현에 대한 목사안수를 취소하거나 무효 선언을 한 바도 없는 점, ② 또한 위와 같이 미국 장로교 교단 목사인 피고 오정현의 경우에는 교단 헌법 정치편 제15장 제13조 후단이 적용되는데, 위 규정은 '한국 이외 다른 지방에서 임직한 장로파 목사도 같은 예(例)로 취급한다'고 규정하고 있어, 같은 조 전단의 2년 이상 수업하여야 한다는 취지가 아니라 2년 이상의 수업으로 달성할 수 있는 수준과 대등한 수준의 수업과정을 거칠 것을 요구하는 취지로 해석될 수도 있는 점, ③ 한편 총신대학교 신학대학원 학사내규 제30조는 피고 오정현이 졸업한 칼빈신학교를 비롯하여 일부 국내외 대학교를 졸업한 사람에 대하여 위 신학대학원 3학년으로의 편입학 허가를 허용하고 있고, 위 교단 헌법 규정이 위 신학대학원이 편입학 대상 학생의 기존 학력을 근거로 위 신학대학원의 1, 2학년 과정을 이미 이수한 것으로 인정하는 것까지 금지하는 취지라고 볼 수 없는 점, ④ 이 사건 교단은 총회 결의로써 약 2주간의 단기 편목 특별교육과정을 실시하여 위 단기교육과정을 수료한 사람에 대하여 강도사 고시에 응시할 자격을 부여하기도 하는 점, ⑤ 나아가 앞서 본 바와 같이 총신대학교 신학대학원 교무위원회는 2001. 10. 19. 피고 오정현에게 편입학 시험 당일 미국에서 응시하도록 허가하는 결의를 하였고, 그 직후 개최된 교수회에서 교무위원회의 위 결의에 관하여 별다른 이의가 없었던 것으로 보이는 점, ⑥ 피고 오정현은 이에 근거하여 편입학 시험에 응시한 것인 이상, 여기에 총신대학교 신학대학원의 피고 오정현에 대한 편입학 허가를 당연 무효로 할 만한 중대한 하자가 있다고 보기 어려운 점, ⑦ 총신대학교 신학대학원 학적부상 피고 오정현이 부산고등학교를 졸업한 것으로 기재되어 있기는 하나, 원고들이 제출한 증거만으로 피고 오정현이 편입학 지원 당시 출신 고등학교를 사실과 달리 기재한 지원서를 제출하였다고 보기에 부족하고 달리 이를 인정할 증거가 없으며, 설령 그러한 사실이 있다 하더라도 편입학 허가가 당연 무효가 된다고 볼 수 없는 점 등의 사정에 비추어 보면, 피고 노회가 피고 오정현이 교단 헌법 정치편 제15장 제13조 후단에 규정된 요건을 갖추었다고 판단하여 강도사 인허를 승인하고 이 사건 결의로써 피고 오정현을 소외 교회의 위임목사로 위임한 것은 상당한 합리성이 있고, 이를 가리켜 그 재량권의 행사가 현저히 합리성을 결여하거나 자의적이어서 그 재량권의 행사를 그대로 용인·방치할 경우 현저히 정의관념에 반하는 부당한 결과를 초래하는 경우에 해당한다고 볼 수 없으며, 달리 이를 인정할 만한 증거가 없다. 따라서 원고들의 주장은 이유 없다.

5. 결론

그렇다면 원고들의 피고들에 대한 청구는 이유 없어 이를 기각하기로 하여 주문과 같이 판결한다.

재판장　판사　오영준
　　　　　판사　반효림
　　　　　판사　남관모

6-2 서울고등 2016나2013077

서 울 고 등 법 원
제 5 민 사 부
판 결

사 건		2016나2013077 위임결의무효확인등
원 고		1. 김두종
		2. 안용균
		3. 정태홍
		4. 김영배
		5. 최택범
		6. 김근수
		7. 마종국
		8. 이화숙
		9. 김근숙

원고들 소송대리인 　법무법인(유한) 동인
　　　　　　　　　담당변호사 김진권, 김용배, 오지원, 이지윤

피 고 　　1. 오정현
소송대리인 　법무법인(유한) 로고스
　　　　　　담당변호사 김용, 오세창, 안민

소송대리인	법무법인 지평
	담당변호사 권창영
	2. 대한예수교장로회총회(합동) 동서울노회
	대표자 노회장 강병두
소송대리인	법무법인 케이씨엘
	담당변호사 이재환
제1심판결	서울중앙지방법원 2016. 2. 4. 선고 2015가합15042 판결
변론종결	2017. 4. 6.
판결선고	2017. 5. 11.

주 문

1. 원고들의 피고들에 대한 항소를 모두 기각한다.
2. 항소비용은 원고들이 부담한다.

청구취지 및 항소취지

제1심 판결을 취소한다.

가. 피고 대한예수교장로회(합동) 동서울노회에 대하여: 피고 대한예수교장로회(합동) 동서울노회가 2003. 10.경 피고 오정현을 서울 서초구 서초동 1310-16 소재 소외 사랑의교회의 위임목사(당회장

담임목사)로 위임한 결의는 무효임을 확인한다.

나. 피고 오정현에 대하여: 피고 오정현은 위 사랑의교회 위임목사(당회장 담임목사)로서의 직무를 집행하여서는 아니 된다.

이　　유

1. 제1심 판결의 인용

이 법원이 적을 이유는 아래와 같이 고쳐 쓰거나 추가하는 것을 제외하고는 제1심판결의 이유와 같으므로 민사소송법 제420조 본문에 따라 이를 그대로 인용한다.

2. 고쳐 쓰거나 추가하는 부분

가. 제1심 판결문 중 제3쪽 제18행 중 '결의' 다음에 '(세례교인 12,074명 중 96.5%인 11,652명의 찬성을 받았다)'을 추가한다.

나. 제1심 판결문 중 제5쪽 제7행부터 제12행까지 부분을 아래와 같이 고쳐 쓴다.

이 없다. 또한 피고 오정현은 미국 장로교 교단(PCA: Presbyterian Church in America) 헌법 소정의 목사 안수과정 관련 절차를 지키지 아니하였다. 그럼에도 미국 장로교 교단 소속 한인서남노회는 1986. 10. 14. 피고 오정현이 미국 개혁교회 교단의 강도사 자격을 취득하였고, 미국 장로교 교단 헌법 소정의 목사 안수과정 관련 절차를 지킨 것으로 잘못 인정하여 피고 오정현에 대한 목사 안수를 승인하였다. 따라서 미국 장로교 교단 소속 한인서남노회의 피고 오정현에 대한 목사 안수는 그 요건을 준수하지 못한 상태에서 이루어진 것으로 무효이므로, 피고 오정현은 미국 장로교 교단 소속 목사가 아니다.

다. 제1심 판결문 중 제5쪽 제17, 18행의 '학력을 허위 기재하였으므로 위 신학대학원의 피고 오정현에 대한 편입학 허가 자체가 무효이다' 부분을 아래와 같이 고쳐 쓴다.

학력을 허위 기재하였다. 또한 피고 오정현은 2002. 3.경 총신대학교 신학대학원에 입학 관련서류 중 하나인 노회추천서를 제출하면서, 사실은 피고 오정현이 미국 장로교 교단 한인서남노회 소속 목사였음에도 이 사건 교단 소속 경기노회 내수동교회의 목사후보생이라고 허위로 기재하여 제출하였다. 이로 인하여 피고 오정현은 2016. 12.경 총신대학교 총장으로부터 합격무효처분을 통보받았다.

라. 제1심 판결문 중 '4. 나. 판단'(제10쪽 제5행부터 제12쪽 제19행까지) 부분을 아래와 같이 고쳐 쓴다.

나. 판단
갑 1, 22, 52, 82, 94호증의 각 일부 기재, 을가 21 내지 23, 25, 36, 38, 43, 45,

59호증, 을나 1 내지 5호증의 각 기재(각 가지번호 포함), 제1심 법원의 총신대학교 총장에 대한 각 사실조회 결과에 변론 전체의 취지를 종합하여 인정되는 다음과 같은 사정들 등에 비추어 보면, 원고들이 제출하는 증거들만으로는 피고 노회가 피고 오정현이 이 사건 교단 헌법 정치편 제15장 제13조 소정의 요건을 갖추었다고 판단하여 피고 오정현을 소외 교회의 위임목사로 위임하는 결의를 함에 있어, 이를 종교단체 자율권에 기한 재량권의 행사가 현저히 합리성을 결여하거나 자의적이어서 그 재량권의 행사를 그대로 용인·방치할 경우 현저히 정의관념에 반하는 부당한 결과를 초래하는 경우에 해당한다고 볼 수 없고, 달리 이를 인정할 만한 증거가 없다.

1) 미국 장로교 교단 소속 한인서남노회에서의 목사 안수와 관련하여

① 피고 오정현은 1985. 1. 22. 미국 개혁교회 교단 소속 캘리포니아 남부노회에서 설교 인허(licensure to preach)를 받았고, 그 무렵부터 1986. 8.경까지 미국 개혁교회 교단 소속 오렌지한인개혁교회(Orange Korean Reformed Church)에서 설교를 하였다.

② 당시 미국 개혁교회 교단과 미국 장로교 교단은 상호간의 자격을 서로 인정하고 있었고, 피고 오정현은 미국 개혁교회 교단의 설교 인허와 오렌지한인개혁교회에서의 경력을 인정받아 1986. 10. 14. 개최된 미국 장로교 교단 소속 한인서남노회에서 목사 안수를 받았다. 나아가 피고 오정현은 그 다음날 속회(續會)에서 성경 고전 10장 31절 내지 33절을 읽고 '성숙한 그리스도인의 두 가지 질문'이라는 내용으로 강론하였다(을가 25호증의 2).

③ 미국 장로교 교단 총회는 피고 오정현에 대한 목사 안수결의가 포함된 한인서남노회의 1986년 정기노회 회의록을 제출받아 검토한 후 어떠한 유보 없이 그 회의 결과를 그대로 승인하였다. 이후 피고 오정현은 1989. 4. 12.부터 1990. 4.경까지 한인서남노회 서기 직을, 1997. 4. 28.부터 약 6개월간 한인서남노회 노회장 직을 각 수행하였다(갑 22호증).

④ 이 법원의 미국 장로교 교단 총회 헌법위원회에 대한 사실조회에 대하여, 미국 장로교 교단 총회는 피고 오정현이 미국 장로교 교단 한인서남노회에서 1986. 10. 14. 목사 안수를 받은 사실을 확인하면서, "미국 장로교 교단 헌법에 '후보생, 인허, 이후 인턴십' 등 절차가 있으나 어떤 경우에는 타 교단에서 소정의 요건을 충족시킨 사람을 받아들일 수 있다.", "한인서남노회는 미국 개혁교회 출신의 후보생을 받아들일 나름의 권한이 있다.", "한인서남노회는 피고 오정현이 오렌지한인개혁교회에서 목사를 보조하는 신학생으로 봉사한 사실을 인정하여 미국 장로교 교단 헌법상 요건을 충족한 것으로 결정하였고, 미국 장로교 교단 총회는 그에 대하여 어떤 이의도 제기하지 않았다."는 취지로 답변하였다(을가 36호증의 1, 2).

⑤ 또한 한인서남노회는 2016. 3. 15. 제66회 정기노회에서 '제7회 노회에서 절차에 따라 피고 오정현을 목사 고시 후 안수하였음을 확인한다'는 내용의 결의를 다시 한 번 하였다.

⑥ 종교단체인 교단은 그 교리의 내용 등 해당 교단의 고유한 특성과 교단 내에서의 종교적 질서를 유지하는 것을 존립 목적으로 하게 된다. 교단은 존

립 목적을 위하여 필요한 경우 교단 헌법을 제정·개정·해석하고, 행정쟁송 등 교단 내의 각종분쟁을 처리하며, 목사 등 교역자의 자격 요건을 정하며, 소속 지교회를 지휘·감독하는 등의 기능을 수행한다(대법원 2014. 12. 11. 선고 2013다78990 판결 참조).

교단의 신념이나 정체성에 따라, 성경의 말씀을 전하면서 종교활동을 주재하고 신도를 이끌어 가는 가장 중요한 역할을 수행하는 사람이 바로 목사이고, 그 목사의 임명 여부, 그와 관련된 교단 헌법 해석은 종교단체인 교단 내부의 자율권에 관한 사항이자 대한민국 헌법 제20조 제1항에서 보장하는 종교의 자유의 핵심적인 영역에 해당한다.

미국 장로교 교단 소속 한인서남노회의 피고 오정현에 대한 목사 안수결의와 관련하여, 위 노회에서 미국 장로교 교단 헌법에 따라 피고 오정현에게 목사 안수를 받을 자격이 있는지 여부를 심사하는 것은 위 노회의 자율권에 해당하는 사항이라고 할 것인데, 위 노회뿐만 아니라 미국 장로교 교단 총회도 계속하여 피고 노회의 1986. 10. 14.자 피고 오정현에 대한 목사 안수결의가 유효하다고 판단하고 있다.

2) 총신대학교 총장의 피고 오정현에 대한 합격무효처분과 관련하여

(가) 갑 36, 55, 69, 99호중, 을가 3, 22호중의 각 기재(각 가지번호 포함), 이 법원의 2017. 3. 31.자 총신대학교 총장에 대한 각 사실조회 결과, 제1심 법원의 서울출입국관리사무소에 사실조회 결과에 변론 전체의 취지 등을 종합하면, ① 피고 오정현은 이 사건 교단 산하 신학교인 총신대학교 신학대학원의 2002학년도 편입학 전형에 지원하였고, 전형 일정상 편입학 시험은 2001. 10. 22. 실시 예정이었던 점, ② 피고 오정현은 위 시험 당

일 미국 체류 중이어서 한국 내 시험장에 출석하지 아니한 채 팩시밀리 전송 방식으로 미국 내에서 시험을 보았던 점, ③ 피고 오정현은 2016. 12.경 총신대학교 총장으로부터 '사실은 피고 오정현이 미국 장로교 교단 한인서남노회 소속 목사였음에도 이 사건 교단 소속 경기노회 내수동 교회의 목사후보생이라고 허위로 기재한 노회추천서를 제출하였다'는 이유로 합격무효처분을 통보받은 점 등이 인정된다.

(나) 그러나 앞에서 든 각 증거들에 의하면, 아래와 같은 사정들 역시 인정된다.

① 총신대학교 신학대학원 편목과정은 이 사건 교단 내의 노회에 소속되어 있는 지교회에서 목회를 하려는 이 사건 교단 헌법 정치편 제15장 제13조에 해당하는 목사들을 위 신학대학원에서 수학하게 하여 이 사건 교단 총회가 실시하는 강도사를 거친 후 소속 노회의 정회원 자격을 취득하게 하기 위한 과정이다. 따라서 편목과정은 노회의 헌의(獻議)에 의하여 총회가 수락하면 위 신학대학원에서 위탁교육으로 실시하게 된다(제1심 법원의 2015. 12. 1.자 총신대학교 총장에 대한 사실조회 결과).

즉, 위 편목과정은 교육관계 법령에 따른 정규 석사·박사 학위과정이 아니라 위 교단 헌법 정치편 제15장 제13조에 따라 타 교단 목사가 이 사건 교단 목사로 봉직(奉職)하기 위하여 거치는 교육과정으로 봄이 상당하다.

② 위 교단 헌법 정치편 제15장 제13조에는 '본 장로회 신학교에서 2년 이상 수업한 후 총회 강도사 고시에 합격하여야 한다. 한국 이외 다른 지방에서

임직한 장로파 목사도 같은 예로 취급한다.'라고 되어 있으나, 이를 반드시 2년 이상 위 신학대학원 과정을 수업하여야 한다는 의미로 해석하여야 하는 것이 아니라 2년 이상의 수업으로 달성할 수 있는 수준과 대등한 수준의 수업과정을 거칠 것을 요구하는 취지로도 해석할 수 있다.

총신대학교에서도 제1심 법원의 2015. 12. 1.자 총신대학교 총장에 대한 사실조회 회신에서 "이 사건 교단 총회 헌법에 2년이라 명시된 것과 달리 본교에서 1년을 수학하게 되는 경우는 교육을 희망하는 편목의 학력이나 학위가 그에 상응하는 학력을 갖추었다고 인정할 수 있기 때문이며, 아울러 교육을 희망하는 편목의 학력이 본교가 요구하는 기준에 못 미친다고 판단될 경우에는 3년(6학기)을 수학하게 되는 경우도 있다. 본교가 이와 같이 시행해 오고 있는 이유는 편목과정의 목표가 '일정 기간'의 수학이 아니라 그 과정을 통해 '일정 수준'에 도달하게 하고자 하는 것이기 때문인데, 대학인 본교가 오래 전부터 그렇게 판단하여 시행해 오고 있는 중이고, 장로교에 속한 대부분의 교단도 역시 마찬가지로 알고 있다."라는 취지로 답변하였다.

실제로도 이 사건 교단 총회 결의에 따라 위 신학대학원 내에 약 2주간(1학기)의 단기편목 특별과정까지 개설되어 2009년부터 2015년까지 1,124명이 위 단기편목 특별과정을 마쳤다.

③ 총신대학교 신학대학원 교무위원회는 2001. 10. 19. 피고 오정현이 미국 체류 중이어서 필답고사 당일인 10. 22. 입국할 수 없게 되는 사정을 감안하여 팩시밀리 전송방식으로 시험을 실시하고 시험감독자는 교무처장에게 일임하여 시행하기로 결의하였고, 이에 피고 오정현은 시험 당일 미국

에서 위 시험에 응시하였다.

그 후 총신대학교 신학대학원 교수회는 2001. 10. 26. 입학사정을 통하여 피고 오정현을 합격시키고 입시성적, 과거 신학대학원 1학기 이수, 탈봇·칼빈신학교 학력 등을 감안하여 위 신학대학원 연구과정 3학년에 편입하기로 하였다. 피고 오정현은 1년간 수업을 받은 다음 위 신학대학원의 졸업사정을 거쳐, 2003. 2. 11. 위 신학대학원 연구과정을 졸업하였다(제1심 법원의 2015. 11. 4.자 총신대학교 총장에 대한 사실조회 결과).

④ 한편, 총신대학교에서는 오정현 목사 편목과정 조사위원회를 구성하여 관련 사항을 조사한 다음, 2016. 8. 24. 총신대학교 신학대학원 교수회의 의결을 거쳐 2016. 8. 27. 피고 오정현에 대한 합격무효처분을 하였다(갑 99호증, 이 법원의 2017. 3. 31.자 총신대학교 총장에 대한 각 사실조회 결과).

그러나 총신대학교는 제1심 법원의 2015. 11. 4.자 총신대학교 총장에 대한 사실조회 회신에서, "피고 오정현의 편입학 경위에 관하여 어떤 문제점이 있어서 적발되었다는 기록이 없고, 당시 피고 오정현이 제출한 서류는 이미 14년이나 경과하여 현재 보관하고 있지 아니한다"는 취지로 답변하였다. 또한 2016. 8. 24.자 총신대학교 신학대학원 교수회회의록에는 "오정현 목사의 입학 건은 교무처에 맡겨 규정대로 처리하기로 하고", 2016. 10. 26.자 위 신학대학원 교수회 회의록에는 "전 회의록 낭독. 문건대로 받기로 교수 동의, 교수 제청으로 결의하다"라고만 각 기재되어 있을 뿐, 구체적으로 위 교수회에서 피고 오정현에 대한 합격무효처분을 의결한 내용이 기재되어 있지 않았다(갑 94호증의 2, 3). 그리고 위 합격무효처분 당시 피고 오정현의 소명을 듣는 청문절차 등을 거치지 아니한 것으로 보일 뿐만 아니라 2016. 8. 27. 합격무효처분을 한 이후, 특별한 사정없이 약 4개월이 경과한 2016. 12.경 피고 오정현에게 위 처분을 통보하였다[피고 오정현은 총신대학교를 상대로 합격무효처분 무효확인청구의 소를 제기하였다(서울중앙지방법원 2017가합500582)}.

앞에서 살펴본 바와 같이 편목과정 자체가 위 교단 헌법 정치편 제15장 제13조에 따라 타 교단 목사가 이 사건 교단 목사로 봉직하기 위하여 거치는 교육과정으로 노회의 헌의 및 총회의 수락으로 실시되는 위탁교육 과정이고, 교단의 신념이나 정체성에 따라, 성경의 말씀을 전하면서 종교활동을 주재하고 신도를 이끌어 가는 가장 중요한 역할을 수행하는 사람이 바로 목사이고, 그 목사의 임명 여부, 그와 관련된 교단 헌법 해석은 종교단체인 교단 내부의 자율권에 관한 사항이자 대한민국 헌법 제20조 제1항에서 보장하는 종교의 자유의 핵심적인 영역에 해당한다.

그런데, 위 교단 헌법 정치편 제4장 제1조에 따라 소속 목사 임명권한을 가지고 있는 경기노회에서는 피고 오정현이 미국 남가주 사랑의교회(미국 장로교 교단 소속 한인서남노회) 담임목사라는 사실을 알고 있으면서도 피고 오정현이 1982. 2. 9.자 경기노회에서 실시한 목사후보생 고시에 합격하였다는 이유로 노회추천서를 발급하였다(갑 82호증).

또한, 이 사건 교단 헌법의 개정권한을 가지고 있고(다만 노회 과반수와 모든 노회의 투표수 2/3 이상의 찬성을 받아야 한다), 위 교단에서 치리권(治理權)을 행사하는 치리회(治理會) 중 최고 상위 의결기구인 총회에서는 "타 교파 목사가 본 총회에 가입코자 할 때에는 편목과정을 밟게 되는데 이 편목과정은 노회 추천으로 학교에 등록하여 정해진 수업을 이수하고, 총회가 시행하는 강도사 고시에 응시하여 합격하면 총회는 강도사 인허증을 노회에 발급하고 노회가 강도사로 인허하는 과정을 마치면 종료된다. 따라서 노회 추천시 타 교파 담임목사 시무를 용인하고 추천했다면 가능한 일이다.", "편목과정 지원 시 노회 추천은 반드시 장차 목회를 하려는 지교회가 속한 노회의 추천을 받아야 하는 것은 아니라 본 교단 소속 노회이면 모두 무방하다.", "총신대학교 편목과정은 본 교단의 목사로 인정받기 위한 과정 중 하나이다. 그러므로 본 교단의 목사가 되기 전이라는 의미에서 '목사후보생'이라고 보는 것은 문제없다.", "목사의 임직은 노회의 권한이다. 노회는 타 교단 목사가 본 교단에 가입하고자 할 경우 가입허락을 하고 추천하여 총회가 운영하는 신학원의 졸업을 확인하는 등 모든 과정과 절차를 확인한 후 목사로 임직하는 것이다.", "목사후보생 신분도 노회가 부여하는 것으로 노회의 권한이다. 그러므로 총신대학교 신학대학원에서 목사후보생인지 아닌지 결정할 수 없다."라고 하고 있다(을가 59호증의 1, 2).

⑤ 총신대학교 신학대학원 학적부(피고 오정현이 2002. 3. 1.자로 위 신학대학원에 편입학하면서 작성된 것, 갑 47호증의 2)에는 피고 오정현이 부산고등학교를 졸업한 것으로 기재되어 있으나, 피고 오정현이 제출한 입학 관련서류에 그와 같이 부산고등학교를 졸업한 것으로 허위 기재가 되어 있었는지를 알 수 있는 자료가 없을 뿐만 아니라 입학원서(갑 94호증의 4에 첨부된 자료)에도 고등학교 학력을 기재하는 란이 별도로 없다. 또한 피고 오정현이 1982. 3. 9. 총신대학교 신학대학원 석사학위과정에 입학할 당시 작성된 학적부(갑 94호증의 4 제11쪽에 첨부된 자료)에도 숭전대학교(숭실대학교) 영문학과를 졸업한 사실만 기재되어 있을 뿐이다.

⑥ 피고 오정현은 위 총신대학교 신학대학원 연구과정을 마친 다음, 이 사건 교단헌법에 정한 절차에 따라 2003년 위 교단 총회 고시부에서 실시한 강도사 고시에 합격하였고, 2003. 10. 13. 피고 노회의 제64회 정기노회에서 강도사 인허를 받았다.

3. 결론

그렇다면 원고들의 피고들에 대한 이 사건 청구는 모두 이유 없으므로 이를 기각하여야 할 것인데, 제1심 판결은 이와 결론을 같이 하여 정당하므로 원고들의 피고들에 대한 항소는 이유 없이 이를 모두 기각하기로 한다.

재판장 판사 한규현
        판사 김용하
        판사 이상호

6-3 대법 2017다232013(파기 환송)

대 법 원
제 1 부
판 결

사 건	2017다232013 위임결의무효확인등
원고, 상고인	1. 김두종
	2. 안용균
	3. 정태홍
	4. 김영배
	5. 최택범
	6. 김근수
	7. 마종국
	8. 이화숙
	9. 김근숙
원고들 소송대리인	법무법인(유한) 바른
	담당변호사 김명환, 김치중, 박재윤
피고, 피상고인	1. 오정현
소송대리인	법무법인(유한) 로고스

	담당변호사 김용, 안민, 오세창
소송대리인	법무법인 지평
	담당변호사 권창영

2. 대한예수교장로회총회(합동) 동서울노회

대표자 노회장	김학규
소송대리인	법무법인 케이씨엘
	담당변호사 이재환

원심판결   서울고등법원 2017. 5. 11. 선고 2016나2013077 판결
판결선고   2018. 4. 12.

주   문

원심판결을 파기하고, 사건을 서울고등법원에 환송한다.

이   유

상고이유를 판단한다.

1. 원심의 판단

원심은 증거에 의하여, ① 피고 오정현이 1985. 1. 22. 미국 개혁교회 교단 캘리포니아 남부노회에서 설교 인허를 받은 후, 미국 개혁교회 교단과 자격을 서로 인정하고 있던 미국 장로교 교단 한인서남노회에

서 1986. 10. 14. 목사 안수를 받은 사실, ② 피고 오정현은 대한예수교장로회총회(합동) 교단(이하 '이 사건 교단'이라고 한다) 산하 신학교인 총신대학교 신학대학원(이하 '이 사건 신학대학원'이라고 한다)의 2002학년도 편입학 전형에 지원하였는데, 당시 응시서류로 이 사건 교단 경기노회로부터 받은 목사후보생 추천서를 제출하였고, 편입학 시험은 한국 내 시험장이 아니라 미국에서 팩시밀리 전송 방식으로 응시하여 합격한 사실, ③ 피고 오정현은 2002. 3.경 이 사건 신학대학원 연구과정 3학년에 편입하여 2003. 2. 11. 연구과정을 졸업한 다음 강도사 고시에 합격하고, 2003. 10. 13. 이 사건 교단 대한예수교장로회(총회) 동서울노회(이하 '피고 노회'라고 한다)의 정기노회에서 강도사 인허를 받은 사실, ④ 이 사건 교단 헌법 정치편 제15장 제13조는 다른 교파의 목사가 이 사건 교단에서 목사로 교역하려면 신학교에서 수업받은 후 강도사 고시에 합격해야 한다고 정하고 있는데, 이 사건 신학대학원의 편목과정이 다른 교파 또는 교단의 목사가 이 사건 교단의 목사로 교역하기 위하여 거치는 교육과정인 사실을 인정한 다음, 미국 장로교 교단 소속 한인서남노회에서 목사 안수를 받은 피고 오정현이 이 사건 신학대학원에 편입하여 연구과정을 졸업한 후 강도사 고시에 합격하였으므로 교단 헌법 제15장 제13조 소정의 요건을 갖추었다고 판단하면서, 피고 오정현을 이 사건 교단 소속 사랑의교회 목사로 위임한 피고 노회의 결의가 당연무효이고, 피고 오정현은 사랑의교회 위임목사로서의 직무를 집행하여서는 아니된다는 원고들의 청구를 배척하였다.

2. 대법원의 판단

가. 원심판결 이유와 기록에 의하면 다음과 같은 사실을 인정할 수 있다.

1) 이 사건 교단의 헌법은, 목사가 되기 위해서는 이 사건 신학대학원 졸업 후 강도사 고시에 합격하고 1년 이상 교역에 종사한 후 노회 고시에 합격하여 목사 안수를 받아야 하고(정치편 제15장 제1조), 다른 교파의 목사 또는 한국 외 다른 지방에서 임직한 장로파 목사가 이 사건 교단에서 목사로 교역하려면 신학교에서 2년 이상 수업받은 후 강도사 고시에 합격해야 한다(정치편 제15장 제13조)고 정하고 있다.
2) 이 사건 신학대학원은 2002학년도 편목·편입학생을 모집하면서 아래와 같이 일반 편입과 편목 편입을 나누어 모집요강을 마련하였다.

> 가) 일반 편입의 응시자격은 '수세 후 5년 이상 경과된 자, 본 교단 소속 노회에서 목사후보생에 선발되어 노회의 추천을 받은 자, 정규대학 졸업자 또는 이와 동등 이상의 학력자로서 본 교단의 신학노선과 같은 신학대학원 과정을 졸업한 자'이고, 응시자는 입학원서, 노회추천서, 서약서 등의 서류를 제출해야 한다. 즉 이 과정에 편입하려는 사람은 목사가 아닌 것을 전제로 한다.

> 나) 편목 편입의 응시자격은 '헌법 정치편 제15장 제13조 해당자(타 교단에서 목사안수를 받은 후 본 교단에서 교역하고자 소속 노회의 추천을 받은 자), 정규대학 졸업자 또는 이와 동등 이상의 학력자로서 본 교단의 신학노선과 같

은 신학대학원 과정을 졸업한 자'이고, 응시자는 위 입학원서, 노회추천서, 서약서 등의 서류 외 목사안수증을 제출해야 한다. 즉 이 과정에 편입하려는 사람은 목사 자격이 있음을 당연한 전제로 한다.

3) 피고 오정현의 이 사건 신학대학원 학적부에는 편입학 과정은 '연구과정', 전공은 '신학전공'으로 기재되어 있고, 입학 전 신력란에 소속교단은 '예수교장로회총회(합동)', 소속노회는 '경기노회', 소속교회는 '내수동교회'라고 기재되어 있으나, 입학 전 경력란에는 아무런 기재가 없다.

나. 위에서 인정한 사실에 따르면, 이 사건 신학대학원을 졸업하거나 이 사건 교단에서 목사안수를 받지 아니한 피고 오정현이 이 사건 교단의 목사가 되기 위해서는, 이 사건 교단 소속 노회로부터 목사후보생 추천서를 받아 목사후보생으로서 이 사건 신학대학원에 일반 편입하여 졸업한 후 강도사 고시 합격, 1년 이상 교역 종사, 목사 고시 합격을 거쳐 목사 안수를 받는 방법 또는 이미 미국 장로교 교단 한인서남노회에서 목사안수를 받은 목사로서 그 목사안수증을 제출하고 이 사건 신학대학원의 편목과정에 편입하여 졸업한 후 강도사 고시에 합격하는 방법 중 한 가지를 선택할 수 있다. 이 사건 신학대학원의 어느 과정을 졸업하느냐에 따라 졸업 후 목사가 되기 위해 거쳐야 하는 절차가 다르므로, 피고 오정현이 이 사건 교단의 목사 자격이 있는지 여부를 판단하기 위해서는 먼저 일반 편입을 한 것인지 편목 편입을 한 것인지를 분명하게 밝히고, 해당 편입과정을 전제로 그 입학허가,

과정 이수, 졸업 등 절차의 하자 여부와 후속 과정을 제대로 거쳤는지를 살펴야 한다.

그런데 앞서 본 바와 같이 피고 오정현은 이 사건 교단 경기노회의 '목사후보생' 추천서를 제출하여 목사후보생 자격으로 편입학시험에 응시하였고, 학적부에는 신학전공의 연구과정(석사과정이 아니라는 의미일 뿐 편목과정이라는 의미는 아닌 것으로 보인다)에 편입하여 졸업하였다고 기재되어 있을 뿐 미국 장로교 교단에서 목사 안수를 받은 경력은 전혀 기재되어 있지 않고, 목사안수증을 제출하지 아니하였을 뿐 아니라 피고 오정현 스스로도 '일반 편입 응시자격으로 서류를 제출한 것이 아닌가 생각된다'라고 인정하고 있는(피고 오정현의 소송대리인이 2016. 9. 20. 제출한 준비서면 20쪽) 사정을 더하여 보면, 피고 오정현은 미국 장로교 교단의 목사 자격으로 편목과정에 편입한 것이 아니라 이 사건 교단의 목사후보생 자격으로 일반 편입을 한 것으로 보는 것이 합리적이다. 이와 같이 피고 오정현이 목사 후보생 자격으로 일반 편입을 하였다면, 비록 위 연구과정을 졸업한 후 강도사고시에 합격하고 강도사 인허를 받았다고 하더라도 아직 이 사건 교단 소속 노회의 목사 고시에 합격하여 목사 안수를 받지 아니하였으므로 위 교단 헌법 제15장 제1조에서 정한 목사 요건을 갖추었다고 볼 수 없다. 또한 다른 교단 목사 자격으로 편목과정에 편입한 것이 아니라면 피고 오정현은 여전히 미국 장로교 교단의 목사일 뿐 위 교단 헌법 제15장 제13조에서 정한 이 사건 교단의 목사가 될 수 없다.

그런데도 원심은, 피고 오정현이 이 사건 신학대학원에 목사후보생 자격으로 편입학시험에 응시한 사실을 인정하면서도 그 과정이 목사

자격으로 응시할 수 있는 편목과정이라고 성급하게 단정한 후, 피고 오정현이 편목과정을 졸업하고 강도사 고시에 합격하였다는 이유만으로 위 교단 헌법 제15장 제13조가 정한 목사 요건을 갖추었음을 전제로 한 피고 노회의 결의가 부당하지 않다고 판단하여 원고들의 청구를 배척하였다. 이러한 원심판결에는 이 사건 교단 헌법을 적용함에 있어 필요한 심리를 다하지 아니하고 논리와 경험의 법칙을 위반한 잘못 또는 이유에 모순이 있어 판결에 영향을 미친 잘못이 있다.

3. 결론

그러므로 나머지 상고이유 주장에 관한 판단을 생략한 채 원심판결을 파기하고, 사건을 다시 심리·판단하도록 원심법원에 환송하기로 하여, 관여 대법관의 일치된 의견으로 주문과 같이 판결한다.

재판장　대법관 이기택
주　심　대법관 김　신
　　　　　대법관 박상옥
　　　　　대법관 박정화

6-3-1 대법원 2017다232013 위임 결의 무효확인 등 사건 보도 자료

대법원(제1부, 주심 대법관 김신)은, 피고 대한예수교장로회총회(합동) 동서울노회가 2003. 10.경 피고 오정현을 사랑의교회 목사로 위임한 결의가 무효라는 확인 등을 구하는 원고들(사랑의교회 신도들)의 청구에 대하여, 피고 오정현 목사가 목사후보생 자격으로 총신대학교 신학대학원의 일반 편입과정에 응시했음에도 불구하고, 다른 교단 목사 자격으로 편목과정에 편입학하였음을 전제로 위 피고 노회의 목사 위임 결의가 부당하지 않다고 보아 원고들의 청구를 기각한 원심판결은 심리를 다하지 아니하고 이유에 모순이 있다는 이유로 이를 파기환송하였음(대법원 2018. 4. 12. 선고 2017다232013 판결).

1. 사건 경위

- 피고 대한예수교장로회총회(합동) 동서울노회는 2003. 10.경 피고 오정현을 사랑의교회 위임목사(당회장 담임목사)로 위임하는 결의를 하였음
- 대한예수교장로회총회(합동)의 목사가 되기 위해서는 교단 헌법에 의하여 ① 교단 소속 노회의 목사후보생 자격으로 신학대학원 입학·졸업 후 강도사 고시 합격, 1년 이상의 교역 종사, 노회 고시 합격, 목사 안수를 거치거나, ② 다른 교단 목사 또는 외국에서 임직한 장로파 목사 자격으로 신학교에서 2년 이상 수업을 받고 강도사

고시에 합격하여야 함
- ▪ 이에 따라 대한예수교장로회총회(합동)는 총신대학교 신학대학원에 목사가 되기 위한 신학과정을 개설하여, ㉠ 목사 후보생 자격으로 편입하는 '일반 편입' 과정과 ㉡ 타 교단 또는 외국에서 임직한 목사 자격으로 편입하는 '편목 편입' 과정을 구분하여 입시요강을 발표하였음

	㉠ 일반 편입	㉡ 편목 편입
응시 자격	· 수세 후 5년 이상 경과된 자 · 본 교단 소속 노회에서 목사후보생에 선발되어 추천을 받은 자 · 정규대학 졸업자 또는 이와 동등 이상의 학력자로서 신학대학원 졸업한 자	· 다른 교단에서 목사 안수를 받고 본 교단 소속 노회의 추천을 받은 자 · 정규대학 졸업자 또는 이와 동등 이상의 학력자로서 신학대학원 졸업한 자
제출 서류	· 입학원서, 노회추천서, 서약서 등	· 입학원서, 노회추천서, 서약서 등 · 목사안수증

- ▪ 원심은 피고 오정현이 2002학년도 총신대학교 신학대학원의 편목 과정에 편입하여 졸업한 후 강도사 고시에 합격하였다고 인정하여 (위 ②과정), 위 교단 헌법이 정한 목사 자격을 갖추었음을 전제로 한 피고 노회의 목사 위임 결의가 부당하지 않다고 판단하였음

2. 대법원의 판단

- ▪ 판결의 결과
- ● 파기환송

■ 판단의 근거

- 위 교단 헌법에 의하면, 일반 편입 과정에 입학하느냐 또는 편목 편입 과정에 입학하느냐에 따라 졸업 후 목사가 되기 위해 거쳐야 하는 절차가 다르므로, 목사 자격 여부를 판단하기 위해서는 일반 편입인지, 편목편입인지를 분명하게 밝힌 다음 해당 편입과정을 전제로 입학허가, 과정 이수, 졸업 등 절차의 하자 여부와 후속 과정을 제대로 거쳤는지를 살펴야 함
- 피고 오정현은 1986. 10. 14. 미국 장로교 교단 한인서남노회에서 목사 안수를 받았다고 주장하면서도, 총신대학교 신학대학원 2002학년도 편목·편입학생 모집에 응시하면서 목사후보생 추천서를 제출하였고, 학적부에는 미국 장로교 교단 목사 경력이 전혀 기재되어 있지 않으며, 피고 오정현 스스로도 준비서면에서 당시 일반 편입 응시자격으로 서류를 제출한 것으로 생각한다고 인정하고 있음
- 이러한 사실관계에 의하면, 피고 오정현은 미국 장로교 교단 목사 자격으로 편목과정에 편입한 것이 아니라, 목사후보생 자격으로 일반 편입을 한 것으로 보는 것이 합리적임. 그런데 원심은 피고 오정현이 목사후보생 추천서를 제출하여 응시했음을 인정하면서도, 목사 자격으로 편목과정에 편입·졸업하고 강도사 고시에 합격하였다는 이유로 피고 노회가 피고 오정현이 목사 요건을 갖추었음을 전제로 그를 사랑의교회 목사로 위임한 결의는 부당하지 않다고 판단하였으므로, 이유에 모순이 있고 필요한 심리를 다하지 아니하는 등의 잘못이 있어 파기환송함

3. 판결의 의의

■ 종교단체인 교회의 목사 위임 결의 유·무효 판단의 전제로서 해당 목사가 교회 헌법이 정한 목사 자격을 갖추었는지를 살펴봄에 있어, 원심판결 이유에 모순이 있고 심리를 다하지 아니하는 등의 잘못이 있으므로, 이러한 점에 관하여 심리를 다하여 모순 없이 인정되는 사실관계를 전제로 결의 유·무효를 판단하여야 한다고 본 판결임

서 울 고 등 법 원
제 3 7 민 사 부
판 결

사 건	2018나2019253 위임결의무효확인 등
원고, 상고인	1. 김두종
	2. 안용균
	3. 정태홍
	4. 김영배
	5. 최택범
	6. 김근수
	7. 마종국
	8. 이화숙
	9. 김근숙
원고들 소송대리인	법무법인(유한) 바른
	담당변호사 김치중, 김보라
원고 6 소송대리인	법무법인 인앤인
	담당변호사 경수근
피고, 피항소인	1. 오정현

소송대리인	법무법인(유한) 로고스	
	담당변호사 오세창, 정인섭	
소송대리인	법무법인(유한) 지평	
	담당변호사 권창영, 이공현	
	2. 대한예수교장로회(합동) 동서울노회	
	대표자 노회장 김학규	
소송대리인	법무법인 케이씨엘	
	담당변호사 이재환	
제1심판결	서울중앙지방법원 2016. 2. 4. 선고 2015가합15042 판결	
환송전판결	서울고등법원 2017. 5. 11. 선고 2016나2013077 판결	
환송판결	대법원 2018. 4. 12. 선고 2017다232013 판결	
변론종결	2018. 10. 31.	
판결선고	2018. 12. 5.	

주   문

1. 제1심판결을 취소한다.
2. 피고 대한예수교장로회(합동) 동서울노회가 2003. 10.경 피고 오정현을 서울 서초구 서초동 1310-16 소재 사랑의교회의 위임목사(당회장 담임목사)로 위임한 결의는 무효임을 확인한다.
3. 피고 오정현은 위 사랑의교회 위임목사(당회장 담임목사)로서의 직무를 집행하여서는 아니 된다.
4. 소송총비용은 피고들이 부담한다.

청구취지 및 항소취지

주문과 같다.

이 유

1. 기초사실

이 법원이 이 부분에 적을 이유는 제1심판결의 이유 중 해당 부분(3쪽 13행~4쪽 16행) 기재와 같으므로, 민사소송법 제420조 본문에 의하여 이를 그대로 인용한다.

2. 본안전항변에 관한 판단

가. 제1심판결의 인용

이 법원이 이 부분에 적을 이유는, 제1심판결 7쪽 10행~7쪽 14행의 "소외 교회는~ 있다." 부분을 삭제하고, 피고들이 이 법원에서 강조하거나 추가하는 주장에 관하여 다음의 '나. 추가판단'을 더하는 것 외에는 제1심판결의 이유 중 해당 부분(5쪽 20행~9쪽 2행) 기재와 같으므로, 민사소송법 제420조 본문에 의하여 이를 그대로 인용한다.

나. 추가판단

1) 피고들의 추가 주장에 대한 판단

가) 주장의 요지

원고들의 이 사건 각 소는 사법심사의 대상이 될 수 없는데도 대법원의 환송 판결은 본안에 관한 판단을 하였는바, 만약 환송판결의 취지를 이 사건 각 소가 사법심사의 대상이 되는지 여부에 관하여 명시적으로 판단하지 않은 것으로 본다면 그 부분에 관해서는 기속력을 부여할 수 없고, 이 사건 각 소가 사법심사의 대상이 된다고 판단한 것으로 본다면 이는 기존 대법원 판례를 변경한 것이므로 전원합의체에서 재판해야 하는데 이를 소부에서 재판하여 위법하다.

나) 판단

민사소송법 제436조 제2항에 의하여 환송받은 법원이 기속되는 '상고법원이 파기이유로 한 법률상 판단'에는 상고법원이 명시적으로 설시한 법률상 판단뿐 아니라, 명시적으로 설시하지 아니하였더라도 파기이유로 한 부분과 논리적 필연적 관계가 있어서 상고법원이 파기이유의 전제로서 당연히 판단하였다고 볼 수 있는 법률상 판단도 포함되는 것으로 보아야 한다(대법원 1991. 10. 25. 선고 90누7890 판결, 대법원 2012. 3. 29. 선고 2011다106136 판결 등 참조).

따라서 이 사건 환송판결이 피고 오정현의 목사 자격과 관련된 본안을 판단한 이상 이는 이 사건 각 소가 사법심사의 대상이 된다는 판단을 논리적 전제로 하고 있다고 할 것이므로, 이 부분에 관한 환송판결의 기속력은 이 법원에 그대로 미친다고 보아야 한다(피고들이 든 대법원 1970. 7. 28. 선고 68누165 판결, 대법원 1999. 10. 8. 선고 99두6973 판결 등은 환송판결이 소송요건에 대하여 판단한 것과 전혀 별개의 사유로 환송 후 판결이 소의 적법 여부를 새로이 판단한 것이므로 이 사건과 사안이 다르다).

또한 이 사건 각 소는 원고들의 구체적인 권리 또는 법률관계를 둘러싼 분쟁으로서 사법심사의 대상이 된다는 점은 앞서 본 바와 같고, 달리 이 사건 환송판결이 종교의 자율권 보장을 언급한 기존 대법원 판결들에 위배된다고 볼 만한 근거가 없다[오히려 기존의 대법원 판결들 역시 교인으로서 비위가 있는 자에게 종교적인 방법으로 징계·제재하는 종교단체 내부의 규제(권징재판)가 아닌 한 종교단체 내에서 개인이 누리는 지위에 영향을 미치는 단체법상의 행위라 하여 반드시 사법심사의 대상에서 제외하거나 소의 이익을 부정할 것은 아니라고 판시하였다(대법원 2006. 2. 10. 선고 2003다63104 판결 등 참조)].

따라서 이와 다른 전제에 선 피고들의 위 주장은 모두 받아들이지 않는다.

2) 피고 오정현의 추가 주장에 대한 판단

가) 본안전항변의 요지

피고 오정현에 대하여 위임목사로서의 직무집행 금지를 구하는 소는 형성의 소로 보아야 하는데, 형성의 소는 법률에 명문의 규정이 있어야 제기할 수 있으므로 원고들의 피고 오정현에 대한 소는 부적법하다. 설령 피고 오정현에 대한 청구를 확인의 소로 선해한다고 하더라도, 단체가 아닌 대표자 또는 구성원 개인을 상대로 한 그 지위에 관한 확인의 소는 확인의 이익이 없으므로 부적법하다.

나) 판단

살피건대, 피고 오정현에 대한 이 사건 청구원인은, 목사의 자격이 없는 피고 오정현을 소외 교회의 위임목사로 위임한 이 사건 결의가 무효이므로 피고 오정현은 위임목사로서의 직무집행을 해서는 안 된다는 내용으로서, 기존 법률관계의 변경·형성을 목적으로 하는 형성의 소라거나 또는 피고 오정현에 대하여 위임목사 지위의 부존재 확인을 구하는 확인의 소라고 할 수 없고, 소외 교회의 위임목사 직무를 집행할 아무런 권한이 없는 피고 오정현이 그 직무집행을 하지 않도록 부작위를 구하는 이행의 소라고 봄이 타당하다.

따라서 피고 오정현의 위 본안전항변은 더 나아가 살펴볼 필요 없이 이유 없다.

3. 본안에 관한 판단

가. 당사자들의 주장 요지

1) 원고들의 주장

교단 헌법에 따라 이 사건 교단의 목사가 되기 위해서는 ① 이 사건 교단 산하에 있는 총신대학교 신학대학원 졸업 후 강도사 고시에 합격하고 1년 이상 교역에 종사한 후 노회 고시에 합격하거나(교단 헌법 정치편 제15장 제1조), ② 다른 교파 목사 또는 외국에서 임직한 장로파 목사로서 신학교에서 2년 이상 수업한 후 강도사 고시에 합격하여야 한다(교단 헌법 정치편 제15장 제13조). 피고 오정현 역시 위 두 가지의 요건

중 어느 하나를 갖추어야만 소외 교회의 목사가 될 수 있다.

그런데 피고 오정현은 목사후보생 자격으로 총신대학교 신학대학원에 일반편입을 하였으나 교단 헌법 정치편 제15장 제1조의 요건 중 '1년 이상 교역에 종사' 및 '노회 고시에 합격' 등을 갖추지 못하였으므로 이 사건 교단 목사의 자격이 없다. 설령 피고 오정현이 다른 교단의 목사 자격으로 총신대학교 신학대학원에 편목편입을 한 것이라고 하더라도 교단 헌법 정치편 제15장 제13조의 요건 중 '2년 이상 수업'의 요건 등을 갖추지 못하였으므로 역시 이 사건 교단의 목사 자격이 없다.

따라서 이 사건 교단의 목사 자격이 없는 피고 오정현을 소외 교회의 대표자인 위임목사로 위임하기로 한 이 사건 결의는 당연 무효이고, 피고 오정현은 소외 교회의 위임목사로서의 직무를 집행하여서는 안 된다.

2) 피고들의 주장

피고 오정현은 해외에서 임직한 장로파 목사이므로 교단 헌법 정치편 제15장 제13조가 적용되고, 이에 따라 피고 오정현이 총신대학교 신학대학원에 편목편입하여 졸업한 후 강도사고시에 합격하였으므로 이 사건 교단의 목사 자격을 갖추었다(설령 피고 오정현이 일반 편입을 하였다고 하더라도, 이미 목사인 피고 오정현에게 교단 헌법 정치편 제15장 제1조에 따른 목사 고시 합격 및 목사 안수를 다시 요구하는 것은 교리에 어긋나므로, 교단 헌법 정치편 제15장 제13조가 적용되어야 한다).

따라서 피고 오정현을 소외 교회의 대표자인 위임목사로 위임하기로 한 이 사건 결의에는 아무런 문제가 없고, 피고 오정현은 소외 교회의 위임목사로서의 직무를 집행할 정당한 권한이 있다.

나. 인정사실

다음의 각 사실은 갑 제1, 12, 13, 22, 29, 52, 82, 94, 135호증, 을가 제3, 19, 21~23, 25, 36, 38, 43, 45, 59호증, 을나 제1~5호증의 각 기재, 제1심 법원의 총신대학교 총장과 서울출입국관리사무소에 대한 각 사실조회결과 및 변론 전체의 취지를 종합하여 인정할 수 있고, 을가 제60호증의 기재 및 이 법원의 총신대학교 총장에 대한 사실 조회결과는 위 인정에 방해가 되지 아니한다.

1) 피고 오정현은 1985. 1. 22. 미국 개혁교회 교단 캘리포니아 남부 노회에서 설교 인허(licensure to preach)를 받은 후 미국 개혁교회 교단과 자격을 서로 인정하고 있던 미국 장로교 교단 한인서남교회에서 1986.10. 14. 목사 안수를 받았다.

2) 피고 오정현은 이 사건 교단 산하 신학교인 총신대학교 신학대학원의 2002학년도 편입학 전형에 지원하였는데, 당시 응시서류로 이 사건 교단 경기노회로부터 받은 목사 후보생 추천서를 제출하였고, 편입학 시험은 한국 내 시험장이 아니라 미국에서 팩시밀리 전송방식으로 응시하여 합격하였다.

3) 피고 오정현은 2002. 3.경 총신대학교 신학대학원 연구과정 3학년에 편입하여 1년간 수학하고 2003. 2. 11. 연구과정을 졸업한 다음 강도사 고시에 합격하고, 2003. 10. 13. 피고 노회의 정기노회에서

강도사 인허를 받았다.

4) 그런데 피고 오정현은 위 연구과정 졸업시까지도 미국 장로교 교단 소속 남가주 사랑의교회 담임목사로 재직하였다.

5) 이 사건 교단 헌법 정치편 제15장 제13조는 다른 교파의 목사가 이 사건 교단에서 목사로 교역하려면 신학교에서 수업받은 후 강도사 고시에 합격해야 한다고 정하고 있는데, 총신대학교 신학대학원의 편목과정이 다른 교파 또는 교단의 목사가 이 사건 교단의 목사로 교역하기 위하여 거치는 교육과정이다.

6) 한편 대한예수교장로회(합동)가 발간한 '교회 정치문답 조례'(갑 제135호증의 2)에는 '교회와 담임목사는 같은 노회에 소속해야 한다. 목사가 교회를 시무하면서 소속 노회를 떠나 타 교파나 노회로 이명할 수 없다', '노회장이나 노회 서기, 노회의 아무 위원도 목사 후보생을 이명해 줄 수 없다. 오직 노회만 목사후보생과 강도사와 목사와 무임목사에게 이명증서를 발급할 수 있다', '다른 교단에 소속된 사람이 목사후보생이 되려고 신청한다면 그는 반드시 소속 교단을 떠나야 하며 … 이런 절차가 없이는 목사후보생으로 노회의 관리 감독을 받을 수 없다'라고 기재되어 있다.

다. 판단

1) 관련 법리

민사소송법 제436조 제2항은 "사건을 환송받거나 이송받은 법원은 다시 변론을 거쳐 재판하여야 한다. 이 경우에는 상고법원이 파기의 이유로 삼은 사실상 및 법률상 판단에 기속된다."라고 규정하고 있다. 따라서 상고심으로부터 사건을 환송받은 법원은 그 사건을 재판함에 있어서 상고법원이 파기이유로 한 사실상 및 법률상의 판단에 대하여 환송 후의 심리과정에서 새로운 주장이나 입증이 제출되어 기속적 판단의 기초가 된 사실관계에 변동이 생기지 않는 한 이에 기속된다 할 것이다(대법원 1997. 2. 28.선고 95다49233 판결, 대법원 1997. 7. 11. 선고 97다14934 판결 등 참조).

한편 우리 헌법이 종교의 자유를 보장하고 종교와 국가기능을 엄격히 분리하고 있는 점에 비추어 종교단체 조직과 운영은 자율성이 최대한 보장되어야 하므로, 교회 안에서 개인이 누리는 지위에 영향을 미칠 각종 결의나 처분이 당연 무효라고 판단하려면, 그저 일반적인 종교단체 아닌 일반단체 결의나 처분을 무효로 돌릴 만한 절차상 하자가 있는 것으로는 부족하고, 그러한 하자가 매우 중대하여 이를 그대로 둘 경우 현저히 정의관념에 반하는 경우라야 한다(대법원 2006. 2. 10. 선고 2003다63104 판결 등 참조).

2) 이 사건 교단의 목사 자격을 취득하기 위한 방법

위 인정사실 및 앞서 든 증거에 갑 제35호증의 기재, 변론 전체의 취지를 보태어 인정되는 다음의 사정들을 종합하여 보면, 총신대학교 신학대학원을 졸업하거나 이 사건 교단에서 목사 안수를 받지 아니한 피고 오정현이 이 사건 교단의 목사가 되기 위해서는, 이 사건 교단 소속 노회로부터 목사후보생 추천서를 받아 목사후보생으로서 총신 대학교 신학대학원에 일반편입하여 졸업한 후 강도사 고시 합격, 1년 이상 교역 종사, 목사 고시 합격을 거쳐 목사 안수를 받는 방법 또는 이미 미국 장로교 교단 한인서남노회에서 목사 안수를 받은 목사로서 그 목사 안수증을 제출하고 총신대학교 신학대학원의 편목과정에 편입하여 졸업한 후 강도사 고시에 합격하는 방법 중 한 가지를 선택할 수 있다.

가) 이 사건 교단의 헌법은, 목사가 되기 위해서는 총신대학교 신학대학원 졸업 후 강도사 고시에 합격하고 1년 이상 교역에 종사한 후 노회 고시에 합격하여 목사 안수를 받아야 하고(정치편 제15장 제1조), 다른 교파의 목사 또는 한국 외 다른 지방에서 임직한 장로파 목사가 이 사건 교단에서 목사로 교역하려면 신학교에서 2년 이상 수업받은 후 강도사 고시에 합격해야 한다(정치편 제15장 제13조)고 정하고 있다.

나) 총신대학교 신학대학원은 2002학년도 편목·편입학생을 모집하면서 아래와 같이 일반편입과 편목편입을 나누어 모집요강을 마련하였다.

(1) 일반편입의 응시자격은 '수세 후 5년 이상 경과된 자, 본 교단 소속 노회에서 목사후보생에 선발되어 노회의 추천을 받은 자, 정규대학 졸업자 또는 이와 동등 이상의 학력자로서 본 교단의 신학노선과 같은 신학대학원 과정을 졸업한 자'이고, 응시자는 입학원서, 노회추천서, 서약서 등의 서류를 제출해야 한다. 즉 이 과정에 편입하려는 사람은 목사가 아닌 것을 전제로 한다.

(2) 편목편입의 응시자격은 '교단 헌법 정치편 제15장 제13조 해당자(타 교단에서 목사 안수를 받은 후 본 교단에서 교역하고자 소속 노회의 추천을 받은 자), 정규대학 졸업자 또는 이와 동등 이상의 학력자로서 본 교단의 신학노선과 같은 신학대학원 과정을 졸업한 자'이고, 응시자는 위 입학원서, 노회추천서, 서약서 등의 서류 외 목사 안수증을 제출해야 한다. 즉 이 과정에 편입하려는 사람은 목사 자격이 있음을 당연한 전제로 한다.

다) 피고 오정현의 총신대학교 신학대학원 학적부에는 편입학 과정은 '연구과정', 전공은 '신학 전공'으로 기재되어 있고, 입학 전 신력란에 소속교단은 '예수교장로회(합동)', 소속 노회는 '경기노회', 소속교회는 '내수동교회'라고 기재되어 있으나, 입학 전 경력란에는 아무런 기재가 없다.

3) 피고 오정현이 편입한 총신대학교 신학대학원의 과정

앞서 본 바와 같이 총신대학교 신학대학원의 어느 과정으로 편입하였느냐에 따라 졸업 후 목사가 되기 위해 거쳐야 하는 절차가 다르므로, 피고 이 이 사건 교단의 목사 자격이 있는지 여부를 판단하기 위해서는 먼저 일반편입을 한 것인지 편목 편입을 한 것인지를 밝혀야 하는바, 위 인정사실 및 앞서 든 증거에 갑 제55, 82, 126호증, 을가 제39, 53호증의 각 기재, 변론 전체의 취지를 보태어 인정되는 다음의 사정들을 종합하여 보면, 피고 오정현은 미국 장로교 교단의 목사 자격으로 편목과정에 편입한 것이 아니라 이 사건 교단의 목사후보생 자격으로 일반편입을 한 것으로 보는 것이 합리적이다.

가) 총신대학교 신학대학원의 2002학년도 편목·편입학생 모집요강에 따르면 원서 접수 기간은 2001. 10. 15.부터 2001. 10. 19.까지였고, 이 사건 교단 경기노회의 정기노회는 2001. 10. 29. 및 같은 달 30. 개최되었으므로, 피고 오정현이 편목편입을 위한 목사 신분 심사를 거쳐 노회추천을 받는 것이 시간적으로 불가능하였다.

나) 피고 오정현은 2001.10. 13. 이 사건 교단 경기노회로부터 증명서 발급의 방법으로 '목사 후보생' 추천서를 발급받아 대학교 신학대학원에 이를 제출하여 목사후보생 자격으로 편입학시험에 응시하였다.

다) 피고 오정현의 학적부에는 신학전공의 연구과정(석사과정이 아니라는 의미일 뿐 편목과정이라는 의미는 아닌 것으로 보인다)에 편입하여 졸업하였다고 기재되어 있을 뿐 미국 장로교 교단에서 목사 안수를 받은 경력은 전혀 기재되어 있지 않다.

라) 피고 오정현은 입학 과정에서 목사 안수증을 제출하지 아니하였을 뿐 아니라 피고 오정현 스스로도 '일반편입 응시자격으로 서류를 제출한 것이 아닌가 생각된다'라고 인정하였다(피고 오정현의 소송대리인이 2016. 9. 20. 제출한 준비서면 20쪽).

4) 피고 오정현의 목사 자격 취득 여부

피고 오정현은 목사후보생 자격으로 총신대학교 신학대학원에 일반편입을 하였으므로 교단 헌법 정치편 제15장 제1조의 요건을 갖추어야 목사 자격을 취득할 수 있는 것인데, 피고 오정현이 위 연구과정을 졸업한 후 강도사 고시에 합격하고 강도사 인허를 받았을 뿐이고 아직 이 사건 교단 소속 노회의 목사 고시에 합격하여 목사 안수를 받지 아니한 점은 위 인정사실에서 본 것과 같으므로, 교단 헌법 정치편 제15장 제1조에서 정한 목사 자격을 갖추었다고 볼 수 없다. 또한 다른 교단 목사 자격으로 편목과정에 편입한 것이 아니라면 피고 오정현은 여전히 미국 장로교 교단의 목사일 뿐 교단 헌법 정치편 제15장 제13조에서 정한 이 사건 교단의 목사가 될 수 없다(한편 피고 오정현이 위 연구과정 졸업시까지도 미국 장로교 교단 소속 교회의 담임목사로 재직함으로써 당시 이 사건 교단 소속 노회의 적법한 추천이나 이명을 받을 요건을 갖추었다고 보기도 어렵다).

5) 소결

피고 오정현이 교단 헌법에 따른 목사 자격을 갖추지 못하였다는 점은 앞서 인정한 것과 같은바, 목사 자격이 없는 피고 오정현을 소외 교회의 위임목사로 위임하기로 하는 이 사건 결의는 그 하자가 매우 중대하여 현저히 정의관념에 반한다고 볼 것이므로 무효이고, 피고 노회가 그 효력을 다투는 이상 그 무효 확인을 구할 이익도 있다. 또한 무효인 이 사건 결의에 따라 소외 교회의 위임목사가 된 피고 오정현은 더 이상 소외 교회의 위임 목사로서의 직무를 집행하여서는 아니 된다.

4. 결론

그렇다면 원고들의 피고들에 대한 청구는 이유 있어 이를 모두 인용하여야 한다. 제1심 판결은 이와 결론을 달리하여 부당하므로 원고들의 항소를 모두 받아들여 이를 취소하고 주문과 같이 판결한다.

재판장　판사 권순형
　　　　　판사 한소영
　　　　　판사 최은정

대 법 원
제 2 부
판 결

사 건　　2018다304540 위임결의무효확인 등
원고,피상고인　1. 김두종
　　　　　　　2. 안용균
　　　　　　　3. 정태홍
　　　　　　　4. 김영배
　　　　　　　5. 최택범
　　　　　　　6. 김근수
　　　　　　　7. 마종국
　　　　　　　8. 이화숙
　　　　　　　9. 김근숙
원고들 소송대리인　법무법인 인앤인
　　　　　　　담당변호사 경수근, 소순길, 이상강, 하상수
원고들 소송대리인　법무법인 오라클
　　　　　　　담당변호사 박재윤, 김치중, 이동렬, 최우제
피고,상고인　　1. 오정현

소송대리인	법무법인 정의와사랑
	담당변호사 강에스더, 김회재
소송대리인	법무법인(유한) 로고스
	담당변호사 김용, 배준식, 오세창
소송대리인	법무법인(유한) 지평
	담당변호사 권창영, 김지형, 박성철, 이공현, 한철웅
	2. 대한예수교장로회(합동) 동서울노회
	대표자 노회장 곽태천
소송대리인	법무법인 케이씨엘
	담당변호사 이재환
환송판결	대법원 2018. 4. 12. 선고 2017다232013 판결
원심판결	서울고등법원 2018. 12. 5. 선고 2018나2019253 판결

주　　문

상고를 모두 기각한다.
상고비용은 피고들이 부담한다.

이　　유

원심판결과 상고이유를 살펴보면, 상고인들의 상고이유에 관한 주장은 상고심절차에 관한 특례법 제4조에 해당하여 이유 없음이 명백하므로, 위 법 제5조에 의하여 상고를 모두 기각하기로 하여, 관여 대법관의 일치된 의견으로 주문과 같이 판결한다.

2019. 4. 25.

재판장 대법관 안철상
주　심 대법관 김상환
　　　　　대법관 노정희

부록 ⑦ 공공 도로 점용 허가 무효 확인소송 판결문

7-1 행정 2012구합28797

서 울 행 정 법 원
제 7 부
판 결

사 건	2012구합28797 도로점용허가처분무효확인등
원 고	1. 황일근
소송대리인	법무법인 이제
	담당변호사 1. 유정훈
	2. 조성두
	3. 강신종
	4. 김진옥
	5. 김정근
	6. 송수진
원고들 소송대리인	변호사 차혜령
	법무법인 바른 담당변호사 김동인, 박동열
	신아 법무법인 담당변호사 김형남, 원성윤

	법무법인 인본 담당변호사 김종규
	법무법인 인터로 담당변호사 이만덕
	법무법인 승지 담당변호사 손광희
	법무법인 한결 담당변호사 이경우
	법무법인 드림 담당변호사 엄윤상
	법무법인 이공 담당변호사 허진민
피　　　고	서울특별시 서초구청장
소송대리인	법무법인 한신 담당변호사 김우찬
피고보조참가인	대한예수교장로회 사랑의교회
소송대리인	법무법인(유) 율촌
	담당변호사 박해식, 이승민, 배기철
	법무법인 로고스
	담당변호사 김건수, 이승훈
변론종결	2013. 6. 11.
판결선고	2013. 7. 9.

주　　　문

1. 이 사건 소를 모두 각하한다.
2. 소송비용은 원고들이 부담한다.

청 구 취 지

1. (주위적으로) 피고가 2010. 4. 9. 피고보조참가인(이하 '참가인'이라 한다)에 대하여 한 도로점용허가처분이 무효임을 확인한다.
   (예비적으로) 피고가 2010. 4. 9. 참가인에 대하여 한 도로점용허가처분을 취소한다.

2. 피고가 2010. 6. 17. 참가인에 대하여 한 건축허가처분을 취소한다.

3. 피고는 제1항 기재 도로점용허가처분과 관련하여 박성중, 옥육표 등을 포함하여 위 처분에 관여한 서울특별시 서초구청 공무원들, 참가인에 대하여 손해배상청구의 소 제기를 이행하라.

이 유

1. 처분 및 주민소송의 경위

가. 꽃마을지역의 지구단위계획 및 변경계획 결정·고시 경위

1) 서울특별시장은 2000. 6. 23. 서울 서초구 서초동 1498 일대 서초구역(꽃마을지역)을 지구단위계획구역으로 지정하였고, 2002. 6. 24. 서울특별시 고시 제2002-269호로 서초구역(꽃마을지역)을 특별계획구역으로 지정하는 내용의 지구단위계획을 결정·고시하였다.

2) 위 지구단위계획은 꽃마을 지역의 서쪽 부분을 제3종 일반주거지역(Ⅰ구역)으로, 동쪽 부분을 준주거지역(Ⅱ구역)으로 지정하면서, Ⅱ구역의 개발사업시행자로 하여금 Ⅰ구역과 Ⅱ구역 사이에 있는 서울특별시 서초구(이하 '서초구'라 한다) 소유의 서울 서초구 서초동 1741-1 소재 폭 8m, 길이 165m의 국지도로(도로명 : 참나리길, 이하 '참나리길'이라 한다) 서쪽 폭 4m의 사유지 659.20㎡(≒ 폭 4m × 길이 165m)를 매입하여 기부채납함으로써 참나리길의 폭을 12m로 확장하도록 하였다.

3) 주식회사 대림산업은 위 특별계획 Ⅱ구역의 토지를 순차로 매입하여 고급 주상복합아파트를 신축하고자 하였으나, 지구단위계획상 건폐율, 용적률, 고도제한 등이 완화되지 않아 개발사업의 수익성이 낮다는 이유로 그 시행을 장기간 보류하였다.

4) 참가인은 2009. 6. 1. 주식회사 대림산업으로부터 위 특별계획 Ⅱ구역 토지 6,861.2㎡를 매입한 후, 주민제안의 방식으로 2009. 10. 30. 및 같은 해 12. 2. 피고에게 지구단위계획 변경을 제안하였고, 이에 피고는 주민의견청취 및 서초구 도시계획위원회의 자문을 거친 다음 2009. 12. 31. 서울특별시장에게 지구단위계획 변경을 신청하였으며, 서울특별시장은 2010. 2. 4. 서울특별시 고시 제2010-31호로 서초구역(꽃마을지역) 특별계획구역Ⅱ 지구단위(세부개발) 변경계획을 결정·고시하였다.

나. 참가인에 대한 도로점용허가처분 및 건축허가처분 경위

1) 참가인은 자신이 매입한 위 특별계획 Ⅱ구역 부지와 이에 서쪽으로 인접한 참나리길의 지하공간을 사용하여 교회건물을 신축하려는 계획을 세우고, 2010. 2. 8. 피고에게 건축계획심의신청을 한 후 2010. 3. 3. 참나리길 지하공간 전부에 대한 도로점용허가를 신청하였다.

2) 피고는 서울특별시장, 국토해양부장관, 행정안전부장관에게 관계 법령상 참나리길 지하에 교회건물을 축조하여 예배당 및 주차장으로 사용하도록 도로점용허가를 하는 것이 가능한지에 관하여 질의하였는데, 점용허가의 타당성, 공익상의 영향 등을 종합적으로 검토하여 도로관리청인 피고가 적의 판단하여야 한다거나(국토해양부장관), '도로법' 등 관련 법률을 종합적으로 검토하여 처리하여야 한다거나(행정안전부장관), 공익의 정지 또는 침해를 최소화하고, 최단기간에 그치는 것이 필요하고 당해 지역의 제반 환경과 상황을 종합적으로 고려하여 도로관리청인 피고가 허가 여부를 판단해야 한다(서울특별시장)는 취지의 원론적인 답변만을 받자, 2010. 3. 9. 참가인에게 관계기관 협의 등으로 도로점용허가신청에 대한 처리가 지연되고 있다는 중간회신을 발송하였다.

3) 이에 참가인은 2010. 3. 22. 피고에게 '공공성 제고방안으로 공립 어린이집을 설치할 수 있도록 신축 교회건물 중 약 330㎡의 공간을 서

초구에 기부채납하겠다'는 내용의 양해각서(안)를 제출하였고, 서초구 건축(교통)위원회는 다음날인 2010. 3. 23. 참가인의 건축계획에 대하여 '참나리길의 도로폭 확장을 위하여 서쪽 사유지 폭 4m 부분을 매입하여 기부채납하고, 참나리길에 대한 도로점용허가를 별도로 받은 후 건축허가를 신청하라'는 내용으로 심의·의결하였다.

4) 피고는 2010. 4. 9. 참가인에 대하여 구 '도로법'(2010. 3. 22. 법률 제10156호로 개정되기 전의 것, 이하 "도로법"이라 한다) 제38조, 구 '도로법 시행령'(2010. 9. 17. 대통령령 제22386호로 개정되기 전의 것, 이하 "도로법 시행령"이라 한다) 제28조에 따라 점용장소 : 참나리길 지하, 점용면적 : 1,077.98㎡(≒ 참나리길 폭 8m 중 7m 부분 × 길이 154m, 이하 '이 사건 도로'라 한다), 점용목적 : 지하실, 점용기간 : 2010. 4. 9. ~ 2019. 12. 31., 점용료 : 138,614,410원(2010년도 9개월분)으로 정하고, 허가조건 제1항에 신축 교회건물 중 남측 지하 1층 325㎡(이하 '이 사건 어린이집'이라 한다)를 서초구에게 기부채납할 것을 명시하여 도로점용허가처분(이하 '이 사건 도로점용허가처분'이라 한다)을 하였다.

5) 참가인은 2010. 4. 28. 피고에게 위 특별계획 Ⅱ구역 부지 6,782.8㎡와 이 사건 도로의 지하공간에 지하 8층, 지하 13층(건축면적 3,042.55㎡, 연면적 66,576.83㎡) 규모의 교회건물을 신축하기 위한 건축허가를 신청하였고, 피고는 2010. 6. 17. 참가인에 대하여 위 지구단위계획에 따라 참나리길 폭 4m 확장 부분을 사용승인 전까지 기부채납할 것 등의 조건을 부관으로 명시하여 건축허가처분(이하 '이

사건 건축허가처분'이라 한다)을 하였다.

다. 주민감사청구 및 주민소송의 제기 경위

1) 원고들을 포함한 서초구 주민 293명은 2011. 12. 7. 서울특별시장에게 '지방자치법' 제16조 제1항에 따라 감사청구를 하였는데, 감사청구서 중 청구대상사무 및 청구취지란에는 이 사건 도로점용허가처분에 대한 시정조치를 요구한다고 기재하였고, 이유란에는 이 사건 도로점용허가처분의 위법성과 아울러 이 사건 건축허가처분의 위법성도 함께 언급하면서 감사결과 위법한 처분이 있었다면 이에 대한 시정조치를 요청한다고 기재하였다.

2) 서울특별시장은 2012. 4. 9. 서울특별시 감사청구심의회의 심의를 거쳐, ① 참가인의 지하예배당은 보통의 시민들이 모두 이용할 수 있는 공공용 시설이 아닐 뿐만 아니라 도로점용허가를 받을 수 있는 공작물·물건, 그 밖의 시설의 종류를 정하고 있는 '도로법 시행령' 제28조 제5항 중 제5호 소정의 '지하실'에 해당하지 않고, ② 기부채납에는 조건을 붙이거나 부당한 특혜를 주어서는 아니 됨에도 이 사건 어린이집 부분을 서초구에 기부채납하는 조건으로 이루어졌다는 이유를 들어 이 사건 도로점용허가처분이 위법·부당하다고 판단한 다음, 2012. 6. 1. 피고에 대하여 2개월 이내에 이 사건 도로점용허가처분을 시정하고, 이 사건 도로점용허가처분에 관여한 공무원들로서 이미 임기가 만료되었거나 정년퇴직한 자를 제외한 2

명에 대하여는 경징계에 처할 사안이나 징계시효가 경과되었으므로 구두로 훈계할 것을 요구하였고, 같은 날 감사청구인들의 대표자인 원고 황일근에게 위 감사결과 및 조치요구내용을 통지하고 이를 공표하였다.

3) 피고는 2012. 7. 31. 서울특별시장에게 위 조치요구에 불복하며 주민소송의 결과를 기다려보겠다는 의사를 표시하였고, 이에 원고들은 2012. 8. 29. '지방자치법' 제17조 제1항에 따라 이 사건 주민소송을 제기하였다.

[인정 근거] 다툼 없는 사실, 갑제1, 4, 5, 7 내지 11, 14, 17 내지 27호증, 을나제1, 3 내지 7, 10호증(각 가지번호 포함)의 기재, 변론 전체의 취지

2. 본안전항변에 관한 당사자의 주장

가. 피고 및 참가인의 본안전항변

1) 이 사건 도로점용허가처분은 '지방자치법' 제17조 제1항이 주민소송의 대상으로 정하고 있는 이른바 재무회계행위에 해당하지 아니하므로, 이에 대하여 주위적으로 무효확인을, 예비적으로 취소를 구하는 부분 및 이 사건 도로점용허가처분에 관여한 자들과 참가인에 대한 손해배상청구소송 이행청구 부분은 모두 부적법하다.

2) 이 사건 건축허가처분은, ① '지방자치법' 제17조 제1항이 주민소송의 대상으로 정하고 있는 재무회계행위에 해당하지 아니하고, ② '지방자치법' 제17조 제1항에 따라 주민소송을 제기하기 위하여는 먼저 같은 법 제16조 제1항에 따라 감사청구를 하여야 하는데, 원고들이 이에 대하여 감사청구를 한 바 없으며, ③ 위와 같은 사유로 원고들에게는 주민소송을 제기할 이익이 없으므로, 이에 대하여 취소를 구하는 부분도 부적법하다.

3) 마지막으로 '지방자치법' 제17조 제17항은 "제1항에 따른 소송에 관하여는 이 법에 규정된 것 외에는 '행정소송법'에 따른다."고 규정하고 있으므로, 주민소송에 대하여도 취소소송의 제소기간에 관한 '행정소송법' 제20조 제1항, 제2항이 준용된다고 할 것인바, 이 사건 도로점용허가처분 및 이 사건 건축허가처분에 대하여 취소를 구하는 부분은 모두 제소기간이 경과한 후에 제기된 것이어서 부적법하다.

나. 피고 및 참가인의 본안전항변에 대한 원고들의 반박

원고들은 피고 및 참가인의 본안전항변에 대하여 다음과 같은 취지로 반박한다.

1) 우선 '지방자치법' 제17조 제1항이 정하고 있는 주민소송의 대상을 재무회계행위로 한정할 아무런 근거가 없고, 한편 도로는 '공유재

산 및 물품 관리법' 제5조 제2항 제2호 소정의 공공용재산인 행정재산이고, 같은 법 제20조 제1항에 따라 행정재산에 대하여 사용·수익을 허가할 때에는 같은 법 제22조 제1항에 따라 사용료를 부과하여야 하는 것과 마찬가지로 '도로법' 제38조 제1항에 따라 도로에 대하여 점용을 허가할 때에도 같은 법 제41조 제1항에 따라 점용료를 필수적으로 부과하여야 하므로, '도로법' 제38조 제1항에 따른 도로점용허가는 '공유재산 및 물품 관리법' 제20조 제1항에 따른 행정재산에 대한 사용·수익허가의 특별한 경우로 보아야 할 것이고, 따라서 도로점용허가처분 및 이를 전제로 한 건축허가처분은 모두 행정재산에 대한 사용·수익허가와 마찬가지로 '재산의 관리·처분에 관한 사항'에 해당한다.

2) 가사 '지방자치법' 제17조 제1항이 정하고 있는 주민소송의 대상을 재무회계행위로 한정한다고 하더라도, 이 사건 도로점용허가처분은, ① 외형상으로는 도로법령상 점용허가를 받을 수 있는 공작물인 지하실의 설치를 점용의 목적으로 하는 것처럼 되어 있으나, 실제로는 지하 1층부터 지하 5층까지는 교회 본당(예배당), 영상예배실, 집회실 등의 시설을, 지하 6층부터 지하 8층까지는 주차장, 기계실, 진입램프 등의 시설을 건축하기 위하여 그 부지로 제공하는 것인 점, ② 외형상으로는 그 점용기간을 2010. 4. 9.부터 2019. 12. 31.까지로 하고 있으나, 허가조건 제5항에서 "점용기간이 만료되었거나 점용을 폐지 또는 허가가 취소되었을 때에는 허가받은 자의 부담으로 도로를 원상회복하여야 하며, 원상회복 전까지는 변상금

을 납부하여야 한다. 원상회복을 할 수 없거나 부적당한 경우에는 그러하지 아니하다."고 규정하는 등으로 실제로는 참가인에게 원상회복의무를 면제해 줌으로써 이 사건 도로를 지하예배당 등의 부지로 영구적으로 제공하기 위한 것인 점, ③ 허가조건 제1항에서 이 사건 어린이집을 서초구에 기부채납하는 것을 조건으로 정하고 있는 점 등 처분의 경위와 내용 및 실체에 비추어 보면, 도로행정상 관리행위가 아니라 재산상 관리행위라고 보아야 하므로 '재산의 관리·처분에 관한 사항'에 해당한다.

3) 나아가 이 사건 건축허가처분은, ① 이 사건 도로에 대한 건축허가로서 '재산의 관리·처분에 관한 사항'에 해당하고, ② 이 사건 도로점용허가처분의 유효를 전제로 한 것인데, 위와 같이 이 사건 도로점용허가처분이 실질적으로 재산상 관리행위인 것과 마찬가지로 재산상 관리행위라고 보아야 하므로 '재산의 관리·처분에 관한 사항'에 해당한다고 해석하여야 하고, ③ 또한 원고들이 이 사건 건축허가처분에 관하여도 직접 감사청구를 하였을 뿐만 아니라, 가사 그렇지 않다 하더라도 '재산의 관리·처분에 관한 사항'임이 명백한 이 사건 도로점용허가처분과 관련이 있는 위법한 행위이므로 '지방자치법' 제17조 제1항이 주민소송의 대상으로 정하고 있는 '감사청구한 사항과 관련이 있는 위법한 행위'에 해당한다.

4) '지방자치법' 제17조 제4항의 규정 취지에 비추어 보면, 주민소송에 대하여 제소기간에 관한 '행정소송법' 제20조를 준용하는 것은 주민

소송의 성질에 반하므로 허용되지 않는다.

3. 본안전항변에 관한 판단

가. 제소기간 경과 항변에 관한 판단

'지방자치법' 제17조 제17항은 "제1항에 따른 소송에 관하여는 이 법에 규정된 것 외에는 '행정소송법'에 따른다."고 규정하고 있고, 같은 조 제2항은 "제1항에 따라 주민이 제기할 수 있는 소송은 다음 각 호와 같다."고 규정하면서 제2호에서 '행정처분인 해당 행위의 취소 또는 변경을 요구하거나 그 행위의 효력 유무 또는 존재 여부의 확인을 요구하는 소송'을 들고 있으며, 같은 조 제4항은 같은 법 제16조 제3항 및 제4항에 따른 감사결과 또는 제16조 제6항에 따른 조치요구에 불복하는 경우에는 '해당 감사결과나 조치요구내용에 대한 통지를 받은 날'로부터(제2호), 제16조 제6항에 따른 주무부장관이나 시·도지사의 조치요구를 지방자치단체의 장이 이행하지 아니한 경우에는 '해당 조치를 요구할 때에 지정한 처리기간이 끝난 날'로부터(제3호) 각 90일 이내에 소송을 제기하여야 한다고 규정하고 있다.

이 사건 소 중 이 사건 건축허가처분에 대한 취소청구는 원고들이 서울특별시장의 감사결과 또는 조치요구에 불복하여 제기한 것이고, 이 사건 도로점용허가처분에 대한 예비적 취소청구는 서울특별시장의 조치요구를 피고가 이행하지 아니하였다는 이유로 제기한 것임이 분명한바, 원고들이 서울특별시장으로부터 감사결과에 대한 통지를 받은 날 또는 서울특별시장이 이 사건 도로점용허가처분에 대한 시정을 요구할 때에 지정한 처리기간(2개월)이 끝난 날로부터 90일 이내인 2012. 8. 29. 이 사건 소를 제기하였음은 기록상 명백하므로, 이 사건 도로점용허가처분 및 이 사건 건축허가처분에 대한 취소청구는 모두 제소기간을 준수하였다 할 것이고, 따라서 피고 및 참가인의 이 부분 본안전항변은 이유 없다.

나. 주민소송의 대상적격 항변에 관한 판단

'지방자치법' 제17조 제1항은 "제16조 제1항에 따라 공금의 지출에 관한 사항, 재산의 취득·관리·처분에 관한 사항, 해당 지방자치단체를 당사자로 하는 매매·임차·도급 계약이나 그 밖의 계약의 체결·이행에 관한 사항 또는 지방세·사용료·수수료·과태료 등 공금의 부과·징수를 게을리한 사항을 감사청구한 주민은 다음 각 호의 어느 하나에 해당하는 경우에 그 감사청구한 사항과 관련이 있는 위법한 행위나 업무를 게을리한 사실에 대하여 해당 지방자치단체의 장을 상대방으로 하여 소송을 제기할 수 있다."고 규정하고 있다.

그런데 이 사건 도로점용허가처분 및 이 사건 건축허가처분이 그 중 공금의 지출에 관한 사항, 재산의 취득에 관한 사항, 해당 지방자치단체를 당사자로 하는 매매·임차·도급 계약이나 그 밖의 계약의 체결·이행에 관한 사항 또는 지방세·사용료·수수료·과태료 등 공금의 부과·징수를 게을리한 사항에 해당하지 않음은 명백하므로, '재산의 관리·처분에 관한 사항'에 해당하는지 여부에 관하여 보되, 원고들의 주장에 따라 먼저 도로점용허가처분 및 건축허가처분이 그 법적 성격상 '재산의 관리·처분에 관한 사항'에 해당하는지 여부를 판단한 다음, 이 사건 도로점용허가처분 및 이 사건 건축허가처분이 그 처분의 경위와 내용 및 실체에 비추어 실질적으로 '재산의 관리·처분에 관한 사항'에 해당한다고 볼 수 있는지 여부를 판단하기로 한다.

1) 건축허가처분이 그 법적 성격상 '재산의 관리·처분에 관한 사항'에 해당하는지 여부에 관한 판단

건축허가는 시장·군수 등의 행정관청이 건축행정상 목적을 수행하기 위하여 수허가자에게 일반적으로 행정관청의 허가 없이는 건축행위를 하여서는 안 된다는 상대적 금지를 관계 법규에 적합한 일정한 경우에 해제함으로써 일정한 건축행위를 하도록 회복시켜 주는 행정처분일 뿐이므로(대법원 2009. 3. 12. 선고 2006다28454 판결 참조), 건축허가처분이 그 법적 성격상 '재산'의 관리·처분에 관한 사항에 해당한다고 볼 수 없음은 명백하다.

2) 도로점용허가처분이 그 법적 성격상 '재산의 관리·처분에 관한 사항'에 해당하는지 여부에 관한 판단

법은 원칙적으로 불특정 다수인에 대하여 동일한 구속력을 갖는 사회의 보편타당한 규범이므로 이를 해석함에 있어서는 법의 표준적 의미를 밝혀 객관적 타당성이 있도록 하여야 하고, 가급적 모든 사람이 수긍할 수 있는 일관성을 유지함으로써 법적 안정성이 손상되지 않도록 하여야 한다. 한편 실정법은 보편적이고 전형적인 사안을 염두

에 두고 규정되기 마련이므로 사회현실에서 일어나는 다양한 사안에서 그 법을 적용함에 있어서는 구체적 사안에 맞는 가장 타당한 해결이 될 수 있도록 해석할 것도 또한 요구된다. 요컨대 법해석의 목표는 어디까지나 법적 안정성을 저해하지 않는 범위 내에서 구체적 타당성을 찾는 데 두어야 한다. 나아가 그러기 위해서는 가능한 한 법률에 사용된 문언의 통상적인 의미에 충실하게 해석하는 것을 원칙으로 하면서, 법률의 입법 취지와 목적, 그 제·개정 연혁, 법질서 전체와의 조화, 다른 법령과의 관계 등을 고려하는 체계적·논리적 해석방법을 추가적으로 동원함으로써, 위와 같은 법해석의 요청에 부응하는 타당한 해석을 하여야 한다(대법원 2009. 4. 23. 선고 2006다81035 판결, 대법원 2013. 1. 17. 선고 2011다83431 전원합의체 판결 등 참조).

위와 같은 법리에 따라 아래에서 보는 여러 사정들을 종합하면, 도로점용허가처분이 그 법적 성격상 '재산의 관리·처분에 관한 사항'에 해당한다고 보기는 어렵다 할 것이다.

㈎ '지방자치법' 제17조 제1항의 문언 해석

'지방자치법' 제17조 제1항은 주민소송의 대상으로 '재산의 취득·관리·처분에 관한 사항'과 함께 '공금의 지출에 관한 사항', '해당 지방자치단체를 당사자로 하는 매매·임차·도급 계약이나 그 밖의 계약의 체결·이행에 관한 사항', '지방세·사용료·수수료·과태료 등 공금의 부과·징수를 게을리한 사항'을 들고 있으므로, '재산의 취득·관리·처분에 관한 사항'의 의미를 해석함에 있어서도 나머지 사항들과 조화를 이룰 수 있도록 하여야 할 것인바, 나머지 사항들은 모두 그 행위 자체의 성격이 재산적 가치의 유지·보전·실현을 직접적인 목적으로 하는 행위에 해당하는 것들이므로, '재산의 취득·관리·처분에 관한 사항'도 이와 마찬가지로 해석하여야 할 것이다.

⑷ '지방자치법' 제17조 제1항의 입법 취지 및 목적

'지방자치법'은 주민감사청구에 대하여는 제16조 제1항에서 '수사나 재판에 관여하게 되는 사항'(제1호), '개인의 사생활을 침해할 우려가 있는 사항'(제2호), '다른 기관에서 감사하였거나 감사 중인 사항. 다만, 다른 기관에서 감사한 사항이라도 새로운 사항이 발견되거나 중요 사항이 감사에서 누락된 경우와 제17조 제1항에 따라 주민소송의 대상이 되는 경우에는 그러하지 아니하다.'(제3호), '동일한 사항에 대하여 제17조 제2항 각 호의 어느 하나에 해당하는 소송이 진행 중이거나 그 판결이 확정된 사항'(제4호)을 제외하고는 지방자치단체와 그 장의 권한에 속하는 사무 전반에 걸쳐 감사를 청구할 수 있도록 하고, 그 사유도 사무의 처리가 법령에 위반되는 경우는 물론 공익을 현저히 해친다고 인정되는 경우도 가능하도록 하고 있음에 반하여, 주민소송에 대하여는 제17조 제1항에서 그 대상을 감사청구한 사항 중 ① 공금의 지출에 관한 사항, ② 재산의 취득·관리·처분에 관한 사항, ③ 해당 지방자치단체를 당사자로 하는 매매·임차·도급 계약이나 그 밖의 계약의 체결·이행에 관한 사항, ④ 지방세·사용료·수수료·과태료 등 공금의 부과·징수를 게을리한 사항으로 제한하고 있고, 그 사유 또한 위법한 행위를 하거나 업무를 게을리 한 경우로 제한하고 있는바, 이는 주민소송이 지방자치단체의 행정행위 전반에 대한 적법·타당한 운영을

확보하기 위한 것이 아니라 그 중 재무행정의 불법의 시정 또는 회복을 통하여 '지방재정의 적정성 확보'를 입법 목적으로 하고 있기 때문이라 할 것이므로(대법원 2011. 12. 22. 선고 2009두14309 판결 참조), '재산의 관리·처분에 관한 사항'의 의미를 해석함에 있어 위와 같은 '지방자치법' 제17조 제1항의 입법 취지 및 목적도 충분히 고려하여야 한다.

⒟ '지방자치법' 제17조 제1항의 개정 연혁

주민소송의 대상을 지방자치단체의 행정행위 전반으로까지 확대할 것인지 아니면 재무행정행위 등 일정한 범위로 제한할 것인지, 더 나아가 그 사유를 위법한 경우는 물론 부당한 경우도 허용할 것인지 아니면 위법한 경우로 제한할 것인지 여부는 주민소송의 도입에 있어 가장 핵심적인 입법정책의 문제라 할 것이다.

현재와 같은 주민소송 제도는 '지방자치법'이 2005. 1. 27 법률 제7362호로 개정되면서 도입되었는데, 국회행정자치위원장이 제안한 지방자치법중개정법률안(대안)(을나15호증) 중 '대안의 제안이유'에서는 물론이고 위 법률안을 의결한 제251회 국회본회의에서 이루어진 '지방자치법중개정법률안(대안)에 대한 제안설명'에서도 '재산의 취득·관리·처분에 관한 사항'을 포함하여 '지방자치법' 제17조 제1항이 주민소송의 대상으로 열거하고 있는 4가지 사항을 '재무회계행위'라는 용어로 명시적으로 규정하면서 주민소송 제도의 목적이 지방자치단체의 위법한 '재무회계행위'의 시정에 있음을 분명히 하고 있고, 이 점에 대하여 아무런 이견이 없었다(제251회 국회본회의 회의록 제2호 28쪽 등 참조).

'재산의 관리·처분에 관한 사항'의 의미를 해석함에 있어 위와 같은

'지방자치법' 제17조 제1항의 개정 연혁 또한 충분히 고려하여야 한다.

㈑ '지방자치법' 관련 규정의 해석

'지방자치법' 제142조 제1항은 "지방자치단체는 행정목적을 달성하기 위한 경우나 공익상 필요한 경우에는 재산을 보유하거나 특정한 자금을 운용하기 위한 기금을 설치할 수 있다."고 규정하고, 같은 조 제3항은 "제1항에서 '재산'이란 현금 외의 모든 재산적 가치가 있는 물건과 권리를 말한다."고 규정하고 있으므로, 같은 법 제17조 제1항이 주민소송의 대상으로 정하고 있는 '재산의 관리·처분에 관한 사항'에서 말하는 '재산'도 지방자치단체가 '보유'하는 '재산적 가치'가 있는 물건과 권리를 의미한다고 할 것이고, 따라서 지방자치단체가 관리하더라도 그 소유가 아닌 재산의 관리·처분에 관한 사항은 원칙적으로 주민소송의 대상이 될 수 없다고 해석함이 상당하다.

그런데 '도로법'은 제1조에서 이 법은 도로망의 정비와 적정한 도로관리를 위하여 도로에 관한 계획을 수립하고 노선을 지정하거나 인정하는 데에 필요한 사항과 도로의 관리·시설기준·보전 및 비용에 관한 사항을 규정하여 교통의 발달과 공공복리의 향상에 기여하는 것을 목적으로 하고, 제3조에서 도로를 구성하는 부지, 옹벽, 그 밖의 물건에 대하여는 사권(私權)을 행사할 수 없다는 취지로 규정하는 한편, 제20조 제1항에서는 도로의 관리청을 국도는 국토해양부장관, 국가지원지방도는 도지사·특별자치도지사(특별시와 광역시에 있는 구간은 해당 시장), 그 밖의 도로는 해당 노선을 인정한 행정청으로 각 정하고, 제2항에서는 제1항에도 불구하고 특별시·광역시·특별자치도 또는 시가 관할하는 구역의 상급도로(고속국도, 읍·면 지역의 국도 및 지방도는 제외한다)는 특별시장·광역시장·특별자치도지사 또는 시장이 관리청이 된다고 규정한 다음, 제38조 제1항에서 도로의 구역에서 공작물이나 물건, 그 밖의 시설을 신설·개축·변경 또는 제거하거나 그 밖의 목적으로 도로를 점용하려는 자는 관리청의 허가를 받도록 규정하고 있는바, 이러한 '도로법'의 제반 규정에 비추어 보면, 도로점용허가권한은 적정한 도로관리를 위하여 도로의 관리청에게 부여된 권한이라 할 것이지 도로부지의 소유권에 기한 권한이라고 할 수 없으므로(대법원 2005. 11. 25. 선고 2003두7194 판결 참조), 지방자치단체장은 해당 지방자치단체의 소유가 아닌 도로에 대하여도 점용허가권한을 갖는 경우가 있는 반면, 지방자치단체 소유의 도로에 대하여도 점용허가권한이 없는 경우도 있다.

만약 도로점용허가처분이 그 법적 성격상 '재산의 관리·처분에 관한 사항'에 해당한다면, 지방자치단체의 소유가 아닌 도로에 대한 점용허가처분도 당연히 '재산의 관리·처분에 관한 사항'에 해당하여야 할 것인데, '지방자치법' 관련 규정의 해석상 지방자치단체가 관리하더라도 그 소유가 아닌 재산의 관리·처분에 관한 사항이 주민소송의 대상이 될 수 없음은 앞서 본 바와 같고, 또한 지방자치딘체징의 도로점용허가권한이 '재산적 가치'가 있는 물건 또는 권리에 해당한다고 볼 수도 없으므로, 도로점용허가처분이 그 법적 성격상 당연히 '재산의 관리·처분에 관한 사항'에 해당한다고 보기는 어렵다.

㈔ '행정소송법'과의 조화

실제로 어떠한 행정작용이 재무회계행위로서 '재산의 관리·처분에 관한 사항'인지를 준별하는 것은 그다지 용이하지 아니하다. 왜냐하면 지방자치단체가 행하는 행정작용의 대부분은 궁극적으로 지방재정과 직·간접적으로 연결되어 있어 지방재정과 완전히 단절된 행정작용이란 오히려 상정하기 어렵기 때문이다. 이에 따라 한편으로는 주민소송의 대상을 순수한 의미에서의 재무회계행위만으로 제한할 것이 아니라 비재무회계행위로 확대하여야 한다는 주장이 제기되고 있고, 다른 한편으로는 비재무회계행위로서 주민소송의 대상이 아닌 선행행위의 위법성이 재무회계행위로서 주민소송의 대상이 되는 후행행위에 승계되어 후행행위 그 자체에는 아무런 위법이 없다 하더라도 위법한 선행행위에 의해 후행행위도 위법이 되기 때문에 재무회계행위인 후행행위를 주민소송의 대상으로 삼을 수 있다고 하는 이른바 '주민소송에 있어서 위법성의 승계'에 관한 논의도 있다.

그러나 주민소송의 대상을 법해석을 통하여 만연히 확대하는 것은 현행 '행정소송법'과의 관계에 비추어 신중하게 접근하여야 한다.

현행 '행정소송법'은 소송의 종류로 항고소송, 당사자소송, 민중소송 및 기관소송으로 법정하고(제3조), 항고소송은 법률상 이익의 침해를 주장하는 자에 한해서 원고적격을 인정하며(제12조), 당사자소송은 공법상 법률관계에 관한 소송이므로 민사소송법상 원고적격에 관한 규정을 준용하고(제8조 제2항), 민중소송 및 기관소송은 법률이 정한 경우에 법률에 정한 자에 한하여 예외적으로 제기할 수 있도록 하고 있다(제45조). 이런 점에서 민중소송인 주민소송은 법률이 허용하는 경우에 한하여 예외적으로 인정되는 특수한 소송이다. 만약 위법한 행정작용 일반을 주민소송의 대상으로 허용하는 경우 행정행위 기타 모든 행정결정의 위법성을 광범위하게 주민소송으로 다투는 것을 용인할 수밖에 없게 되고, 결과적으로 객관소송으로서의 주민소송이 항고소송이나 당사자소송과 같은 주관소송을 대체하여 주관소송은 유명무실화 될 우려가 있으며, 이는 곧 현행 '행정소송법' 체계의 붕괴를 의미한다.

대법원도, 주민소송 대상의 하나인 '공금의 지출에 관한 사항'에 관하여 지출원인행위 즉, 지방자치단체의 지출의 원인이 되는 계약 그 밖의 행위로서 당해 행위에 의하여 지방자치단체가 지출의무를 부담하는 예산집행의 최초 행위와 그에 따른 지급명령 및 지출 등에 한정되고, 특별한 사정이 없는 한 이러한 지출원인행위 등에 선행하여 그러한 지출원인행위를 수반하게 하는 당해 지방자치단체의 장 및 직원, 지방의회 의원의 결정 등과 같은 행위는 포함되지 않으므로, 선행행위인 지방자치단체의 장 및 직원, 지방의회 의원의 결정 등과 같은 행위에 위법사유가 존재하더라도 이는 주민소송의 대상이 되지 않는다는 점을 분명히 하면서, 다만 선행행위가 현저하게 합리성을 결하여 그 때문에 지방재정의 적정성 확보라는 관점에서 지나칠 수 없는 하자가 존재하는 경우에는 지출원인행위 단계에서 선행행위를 심사하여 이를 시정해야 할 회계관계 법규상 의무가 있다고 보아야 하므로, 이러한 하자를 간과하여 그대로 지출원인행위 및 그에 따른 지급명령·지출 등 행위에 나아간 경우에는 그러한 지출원인행위 등 자체가 회계관계 법규에 반하여 위법하다고 보아야 하고, 이러한 위법사유가 존재하는지를 판단할 때에는 선행행위와 지출원인행위의 관계, 지출원인행위 당시 선행행위가 위법하여 직권으로 취소하여야 할 사정이 있었는지 여부, 지출원인행위 등을 한 당해 지방자치단체의 장 및 직원 등이 선행행위의 위법성을 명백히 인식하였거나 이를 인식할 만한 충분한 객관적인 사정이 존재하여 선행행위를 시정할 수 있었는 지 등을 종합적으로 고려해야 한다고 판시함으로써(대법원 2011. 12. 22. 선고 2009두14309 판결 참조), 주민소송의 대상이 법해석을 통하여 만연히 확대되어서는 안 된다는 점을 분명히 하고 있다.

⑷ 소결론

① 위에서 본 바와 같은 '지방자치법' 제17조 제1항의 문언, 주민소송 제도의 입법 취지와 목적, 2005. 1. 27. 법률 제7362호로 개정된 '지방자치법'의 개정 경과, '지방자치법' 관련 규정의 해석, 현행 '행정소송법'과의 정합성 등 제반 사정들을 종합하면, '지방자치법' 제17조 제1항 소정의 '재산의 관리·처분에 관한 사항'이란 지방자치단체가 그 소유의 재산에 대하여 재산적 가치의 유지·보전·실현을 직접적인 목적으로 하여 행하는 행위를 말하고, 다른 행정상의 목적으로 행하는 행위는 설령 그 결과 지방자치단체에 재산상 손해를 야기할 우려가 있다 하더라도 이에 해당하지 아니한다고 봄이 상당하다.

그런데 '도로법' 제38조 제1항에 따른 도로점용은 일반 공중의 교통에 사용되는 도로에 대하여 이러한 일반사용과는 별도로 도로의 특정 부분을 유형적·고정적으로 특정한 목적을 위하여 사용하는 이른바 특별사용을 뜻하는 것이고, 이러한 도로점용의 허가는 도로부지의 소유자가 아니라 도로의 관리청이 신청인의 적격성, 사용목적 및 공익상 영향 등을 참작하여 허가 여부를 결정하는 재량행위이므로(대법원 2005.

11. 25. 선고 2003두7194 판결, 대법원 2008. 11. 27. 선고 2008두4985 판결 참조), 지방자치단체장의 도로점용허가 또한 지방자치단체장이 도로관리청으로서 도로행정상의 목적으로 행하는 행위일 뿐 지방자치단체 소유의 재산에 대하여 재산적 가치의 유지·보전·실현을 직접적인 목적으로 행하는 행위라고 할 수 없고, 따라서 설령 그 결과 지방자치단체에 재산상 손해를 야기할 우려가 있다 하더라도 '재산의 관리·처분에 관한 사항'에 해당하지 아니한다고 봄이 상당하다.

② 원고들은, '공유재산 및 물품 관리법' 제20조 제1항에 따라 행정재산에 대한 사용·수익을 허가할 때에 사용료를 부과하는 것과 마찬가지로 '도로법' 제38조 제1항에 따라 도로에 대한 점용을 허가할 때에도 점용료 부과가 필수적이므로 도로점용허가가 행정재산에 대한 사용·수익허가의 특별한 경우이고, 따라서 도로점용허가 및 이를 전제로 한 건축허가처분도 행정재산에 대한 사용·수익허가와 마찬가지로 '재산의 관리·처분에 관한 사항'에 해당한다고 주장한다.

그러므로 살피건대, 우선 '공유재산 및 물품 관리법' 제22조 제1항이 "지방자치단체의 장은 행정재산의 사용·수익을 허가하였을 때에는 대통령령으로 정하는 요율과 산출방법에 따라 매년 사용료를 징수한다."고 규정하고 있는 것과 달리 '도로법' 제41조 제1항은 "관리청은 제38조에 따라 도로를 점용하는 자로부터 점용료를 징수할 수 있다."고 규정하고 있으므로 도로점용허가 시에 점용료의 징수가 필수적이라고 단정할 수 없을 뿐만 아니라 도로점용허가처분과 점용료부과처분은 별개의 처분이므로 점용료 부과 여부에 따라 도로점용허가처분의 법적 성격이 좌우된다고 볼 수도 없다.

또한 '도로법' 제38조 제1항에 따른 도로점용허가와 '공유재산 및 물품 관리법' 제20조 제1항에 따른 행정재산에 대한 사용·수익허가는 그 근거 법령은 물론이고 입법 취지, 허가방식 및 절차, 허가기간, 점용료 또는 사용료의 징수 재량 유무, 산정 기준금액 및 징수절차, 허가 없이 점용 또는 사용·수익한 경우 부과하는 변상금의 징수 목적, 징수 재량 유무, 산정 기준금액 및 징수절차 등이 서로 달라 그 법적 성격을 전혀 달리하는 별개의 처분이라 할 것이므로(대법원 2011. 5. 26. 선고 2010두28106 판결 참조), 도로점용허가를 행정재산에 대한 사용·수익허가의 특별한 경우로 볼 수 없고, 따라서 비록 도로가 지방자치단체의 소유인 경우 '공유재산 및 물품 관리법' 제5조 제2항 제2호 소정의 공공용재산인 행정재산에 해당한다고 하더라도 '도로법' 제38조 제1항에서 별도의 규정을 두고 있는 도로점용허가에 관하여는 행정재산에 대한 사용·수익허가에 관한 '공유재산 및 물품 관리법' 제20조 제1항이 적용될 여지가 없다 할 것이다. 2010. 2. 4. 법률 제10006호로 개정되어 2010. 8. 5.부터 시행된 '공유재산 및 물품 관리법'도 신설된 제2조의2에서 "공유재산 및 물품의 관리·처분에 관하여는 다른 법률에 특별한 규정이 있는 경우 외에는 이 법에서 정하는 바에 따른다."고 규정함으로써 다른 법률에 특별한 규정이 있는 경우에는 '공유재산 및 물품 관리법'의 적용을 명시적으로 배제하고 있는바, 위 규정은 위와 같은 법리를 확인한 것이라 할 것이다.

따라서 원고들의 위 주장은 더 나아가 판단할 필요 없이 이유 없다.

3) 이 사건 도로점용허가처분 및 이 사건 건축허가처분이 각 처분의 경위와 내용 및 실체에 비추어 '재산의 관리·처분에 관한 사항'에 해당하는지 여부에 관한 판단

이 법원의 현장검증결과에 변론 전체의 취지를 종합하면, 참가인이 이 사건 도로 지하에 신축하고 있는 철골콘크리트 구조물을 도로점용허가기간 만료 후에 원상회복하는 데에는 상당한 비용이 소요될 것임은 이를 넉넉히 인정할 수 있으나, 그러한 사정만으로 원상회복이 사회통념상 불가능하다고 단정할 수 없고, 또한 갑제14호증의 기재에 의하면, 이 사건 도로점용허가조건 제5항에서 "점용기간이 만료되었거나 점용을 폐지 또는 허가가 취소되었을 때에는 허가받은 자의 부담으로 도로를 원상회복하여야 하며, 원상회복 전까지는 변상금을 납부하여야 한다. 다만 원상회복을 할 수 없거나 부적당한 경우에는 그러하지 아니하다."라고 규정한 사실을 인정할 수 있으나, 위 허가조건 제5항 단서의 내용은 '도로법' 제43조 제1항 단서의 문언을 그대로 반복한 것에 불과하여 그것만으로 피고가 참가인의 원상회복의무를 면제해 주었다고 볼 수도 없으므로, 위와 같은 사정들을 근거로 이 사건 도로점용허가처분 및 이 사건 건축허가처분은 피고가 참가인에게 이 사건 도로를 지하예배당 등의 건축부지로 영구적으로 제공하기 위한 것이어서 '재산의 관리·처분에 관한 사항'에 해당한다는 원고들의 주장은 이유 없다.

나아가 원고들은 이 사건 도로점용허가처분이 이 사건 어린이집을 서초구에 기부채납하는 것을 허가조건으로 정하고 있는 사정을 들어

'재산의 관리·처분에 관한 사항'에 해당한다고 주장하나, 기부채납의 부관 유무가 이 사건 도로점용허가처분이 '재산의 관리·처분에 관한 사항'에 해당하는지 여부의 판단에 영향을 미친다고 볼 아무런 근거가 없을 뿐만 아니라 원고들의 주장대로라면 이 사건 도로점용허가처분이 이 사건 어린이집의 기부채납 없이 이루어진 경우에는 '재산의 관리·처분에 관한 사항'이 아니어서 주민소송의 대상이 되지 않던 것이 오히려 기부채납을 조건으로 이루어진 경우에는 '재산의 관리·처분에 관한 사항'이 되어 주민소송의 대상이 된다는 것인데, 위와 같은 해석은 지방재정의 적정성 확보라는 주민소송의 입법 취지에 비추어도 불합리하다.

그 밖에 원고들이 들고 있는 사정을 고려하더라도 이 사건 도로점용허가처분이 실질적으로 '재산의 관리·처분에 관한 사항'에 해당한다고 보기 어렵고, 달리 이에 해당한다고 볼 아무런 자료가 없다.

따라서 이 사건 도로점용허가처분 및 이 사건 건축허가처분이 그 처분의 경위와 내용 및 실체에 비추어 '재산의 관리·처분에 관한 사항'에 해당한다는 원고들은 주장은 받아들일 수 없고, 나아가 이를 전제로 한 원고들의 나머지 주장들 역시 받아들일 수 없다.

4. 결론

그렇다면 원고들의 이 사건 소는 '지방자치법' 제17조 제1항이 정하고 있는 주민소송의 대상에 해당하지 아니하여 부적법하므로 이를 모두 각하하기로 하여, 주문과 같이 판결한다.

재판장　판사 송우철
　　　　　판사 이상덕
　　　　　판사 윤진규

7-2 서울고등 2013누21030

서 울 고 등 법 원
제 9 행 정 부
판   결

사 건	2013누21030 도로점용허가처분무효확인등
원고,항소인	1. 황일근
	2. 조성두
	3. 강신종
	4. 김진옥
	5. 김정근
	6. 송수진
원고들 소송대리인	법무법인 신아
	담당변호사 김형남
피고,피항소인	서울특별시 서초구청장
소송대리인	법무법인 한신
	담당변호사 김우찬, 김종표
피고보조참가인	대한예수교장로회 사랑의교회
소송대리인	법무법인(유한) 율촌
	담당변호사 박해식, 이승민, 배기철

소송대리인	법무법인(유한) 로고스
	담당변호사 김건수, 이승훈
변론종결	2014. 4. 10.
제1심판결	서울행정법원 2013. 7. 9. 선고 2012구합28797 판결
판결선고	2014. 5. 15.

주 문

1. 원고들의 항소를 모두 기각한다.
2. 항소비용은 원고들이 부담한다.

청구취지 및 항소취지

제1심 판결을 취소한다. ⑴ 주위적으로 피고가 2010. 4. 9. 피고보조참가인(이하 '참가인'이라 한다)에 대하여 한 도로점용허가처분이 무효임을 확인한다. 예비적으로 피고가 2010. 4. 9. 참가인에 대하여 한 도로점용허가처분을 취소한다. ⑵ 피고가 2010. 6. 17. 참가인에 대하여 한 건축허가처분을 취소한다. ⑶ 피고는 위 ⑴항 기재 도로점용허가처분과 관련하여 박성중, 옥육표 등을 포함하여 위 처분에 관여한 서울특별시 서초구청 공무원들, 참가인에 대하여 손해배상청구의 소 제기를 이행하라.

이 　 유

1. 제1심 판결의 인용

이 법원이 이 사건에 관하여 설시할 이유는, 아래 제2항과 같이 제1심 판결문에 일부 내용을 추가하거나 고쳐 쓰는 외에는 제1심 판결의 이유 기재와 같으므로, 행정소송법 제8조 제2항, 민사소송법 제420조 본문에 따라 이를 그대로 인용한다.

2. 추가하거나 고쳐 쓰는 부분

가. 제3면 아래에서 제6행의 "Ⅱ구역의 개발사업시행자로 하여금"을 삭제하고, 같은 면 아래에서 제3행의 "'참나리길'이라 한다)"부터 아래에서 제2행의 "확장하도록 하였다"까지의 부분을 "'참나리길'이라 한다)의 서쪽 폭 4m의 사유지 $659.20m^2$(≒ 폭 4m × 길이 165m)를 확보하여 참나리길의 폭을 12m로 확장할 것을 결정하였다"로 고쳐 쓴다.

나. 제5면 제5행의 "양해각서(안)를 제출하였고"를 "양해각서수정(안)과 확약서를 제출하였고"로 고쳐 쓰고, 같은 면 제6 내지 7행의 "4m 부분을 매입하여 기부채납하고"를 "4m 부분의 소유권(사용권)을 확보하고"로 고쳐 쓰며, 같은 면 아래에서 제3행의 "지하 13층"을 "지상 13층"으로 고쳐 쓴다.

다. 제7면 제4행 이하의 [인정 근거]에 "갑 제6호증, 을가 제7호증의 3의 각 기재"를 추가한다.

라. 제21면 제10행 "이 법원의" 앞에 "을나 제16(가지번호 포함) 내지 17호증의 각 기재"를 추가한다.

3. 결론

그렇다면, 원고들의 이 사건 소는 부적법하여 모두 각하할 것인바, 제1심 판결은 이와 결론을 같이 하여 정당하므로 원고들의 항소를 모두 기각하기로 하여, 주문과 같이 판결한다.

재판장　판사 이종석
　　　　　판사 하상혁
　　　　　판사 김현보

7-3 대법 2014두8490 (파기 환송)

대 법 원
제 3 부
판 결

사　　건	2014두8490 도로점용허가처분무효확인등
원고, 상고인	1. 황일근
	2. 조성두
	3. 강신종
	4. 김진옥
	5. 김정근
	6. 송수진
원고들 소송대리인	신아 법무법인
	담당변호사　김형남, 원성윤
피고, 피상고인	서울특별시 서초구청장
소송수행자	조경순, 박후서, 이종오, 황병관, 유희덕
소송대리인	법무법인(유한) 동헌
	담당변호사 김우찬, 김종표
피고 보조참가인	대한예수교장로회 사랑의교회
소송대리인	법무법인(유한) 율촌

담당변호사 박해식, 윤용희, 이승민, 최연석, 배기철

원심판결   서울고등법원 2014. 5. 15. 선고 2013누21030 판결
판결선고   2016. 5. 27.

주   문

원심판결 중 피고 보조참가인에 대한 도로점용허가에 관한 주위적, 예비적 청구 및 위 도로점용허가와 관련한 손해배상요구에 관한 청구 부분을 파기하고, 제1심판결 중 같은 부분을 취소하여 이 부분 사건을 서울행정법원에 환송한다. 원고들의 나머지 상고를 기각한다.

이   유

상고이유를 판단한다.

1. 피고 보조참가인(이하 '참가인'이라고 한다)에 대한 도로점용허가에 관한 주위적, 예비적 청구 및 위 도로점용허가와 관련한 손해배상요구 청구 부분에 대하여

가. 주민소송 제도는 지방자치단체 주민이 지방자치단체의 위법한 재무회계 행위의 방지 또는 시정을 구하거나 그로 인한 손해의 회복 청구를 요구할 수 있도록 함으로써 지방자치단체의 재무행정의 적법성과 지방재정의 건전하고 적정한 운영을 확보하려는 데 그 목적이 있다. 그러므로 주민소

송은 원칙적으로 지방자치단체의 재무회계에 관한 사항의 처리를 직접 목적으로 하는 행위에 대하여 제기할 수 있고, 지방자치법 제17조 제1항에서 주민소송의 대상으로 규정한 '재산의 취득·관리·처분에 관한 사항'에 해당하는지 여부도 그 기준에 의하여 판단하여야 한다. 특히 도로 등 공물이나 공공용물을 특정 사인이 배타적으로 사용하도록 하는 점용허가가 도로 등의 본래 기능 및 목적과 무관하게 그 사용가치를 실현·활용하기 위한 것으로 평가되는 경우에는 주민소송의 대상이 되는 재산의 관리·처분에 해당한다고 보아야 한다.

나. 원심판결 이유에 의하면 다음 사실을 알 수 있다.

1) 참가인은 교회 건물의 신축을 위해 2009. 6. 1. 당시 지구단위계획구역으로 지정되어 있던 서울 서초구 (주소 생략) 일대 토지 중 서초구역(꽃마을지역) 특별계획구역Ⅱ 토지 6,861.2㎡를 매수하였고, 서울특별시장은 2010. 2. 4. 참가인의 위 사업 시행을 위한 지구단위계획 변경제안 등에 따라 서초구역(꽃마을지역) 특별계획구역Ⅱ 지구단위(세부개발) 변경계획을 결정·고시하였다.

2) 참가인은 위와 같이 매수한 특별계획구역Ⅱ 부지에 교회 건물 신축을 추진하는 과정에서 위 지구단위변경계획에 의하여 위 교회 건물 부지에 접한 대로大路인 서초로·반포로의 도로변이 차량출입 금지 구간으로 설정됨에 따라 그 반대편에 위치한 서울특별시 서초구 소유의 국지도로인 참나리길 지하에 지하주차장 진입 통로를 건설하고, 위 건물 부지 지하공간에

건축되는 예배당 시설의 일부로 사용할 목적으로 피고에게 위 참나리길 지하 부분에 대한 도로점용허가를 신청하였다.

3) 이에 피고는 2010. 4. 6. 신축 교회 건물 중 남측 지하 1층 325㎡를 어린이집으로 기부채납할 것을 내용으로 하는 부관을 붙여 위 참나리길 중 지구단위계획상 참가인이 확장하여 피고에게 기부채납하도록 예정되어 있는 너비 4m 부분을 합한 총 너비 12m 가운데 '너비 7m × 길이 154m'의 도로 지하 부분을 2010. 4. 9.부터 2019. 12. 31.까지 참가인이 점용할 수 있도록 하는 내용의 도로점용허가처분(이하 '이 사건 도로점용허가'라고 한다)을 하였다.

4) 위 도로부지에 대한 점용허가에 따라 피고는 참가인의 점용기간 중 도로법 및 서울특별시 조례에 의하여 그 점용료(2012년을 기준으로 할 때, 235,240,000원이다)를 지급받게 된다.

다. 위와 같은 사실관계에 의하면, 이 사건 도로점용허가의 대상인 도로 지하 부분은 본래 통행에 제공되는 대상이 아니어서 그에 관한 점용허가는 일반 공중의 통행이라는 도로 본래의 기능 및 목적과 직접적인 관련성이 없다고 보인다. 또한 위 점용허가의 목적은 특정 종교단체인 참가인으로 하여금 그 부분을 지하에 건설되는 종교시설 부지로서 배타적으로 점유·사용할 수 있도록 하는 데 있는 것으로서 그 허가의 목적이나 점용의 용도가 공익적 성격을 갖는 것이라고 볼 수도 없다.

이러한 여러 사정에 비추어 보면, 위 도로점용허가로 인해 형성된 사용관계의 실질은 전체적으로 보아 도로부지의 지하 부분에 대한 사용가치를 실현시켜 그 부분에 대하여 특정한 사인에게 점용료와 대가관계에 있는 사용수익권을 설정하여 주는 것이라고 봄이 상당하다. 그러므로 이 사건 도로점용허가는 실질적으로 위 도로 지하 부분의 사용가치를 제3자로 하여금 활용하도록 하는 임대 유사한 행위로서, 이는 앞서 본 법리에 비추어 볼 때, 지방자치단체의 재산인 도로부지의 재산적 가치에 영향을 미치는 지방자치법 제17조 제1항의 '재산의 관리·처분에 관한 사항'에 해당한다고 할 것이다.

라. 이 사건 도로점용허가에 의한 지하공간은 원상회복이 불가능하여 실질적으로 영구 점용을 허가한 것에 해당함에도 원심이 그와 달리 판단하였으니 위법하다고 다투는 상고이유 주장은 이 사건 소송의 본안에서 도로점용허가의 재량권 행사의 적법 여부와 관련하여 판단할 사항이므로 더 나아가 판단하지 아니한다.

마. 결국 원심이 그 판시와 같은 이유를 들어 이 사건 도로점용허가가 주민소송의 대상이 되는 재산의 관리·처분에 관한 사항에 해당하지 않는다고 보아 이 부분 소를 각하한 제1심판결을 그대로 유지한 것은, 이 사건 도로점용허가의 법적 성격과 주민소송의 대상에 관한 법리를 오해하여 판결에 영향을 미친 잘못이 있다.

2. 건축허가처분 취소청구 부분에 대하여

원고들은 원심판결 중 참가인에 대한 건축허가 취소청구 부분에 대하여도 상고하였으나, 상고장이나 상고이유서에 이 부분에 관한 구체적인 상고이유의 기재가 없다.

3. 결론

이에 원심판결 중 참가인에 대한 도로점용허가에 관하여 무효확인을 구하는 주위적 청구와 그 취소를 구하는 예비적 청구 및 위 도로점용허가와 관련한 손해배상요구 청구 부분을 파기하고, 이 파기 부분은 대법원이 직접 재판하기에 충분하므로 자판하기로 하여 제1심판결 중 같은 부분을 취소한다. 그리고 민사소송법 제418조 본문의 규정에 따라 이 부분 사건을 다시 심리·판단하게 하기 위하여 제1심법원에 환송하며, 원고들의 나머지 상고를 기각하기로 하여, 관여 대법관의 일치된 의견으로 주문과 같이 판결한다.

재판장 대법관 김   신
주 심 대법관 박병대
        대법관 박보영
        대법관 권순일

7-4 행정 2016구합4645

서 울 행 정 법 원
제 3 부
판 결

사 건		2016구합4645 도로점용허가처분무효확인등
원 고		1. 황일근

소송대리인 법무법인 이제 담당변호사 유정훈

        2. 조성두

        3. 강신종

        4. 김진옥

        5. 김정근

        6. 송수진

원고들 소송대리인   법무법인 신아 담당변호사 김형남

                    변호사 차혜령

                    법무법인(유한) 바른 담당변호사 김홍도

                    법무법인 인본 담당변호사 김종규, 길명철, 곽균열, 정한철

                    법무법인 인터로 담당변호사 이만덕

                    법무법인 승지 담당변호사 손광희

	법무법인 한결 담당변호사 이경우
	법무법인 드림 담당변호사 엄윤상
	법무법인 이공 담당변호사 허진민, 박진석
피　　고	서울특별시 서초구청장
소송수행자	이종오, 조경순, 박후서
소송대리인	법무법인 세종 담당변호사 김형수
피고보조참가인	대한예수교장로회 사랑의교회
	대표자 담임목사 오정현
소송대리인	법무법인(유한) 율촌
	담당변호사 박해식, 이승민, 배기철
소송대리인	법무법인(유한) 로고스
	담당변호사 이승훈
환송전당심판결	서울행정법원 2013. 7. 9. 선고 2012구합28797 판결
환송전항소심판결	서울고등법원 2014. 5. 15. 선고 2013누21030 판결
환송판결	대법원 2016. 5. 27. 선고 2014두8490 판결
변론종결	2016. 10. 21.

주　　문

1. 피고가 2010. 4. 9. 피고보조참가인에 대하여 한 도로점용허가처분을 취소한다.

2. 원고들의 나머지 청구를 모두 기각한다.

3. 소송비용은 보조참가로 인한 비용을 포함하여 그 중 1/3은 원고들

이, 나머지는 피고 및 피고보조참가인이 각 부담한다.

청 구 취 지

1. 주위적으로 피고가 2010. 4. 9. 피고보조참가인(이하 '참가인'이라 한다) 에 대하여 한 도로점용허가처분이 무효임을 확인한다. 예비적으로 주문 제1항과 같다.

2. 피고는 제1항 기재 도로점용허가처분과 관련하여 박성중, 옥욱표 등을 포함하여 위 처분에 관여한 서울특별시 서초구청 공무원들, 참가인에 대하여 손해배상청구의 소 제기를 이행하라.

이 유

1. 처분의 경위

가. 참가인은 교회 건물 신축을 위해 2009. 6. 1. 당시 지구단위계획구역으로 지정되어 있던 서울 서초구 서초동 1498 일대 토지 중 서초구역(꽃마을지역) 특별계획구역Ⅱ 토지 6,861.2㎡를 매수하였고, 서울특별시장은 2010. 2. 4. 위 토지에 교회 건물을 신축하려는 참가인의 지구단위계획 변경제안 등에 따라 서초구역(꽃마을지역) 특별계획구역Ⅱ 지구단위(세부개발) 변경계획을 결정·고시하였다.

나. 참가인은 위와 같이 매수한 특별계획구역Ⅱ 부지에 교회 건물 신축을 추진하는 과정에서 위 지구단위변경계획에 의하여 위 교회 건물 부지에 접한 대로인 서초로·반포로의 도로변이 차량출입 금지 구간으로 설정됨에 따라 그 반대편에 위치한 서울특별시 서초구 소유의 국지도로인 참나리길 지하에 지하주차장 진입 통로를 건설하고, 위 건물 부지 지하공간에 건축되는 예배당 시설의 일부로 사용할 목적으로 2010. 3. 3. 피고에게 위 참나리길 지하 부분에 대한 도로점용허가를 신청하였다.

다. 이에 피고는 2010. 4. 9. 신축 교회 건물 중 남측 지하 1층 325㎡를 어린이집으로 기부채납할 것을 내용으로 하는 부관을 붙여 위 참나리길 중 지구단위계획상 참가인이 확장하여 피고에게 기부채납하도록 예정되어 있는 너비 4m 부분을 합한 총 너비 12m 가운데 '너비 7m × 길이 154m'의 도로 지하 부분(이하 '이 사건 도로 지하 부분'이라 한다)을 2010. 4. 9.부터 2019. 12. 31.까지 참가인이 점용할 수 있도록 하는 도로점용허가처분(이하 '이 사건 도로점용허가'라 한다)을 하였는데, 그 주된 내용은 다음과 같다.

〈허가사항〉

1. 점용장소 : 서울 서초구 서초동 1741-1 도로(지하)
2. 점용면적 : 1,077.98㎡

3. 점용목적 : 지하실

〈허가조건〉

5. 점용기간이 만료되었거나 점용을 폐지 또는 허가가 취소되었을 때에는 허가받은 자의 부담으로 도로를 원상회복하여야 하며, 원상회복 전까지는 변상금을 납부하여야 한다. 다만, 원상회복을 할 수 없거나 부적당한 경우에는 그러하지 아니하다.
6. 점용기간이 종료된 후에는 점용구간에 대해 신청자 부담으로 원상복구하여야 한다.
11. 허가받은 자는 도로의 점용과 관련하여 발생하는 민·형사상의 모든 책임을 진다.

라. 이 사건 도로점용허가 이후 참가인은 이 사건 도로 지하 부분을 포함한 신축 교회 건물 지하에 지하 1층부터 지하 5층까지 본당(예배당), 영상예배실, 교리공부실, 성가대실, 방송실 등의 시설을, 지하 6층부터 지하 8층까지 주차장, 기계실, 창고 등의 시설(이하 지하 1층부터 지하 8층까지 위 시설물들을 합쳐 '이 사건 예배당 등'이라 한다)을 설치하였고, 피고는 참가인의 점용기간 중 도로법 및 서울특별시 조례에 의하여 그 점용료(2010년 : 138,614,000원, 2011년 : 184,819,000원, 2012년 : 235,240,000원, 2013년 : 277,583,000원, 2014년 : 316,444,000원, 2015년 : 360,746,000원, 2016년 : 396,821,000원)를 각 지급받았다.

마. 원고들은 이 법원 2012구합28797호로 도로점용허가처분무효확인 등의 소를 제기하면서 위 청구취지 기재 각 청구들 외에 건축허가처분 취소청구를 구하였으나 2013. 7. 9. 각하 판결을 받았고, 위 판결에 대하여 항소하였으나 2014. 5. 15. 서울고등법원 2013누21030호로 항소기각판결을 받았다. 이에 원고들이 대법원 2014두8490호로 상고하였으나 대법원은 2016. 5. 27. 건축허가처분 취소청구 부분은 상고장이나 상고이유서에 이 부분에 관한 구체적인 상고이유의 기재가 없다는 이유로 상고를 기각하고, 나머지 부분에 대하여는 파기하고 파기 부분은 자판하여 취소하기로 하여 이 법원으로 환송하는 판결을 하였다. 따라서 위 건축허가처분 취소청구 부분은 대법원에서 판결이 선고됨으로써 확정되었고 이 판결의 심판범위는 위 청구취지에 한정된다.

[인정근거] 다툼 없는 사실, 갑 제1, 4, 5호증, 갑 제7호증의 1, 2, 갑 제8호증의 1 내지 3, 갑 제9호증의 1, 2, 갑 제14, 22호증, 을가 제11호증의 각 기재, 변론 전체의 취지

2. 원고들의 주장

가. 원고들은 이 사건 예배당 등은 도로점용허가의 대상인 '지하실'의 개념에 포함되지 아니하고 이 사건 도로점용허가로 인하여 추후 새로운 공공매설물 매장이 불가능하고 위 도로점용허가는 오로지 사적인 용도의 시설을 확보하기 위한 것이므로 현저하게 공익

에 반하는 것이어서 비례원칙에 위반되며 정교분리원칙과 평등원칙에 위반된다. 원고들은 위와 같은 이유로 주위적으로 그 하자가 중대하고 명백한 것이므로 이 사건 도로점용허가의 무효확인을, 예비적으로 위 도로점용허가의 취소를 구한다.

나. 피고는 이 사건 도로점용허가와 관련하여 박성중, 옥육표 등을 포함하여 위 처분에 관여한 서울특별시 서초구청 공무원들, 참가인에 대하여 손해배상청구의 소 제기를 이행할 의무가 있다.

3. 판단

가. 관계 법령

별지 관계 법령 기재와 같다.

나. 이 사건 도로점용허가 무효확인 청구(주위적 청구)에 관한 판단

행정처분이 당연무효라고 하기 위하여는 처분에 위법사유가 있다는 것만으로는 부족하고 그 하자가 법규의 중요한 부분을 위반한 중대한 것으로서 객관적으로 명백한 것이어야 하며, 하자가 중대하고 명백한 것인지 여부를 판별함에 있어서는 그 법규의 목적, 의미, 기능 등을 목적론적으로 고찰함과 동시에 구체적 사안 자체의 특수성에 관하여도 합리적으로 고찰함을 요한다고 할 것이다(대법원 1995. 7. 11. 선고 94누4615 판결, 대법원 2002. 12. 10. 선고 2001두4566 판결 등 참조).

또한, 행정처분에 존재하는 하자가 중대하다고 하더라도 외형상 객관

적으로 명백하지 않다면 그 처분을 당연무효라고 할 수 없는 것인바, 행정청이 어느 법률관계나 사실관계에 대하여 어느 법률의 규정을 적용하여 행정처분을 한 경우에 그 법률관계나 사실관계에 대하여는 그 법률의 규정을 적용할 수 없다는 법리가 명백히 밝혀져 그 해석에 다툼의 여지가 없음에도 불구하고 행정청이 위 규정을 적용하여 처분을 한 때에는 그 하자가 중대하고도 명백하다고 할 것이나, 그 법률관계나 사실관계에 대하여 그 법률의 규정을 적용할 수 없다는 법리가 명백히 밝혀지지 아니하여 그 해석에 다툼의 여지가 있는 때에는 행정관청이 이를 잘못 해석하여 행정처분을 하였더라도 이는 그 처분 요건사실을 오인한 것에 불과하여 그 하자가 명백하다고 할 수 없는 것이고, 또한 행정처분의 대상이 되는 법률관계나 사실관계가 전혀 없는 사람에게 행정처분을 한 때에는 그 하자가 중대하고도 명백하다 할 것이나, 행정처분의 대상이 되지 아니하는 어떤 법률관계나 사실관계에 대하여 이를 처분의 대상이 되는 것으로 오인할 만한 객관적인 사정이 있는 경우로서 그것이 처분대상이 되는지의 여부가 그 사실관계를 정확히 조사하여야 비로소 밝혀질 수 있는 때에는 비록 이를 오인한 하자가 중대하다고 할지라도 외관상 명백하다고 할 수 없는 것이다(대법원 1997. 5. 9. 선고 95다46722 판결 등 참조).

이 사건으로 돌아와 보건대, 피고는 참가인에게 이 사건 도로에 대하여 도로구조의 안전과 교통에 지장이 없다고 인정하고 이 사건 도로점용허가를 하였는데 아래에서 보는 바와 같이 위 도로점용허가에 하자가 있어 위법하다 하더라도 이는 법률관계나 사실관계를 정확히 조사하여야 비로소 그 하자 유무가 밝혀질 수 있는 것이어서 그 하자가 외관상 명백하다고 할 수 없고, 따라서 이 사건 도로점용허가의 당연무효 사유가 된다고 할 수 없다. 따라서 원고들의 위 주위적 주장은 이유 없다.

다. 이 사건 도로점용허가 취소 청구(예비적 청구)에 관한 판단

1) 우선, 이 사건 예배당 등이 이 사건 도로점용허가에 의한 점용목적인 '지하실'에 해당하는지에 관하여 살펴본다.

구 도로법 시행령(2010. 9. 17. 대통령령 제22386호로 개정되기 전의 것, 이하 '구 도로법 시행령'이라 한다) 제28조 제5항 제5호에 의하면 도로의 점용허가를 받을 수 있는 공작물·물건, 그 밖의 시설의 종류로 '지하상가·지하실·통로·육교, 그 밖에 이와 유사한 것'을 규정하고 있다.

이 사건으로 돌아와 보건대, 갑 제1, 14호증의 각 기재 및 변론 전체의 취지를 종합하여 인정되는 다음과 같은 사정들 즉, ① 구 도로법 시행령 제28조 제5항은 제5호에서 규정하고 있는 '지하실'의 의미에 대하여 도로의 안전과 교통에 지장을 초래하지 않는 물리적 구조의 유사성을 의미하는 것으로 볼 여지가 있고 이 사건 예배당은 지하의 공간을 사방으로 벽으로 구획한 공간으로서 지하실과 유사하다고 볼 수 있는 점, ② 구 도로법 시행령 제28조 제5항 제5호에서 '지하상가'와 '지하실'을 구분하여 규정하고 있는 것은 지하에 시설된 점포의 집단적 시설을 의미하는 상가와 독립적 사용을 위한 지하실이 구분되기 때문이지 반드시 용도를 전제로 하였다고 보기는 어려운 점, ③ 서울특별시의 감사 결과는 구 도로법 시행령 제28조 제5항에서 열거한 시설물들이 공공성, 공익성을 갖는 것에 한정된다는 이유로 이 사건 예배당 등이 이에 해당하지 않는다고 판단하였으나 위 조항에는 간판, 현수막, 사무소, 점포, 창고 등도 규정되어 있는데 위 시설물들은 공익적 시설이 아니므로 도로점용허가의 대상을 공익적 시설에 한정된다고만 볼 수는 없는 점, ④ 구 도로법 시행령 제28조 제5항은 2012. 11. 27. 대통령령 제24205호로 개정되었고 위 조항은 도로점용허가의 대상이 되는 '지하실'을 건축법 제2조 제1항 제2호의 건축물로서 국토의 계획 및 이용에 관한 법률 시행령 제61조 제1호에 따라 설치하는 경우만 해당하는 것으로 규정하고 있는데 이는 건축법 제2조 제1항 제2호에 의하여 건축물로 정의되어 있는 지하의 공작물에 설치하는 사무소·공연장·점포·차고·창고 등에 대하여 '지하실'의 개념에 포함된다는 것을 분명하게 규정한 것으로 위 규정에 의하면 이 사건 예배당 등이 '지하실'에 해당된다고 볼 수 있는 점 등에 비추어 보면, 구 도로법 시행령 제28조 제5항 제5호의 '지하실'은 공중의 통행에 제공되어야 한다는 등의 특별한 제한 없이 건축법 제2조 제1항 제2호에서 정의하고 있는 사무소·공연장·점포·차고·창고 등을 포괄하는 개념이라고 할 것이다. 이 사건 예배당 등은 물리적 구조의 유사성에 비추어 볼 때 건축법 제2조 제1항 제2호에서 정의하고 있는 건축물에 포함된다고 할 것이므로 구 도로법 시행령 제28조 제5항 제5호에서 규정하고 있는 '지하실'의 개념에 포함될 수 있다. 따라서 원고들의 이 부분 주장은 이유 없다.

2) 재량권 일탈·남용 여부

구 도로법(2014. 1. 14. 법률 제12248호로 개정되기 전의 것, 이하 '구 도로법'이라 한다) 제38조 제1항에 의한 도로점용은 일반 공중의 교통에 사용되는 도로에 대하여 이러한 일반사용과는 별도로 도로의 특정부분을 유형적·고정적으로 특정한 목적을 위하여 사용하는 이른바 특별사용을 뜻하는 것이고, 이러한 도로점용의 허가는 특정인에게 일정한 내용의 공물사용권을 설정하는 설권행위로서 공물관리자가 신청인의 적격성, 사용목적 및 공익상 영향 등을 참작하여 허가 여부를 결정하는 재량행위라 할 것인데, 이러한 내용의 재량행위에 대한 사법심사는 행정청의 재량에 기한 공익판단의 여지를 감안하여 법원은 독자의 결론을 도출함이 없이 그 재량판단의 심사기준으로 삼은 사유에 법령의 해석이나 법리의 오해, 사실의 오인 혹은 비례·평등의 원칙 위반 등의 위법이 있는지 여부를 판단 대상으로 삼아야 할 것이다(대법원 2001. 2. 9. 선고 98두17593 판결, 대법원 2007. 5. 31. 선고 2005두1329 판결 등 참조).

구 공유재산 및 물품 관리법(2010. 2. 4. 법률 제10006호로 개정되기 전의 것, 이하 같다)에 의하면, 기부에 조건이 수반된 것인 경우에는 기부채납을 받아들여서는 아니되고(제7조 제2항), 사권이 설정된 재산은 그 사권이 소멸되기 전에는 공유재산으로 취득하지 못하며(제8조), 특히 행정재산에는 특별한 경우가 아닌 한 사권을 설정하지 못한다(제19조 제1항). 해당 자치단체의 장 외의 자는 공유재산에 건물 등 영구시설물을 축조하지 못하는 것이 원칙이고(제13조), 지방자치단체의 현재의 사용 및 이용에 지장이 없는 범위 안에서 당해 공유재산의 공중·지상·지하에 공작물을 설치하는 등 공유재산 및 물품 관리법 시행령 제9조 각호에서 정한 예외적인 경우에만 영구시설물의 축조가 가능하다. 한편, 2010. 2. 4. 법률 제10006호로 개정되어 2010. 8. 4.부터 시행된 구 공유재산 및 물품 관리법 제3조의2 제1호에 의하면 지방자치단체가 공유재산을 관리·처분하는 경우 '해당 지방자치단체 전체의 이익에 맞도록 할 것'이라는 원칙을 지켜야 한다고 규정되어 있는데, 이 사건 도로점용허가 당시 위 규정이 시행되지 않았다고 하더라도 위 원칙은 앞서 본 규정들의 취지에 비추어 충분히 도출될 수 있는 것으로서 위 원칙을 확인하는 의미의 규정으로 해석된다. 비록 도로법 중 일부 조항이 공유재산 및 물품 관리법에 대한 특별법의 지위를 가진다고 하더라도 도로 역시 행정재산 중 대표적인 공공용재산으로서 구 공유재산 및 물품 관리법의 위와 같은 규정 취지는 도로점용허가를 함에 있어서도 충분히 고려되어야 한다.

구 도로법 시행령 [별표 제1호의2] 도로점용기준 2.에 의하면 제28조 제5항 제1호부터 제5호까지 및 제8호에 따른 점용물의 점용기간은 10년 이내로 하고, 그 밖의 점용물의 점용기간은 3년 이내로 한다고 규정하고 있다. 점용기간이 10년 이내인 점용물은 대부분 전주, 전선, 수도관, 하수도관 등 기간시설이나 공중전화, 주유소, 주차장, 터미널, 지하상가 등 공중의 이용에 제공되는 편익시설로서 사실상 영구시설물이고, 점용기간 3년 이내인 점용물은 대부분 간판, 표지, 공사용 자재 등 사적 용도의 시설물이나 원상회복이 용이한 가설물에 해당한다. 이는 도로의 점용허가를 받을 수 있는 공작물, 물건, 그 밖의 시설이 영구시설물에 해당하는 경우에는 그 설치 과정에서 인근 주민들이 당해 도로를 이용하지 못하게 되어 큰 불편을 겪을 뿐만 아니라 점용기간이 장기간이고 점용기간이 도과하더라도 원상회복이 용이하지 않으며, 그 영구시설물로 인하여 현재 또는 장래에 도로의 현상 변경이나 공익 목적의 사용에 제한을 받을 수밖에 없으므로, 그 영구시설물의 용도나 설치의 목적이 공익에 부합하는지 여부를 충분히 고려하여 도로점용허가를 결정하도록 하는 입법자의 의도가 내재되어 있는 것으로 보인다.

이와 같은 구 도로법과 구 공유재산 및 물품 관리법 관계 법령의 목적과 문언의 내용 및 체계에 비추어 보면, 도로점용허가가 도로관리청의 재량행위라고 하더라도, 영구시설물의 용도가 오로지 특정 사인이나 단체의 이용에만 제공되는 경우에는 공공용재산인 도로에 사실상 영구적인 사권을 설정하는 것과 동일한 효과가 있고 그 사인이나 단체에게 공공용재산으로 명백한 특혜를 부여하는 부당한 결과가 되므로, 도로관리청인 지방자치단체로서는 영구시설물 설치를 목적으로 한 도로점용허가를 함에 있어서는 경제적 관점에서 도로의 효율적 이용이나 지방자치단체의 수익만을 앞세울 것이 아니라 그 영구시설물의 용도나 설치의 목적이 해당 지방자치단체 전체의 이익에 맞는지 여부를 충분히 고려하여 허가여부를 판단하여야 할 것이다.

갑 제1호증, 갑 제7호증의 1, 2, 갑 제8호증의 1 내지 3, 을가 제5호증의 1 내지 5, 을가 6호증의 1 내지 8의 각 기재 및 변론 전체의 취지를 종합하면, ① 서초구청 건축과는 2010. 2. 8. 서초구 도로관리과에 참가인에 대한 이 사건 도로점용허가가 가능할지에 대하여 문의하였고 서초구 도로관리과는 2010. 2. 18. 서초구 재난치수과에 이를 문의하였는데 서초구 재난치수과는 2010. 2. 25. 서초구 도로관리과에 이 사건 도로에 대한 현장 확인결과 이 지역에는 서초구에서 관리하고 있는 공공하수시설(D=600㎜, L=168m, 맨홀 5개, 빗물받이 15개소 등)이 매설되어 있어 하수처리를 위해 반드시 필요한 부지이므로 도로점용이 불가하다고 통보한 사실, ② 주식회사 케이티는 2010. 2. 24. 서초구청장에게 이 사건 도로에 대한 점용허가로 통신시설물이 저촉될 가능성이 있으며 저촉에 따라 이설하여야 할 통신시설물은 공사소요 기간이 많이 필요하다고 통보한 사실, ③ 이 사건 도로점용허가 이후 이 사건 도로 지하에 매설되어 있던 공공하수관, 하수시설물, 상수도관, 도시가스배관 등을 확대개량 또는 이설한 사실, ④ 원고 황일근 외 292명은 2011. 12. 7. 서울특별시에 이 사건 도로점용허가의 위법에 대한 시정조치를 요청하는 내용의 주민감사를 청구하였고 서울특별시는 2012. 6. 1. 이 사건 도로점용허가가 부당하다고 통보한 사실 등을 인정할 수 있다.

위 인정사실 및 변론 전체의 취지를 종합하여 인정되는 다음과 같은 사정들 즉, ① 참가인은 이 사건 도로 지하 부분을 포함한 신축 교회 부지 지하에 지하 1층부터 지하 5층까지 교회 본당(예배당), 영상예배실, 교리공부실, 성가대실, 방송실 등의 시설, 지하 6층부터 지하 8층까지 주차장, 기계실, 창고, 진입램프 등의 시설을 설치하였는데 위와 같은 지하구조물 설치를 통한 지하의 점유는 그 원상회복이 쉽지 아니할 뿐만 아니라 그 유지·관리 및 안전에 상당한 위험과 책임이 수반될 수 있고, 설치 후 관련 시설물의 소유권 변동 등 사정변경에 따라 관리가 소홀히 되거나 방치될 우려가 있는 경우에는 더욱 그러한 점, ② 이 사건 예배당 등은 교회 건물 및 그 관련 시설의 이용에 제공되는 것 이외에는 피고나 관내 주민 일반의 공적 혹은 공공적 이용에는 필요하지 아니하고 참가인이 위 예배당에서 무료 음악회 등을 개최하여 관내 주민들에게 개방하고 있으므로 공공의 목적으로 사용하고 있다고 주장하나 위 예배당의 주된 목적은 종교시설의 일부로 교회에서 예배활동을 하는 공간으로서 참가인 주장의 그와 같은 이용은 언제든지 제한될 수 있으므로 참가인이 주장하는 위와 같은 사정만으로 공공의 목적으로 사용하고 있다고 보기 어려운 점, ③ 이 사건 도로 지하 공간에 설치된 예배당 등의 시설물들은 그 사회·경제·문화적 의미가 매우 제한적인 시설물로서 이러한 시설물들의 설치를 위한 도로점용허가를 받아들이게 되면 향후 유사한 내용의 도로점용허가신청을 거부하기 어렵게 되어 그 결과 도로 지하의 무분별한 사적 사용과 그에 따른 공중안전에 대한 위해의 우려가 증가하게 된다는 점, ④ 앞서 본 바와 같이 애초에 이 사건 도로점용허가에 대한 검토시에는 도로점용허가가 부당하다는 의견이 다수였는데 지하에 있던 하수시설, 통신시설, 가스시설 등을 이설하고 인근 주민들에게 이 사건 예배당 등의 공사로 이 사건 도로로 통행할 수 없는 불편을 끼치면서까지 위 도로점용허가가 이루어져야 할 사정을 발견할 수 없는 점, ⑤ 도로법 제3조 본문은 '도로를 구성하는 부지, 옹벽, 그 밖의 물건에 대하여는 사권을 행사할 수 없다'라고 규정하고 있는데 참가인이 이 사건 도로 지하 부분에 사실상 영구시설물에 해당하는 이 사건 예배당 등의 시설물을 설치함으로써 사실상 영구적인 사권을 설정하는 것과 다름없는 효과를 가져와 위 조항에 위배되는 점, ⑥ 이 사건 도로점용허가의 위법성 판단 시점은 그 허가시이므로 그 이후 이 사건 예배당 등의 시설이 완공되어 원상회복이 어렵다는 등의 사정은 고려할 수 없는 점 등을 고려하여 보면, 피고가 이 사건 도로점용허가를 함으로써 서울특별시 서초구가 운영하는 어린이집 공간 325㎡를 확보할 수 있고 이 사건 도로 지하 부분에 대한 점용료를 징수하여 서초구 재정에 기여하며 도로의 확장으로 주민들의 통행이 개선되는 등의 순기능이 있지만 이와 같은 순기능적 측면보다는 앞서 본 바와 같은 역기능적 측면이 큰 것으로 보인다. 따라서 피고의 이 사건 도로점용허가에 관련 공익과 사익을 비교·형량함에 있어서 비례·형평의 원칙을 위반한 위법이 있고 이 사건 도로점용허가는 취소되어야 한다.

라. 손해배상청구에 관한 판단

1) 주민은 지방자치법 제17조 제2항 제4호에 따라 지방자치단체의 장으로 하여금 위법한 공금지출 등 재무회계행위를 한 당해 공무원 또는 해당 행위와 관련이 있는 상대방에 대하여 손해배상청구권 또는 부당이득반환청구권을 행사할 것을 요구하는 소송을 제기할 수 있는데, 이러한 소송이 제기되었을 경우 지방자치법에는 해당 행위와 관련이 있는 상대방 등에 대한 부당이득반환청구권과 손해배상청구권의 성립요건에 관한 특별한 규정이 없으므로 이에 관하여는 민법 등 위 각 권리를 규율하고 있는 법령에 따라 그 성립 여부를 판단하여야 할 것인데, 원고들로서는 손해배상청구권의 성립요건과 관련하여 위법성, 고의 내지 과실, 손해의 발생, 인과관계 등을 입증하여야 한다.

2) 헌법 제29조 제1항 본문과 단서 및 국가배상법 제2조를 그 입법취지에 조화되도록 해석하면 공무원이 직무 수행 중 불법행위로 타인

에게 손해를 입힌 경우에 국가나 지방자치단체가 국가배상책임을 부담하는 외에 공무원 개인도 고의 또는 중과실이 있는 경우에는 불법행위로 인한 손해배상책임을 지지만, 공무원에게 경과실이 있을 뿐인 경우에는 공무원 개인은 불법행위로 인한 손해배상책임을 부담하지 아니하고, 여기서 공무원의 중과실이라 함은 공무원에게 통상 요구되는 정도의 상당한 주의를 하지 않더라도 약간의 주의를 한다면 손쉽게 위법·유해한 결과를 예견할 수 있는 경우임에도 만연히 이를 간과함과 같은 거의 고의에 가까운 현저한 주의를 결여한 상태를 의미한다(대법원 2003. 12. 26. 선고 2003다13307 판결 참조).

이 사건으로 돌아와 보건대, 앞서 인정한 사실을 비롯하여 원고들이 제출한 증거들만으로는 이 사건 도로점용허가를 하는 과정에서 박성중, 옥육표 등을 포함하여 위 처분에 관여한 서울특별시 서초구청 공무원들이 거의 고의에 가까운 현저한 주의를 결여하였다고 보기는 어렵고, 달리 위 공무원들에게 중대한 과실이 있었음을 인정할 만한 증거가 없다.

3) 또한, 원고들은 참가인이 이 사건 도로점용허가를 신청하는 과정에서 이 사건 도로 지하 부분에 대한 점용이 관계법령에 위반되어 위법한 것이라는 사실을 처음부터 알았거나 알 수 있었으며, 도로점용허가 과정에서 서초구청 담당 공무원들을 적극적으로 유인하거나 이들에게 압력을 행사하는 등의 부정한 방법을 사용하여 담당 공무원들과 공모하여 이 사건 도로점용허가를 받았으므로 불법행위책임을 부담하여야 한다고 주장한다. 그러나 앞서 인정한 사실

을 비롯하여 원고들이 제출한 증거들만으로는 참가인이 공무원들을 적극적으로 유인하거나 부정한 방법을 사용하여 담당 공무원들과 공모한 사실을 인정하기에 부족하고, 달리 참가인에게 고의 또는 과실이 있었음을 인정할 만한 증거가 없다.

4) 따라서 원고들의 위 주장은 이유 없다.

4. 결론

그렇다면, 원고들의 이 사건 예비적 청구는 이유 있으므로 이를 인용하고, 나머지 청구는 모두 이유 없으므로 이를 기각하기로 하여 주문과 같이 판결한다.

       재판장 판사 김병수
             판사 유성욱
             판사 김영하

관계법령

■ 지방자치법(2016. 5. 29. 법률 제14197호로 개정되기 전의 것)

제17조(주민소송)
② 제1항에 따라 주민이 제기할 수 있는 소송은 다음 각 호와 같다.
1. 해당 행위를 계속하면 회복하기 곤란한 손해를 발생시킬 우려가 있는 경우에는 그 행위의 전부나 일부를 중지할 것을 요구하는 소송
2. 행정처분인 해당 행위의 취소 또는 변경을 요구하거나 그 행위의 효력 유무 또는 존재 여부의 확인을 요구하는 소송
3. 게을리한 사실의 위법 확인을 요구하는 소송
4. 해당 지방자치단체의 장 및 직원, 지방의회의원, 해당 행위와 관련이 있는 상대방에게 손해배상청구 또는 부당이득반환청구를 할 것을 요구하는 소송. 다만, 그 지방자치단체의 직원이 '지방재정법' 제94조나 '회계관계직원 등의 책임에 관한 법률' 제4조에 따른 변상책임을 져야 하는 경우에는 변상명령을 할 것을 요구하는 소송을 말한다.

■ 도로법(2012. 6. 1. 법률 제11471호로 개정되기 전의 것)

제38조(도로의 점용)
① 도로의 구역에서 공작물이나 물건, 그 밖의 시설을 신설·개축·변경

또는 제거하거나 그 밖의 목적으로 도로를 점용하려는 자는 관리청의 허가를 받아야 한다.

② 제1항에 따라 허가를 받을 수 있는 공작물·물건, 그 밖의 시설의 종류와 도로 점용허가의 기준 등에 관하여 필요한 사항은 대통령령으로 정한다.

③ 제1항에 따라 도로의 점용허가를 받은 자가 도로의 굴착, 그 밖에 형질 변경이 수반되는 공사를 마친 때에는 국토해양부령으로 정하는 바에 따라 관리청의 확인을 받아야 한다. 다만, 대통령령으로 정하는 주요 지하 매설물(이하 "주요지하매설물"이라 한다)을 설치하는 공사를 마친 때에는 준공도면을 관리청에 제출하여야 하며, 관리청은 국토해양부령으로 정하는 바에 따라 이를 보관·관리하여야 한다.

④ 관리청이 주요지하매설물이 설치된 도로에 대하여 굴착공사가 따르는 점용허가를 하면 그 주요지하매설물의 관리자에게 이를 알려야 한다.

⑤ 제1항에 따라 도로의 점용허가를 받은 자가 주요지하매설물이 있는 도로에서 굴착공사를 하려면 그 주요지하매설물의 관리자가 입회한 가운데 공사를 시행하여야 한다.

제43조(원상회복)

① 도로를 점용하는 자는 점용기간이 끝났거나 점용을 폐지하면 도로를 원상회복하여야 한다. 다만, 원상회복할 수 없거나 원상회복하는 것이 부적당한 경우에는 그러하지 아니하다.

■ 구 도로법 시행령(2010. 9. 17. 대통령령 제22386호로 개정되기 전의 것)

제28조(점용의 허가신청)

① 법 제38조제1항에 따른 허가를 받으려는 자는 다음의 사항을 적은 신청서를 관리청에 제출하여야 한다. 이 경우 점용장소·점용기간·공작물 또는 시설의 구조 등 점용에 관한 사항은 별표 1의2의 기준에 적합하게 하여야 한다.

1. 점용의 목적
2. 점용의 장소와 면적
3. 점용의 기간
4. 공작물 또는 시설의 구조
5. 공사시설의 방법
6. 공사의 시기
7. 도로의 복구방법

⑤ 법 제38조제2항에 따라 도로의 점용허가(법 제5조에 따라 다른 국가사업에 관계되는 점용인 경우에는 협의 또는 승인을 말한다)를 받을 수 있는 공작물·물건, 그 밖의 시설의 종류는 다음 각 호와 같다.

1. 전주·전선·변압탑·공중선·우체통·공중전화·무선전화기지국·종합유선방송용단자함·발신전용휴
대전화기지국, 그 밖에 이와 유사한 것

2. 수도관·하수도관·가스관·송유관·전기통신관·송열관·지중정착장치(어스앵커)·작업구(맨홀)·전력구·통신구·공동구·배수시설, 그 밖에 이와 유사한 것

3. 주유소·주차장·여객자동차터미널·화물터미널·자동차수리소·승강대·화물적치장·휴게소, 그 밖에 이와 유사한 것과 이를 위한 진·출입로

4. 철도·궤도, 그 밖에 이와 유사한 것

5. 지하상가·지하실·통로·육교, 그 밖에 이와 유사한 것

6. 간판·표지·깃대·주차측정기·현수막 및 아치

7. 공사용 판자벽·발판·대기소 등의 공사용 시설 및 자재

8. 고가도로의 노면 밑에 설치하는 사무소·점포·창고·주차장·광장·공원, 체육시설, 그 밖에 이와 유사한 시설

9. 제1호부터 제8호까지 외에 관리청이 도로구조의 안전과 교통에 지장이 없다고 인정한 공작물·물건(식물을 포함한다) 및 시설로서 국토해양부령 또는 해당 관리청의 조례로 정한 것

[별표 제1호의2]

도로점용기준(제28조 제1항 관련)

2. 점용기간

제28조제5항제1호부터 제5호까지 및 제8호에 따른 점용물의 점용기간은 10년 이내로 하고, 그 밖의 점용물의 점용기간은 3년 이내로 한다. 점용기간이 만료되어 갱신할 때에도 또한 같다.

■ 구 공유재산 및 물품 관리법(2010. 2. 4. 법률 제10006호로 개정되기 전의 것)

제7조(기부채납)

② 제1항에 따라 기부하려는 재산이 지방자치단체가 관리하기 곤란하거나 필요하지 아니한 것인 경우 또는 기부에 조건이 수반된 것인 경우에는 받아들여서는 아니 된다. 다만, 행정재산으로 기부하는 재산에 대하여 그 기부자와 그 상속인 또는 그 밖의 포괄승계인이 무상(무상)으로 사용·수익할 수 있도록 허가하여 줄 것을 조건으로 그 재산을 기부하는 경우에는 기부에 조건이 수반된 것으로 보지 아니하며 이를 받아들일 수 있다.

제8조(사권설정 재산의 취득 제한)

사권이 설정된 재산은 그 사권이 소멸되기 전에는 공유재산으로 취득하지 못한다.

제13조(영구시설물의 축조 금지)

해당 지방자치단체의 장 외의 자는 공유재산에 건물, 도랑·교량 등의 구조물과 그 밖의 영구시설물을 축조하지 못한다. 다만, 그 공유재산의 사용 및 이용에 지장이 없는 경우로서 대통령령으로 정하는 경우에는 그러하지 아니하다.

제19조(처분 등의 제한)

① 행정재산은 대부·매각·교환·양여·신탁 또는 대물변제하거나 출자의 목적으로 하지 못하며, 이에 사권을 설정하지 못한다. 다만, 다음 각 호의 어느 하나에 해당하는 경우에는 그러하지 아니하다.

1. 행정재산의 용도와 성질을 유지하는 조건으로 국가 또는 다른 지방자치단체에 양여하는 경우
2. 해당 지방자치단체 외의 자가 소유한 재산을 행정재산으로 관리하기 위하여 교환하는 경우
3. '공익사업을 위한 토지 등의 취득 및 보상에 관한 법률' 제4조에 따른 공익사업의 시행을 위하여 해당 행정재산의 목적과 용도에 장애가 되지 아니하는 범위에서 공작물의 설치를 위한 지상권 또는 구분지상권을 설정하는 경우

■ 구 공유재산 및 물품 관리법(2010. 2. 4. 법률 제10006호로 개정된 것)

제3조의2(공유재산 및 물품 관리·처분의 기본원칙)
지방자치단체가 공유재산을 관리·처분하는 경우에는 다음 각 호의 원칙을 지켜야 한다.
1. 해당 지방자치단체 전체의 이익에 맞도록 할 것

■ 공유재산 및 물품 관리법 시행령(2014. 7. 7. 대통령령 제25441호로 개정되기 전의 것)

제9조(영구시설물의 축조 금지)
법 제13조 단서에 따라 공유재산에 영구시설물을 축조할 수 있는 경우는 다음 각 호의 어느 하나에 해당하는 경우로 한정한다.

1. 영구시설물의 준공과 동시에 그 시설물을 해당 지방자치단체에 기부하는 조건으로 축조하는 경우
2. 법 제7조제2항 단서에 따라 기부할 재산의 무상 사용·수익허가를 받기 위하여 축조하는 경우
3. 사용·수익허가 또는 대부를 받은 자가 사용·수익허가기간 또는 대부기간 동안 사용하기 위하여 자진철거 및 철거비용의 예치 등을 조건으로 축조하는 경우
4. 지방자치단체의 조례로 정하는 외국인투자기업이 사용·수익허가기간 또는 대부기간이 끝난 후 그 영구시설물을 해당 지방자치단체에 기부하거나 공유재산을 원상회복하는 조건으로 축조하는 경우
5. 제29조제1항제13호·제19호 또는 제23호에 따라 재산을 대부받은 자가 해당 대부기간이 끝났을 때 그 대부받은 재산을 매입하는 조건으로 축조하는 경우
6. 다른 법률에 따라 지방자치단체에 소유권이 귀속되는 공공시설을 축조하는 경우
7. 매각·양여·교환 등의 계약을 체결한 재산의 소유권을 이전하기 전에 그 사용을 승낙받아 축조하는 경우
8. 일반재산을 신탁 또는 위탁하여 개발하는 경우
9. 지방자치단체의 현재의 공유재산 사용 및 이용에 지장을 주지 않는 범위에서 해당 공유재산의 공중(공중)·지상·지하에 공작물을 설치하는 경우
10. 해당 지방자치단체의 장이 아닌 다른 지방자치단체의 장이 공립학교에 학생과 주민이 공동으로 이용할 수 있는 문화 및 복지시설, 생활체육시설 등의 복합시설을 설치하는 경우

11. 해당 지방자치단체의 장이 아닌 다른 지방자치단체의 장이 공용 건축물을 축조하는 경우로서 지방자치단체장 간에 서로 합의하고 해당 지방의회가 동의한 경우

- 건축법

제2조(정의)

1 이 법에서 사용하는 용어의 뜻은 다음과 같다.

2. "건축물"이란 토지에 정착(정착)하는 공작물 중 지붕과 기둥 또는 벽이 있는 것과 이에 딸린 시설물, 지하나 고가(고가)의 공작물에 설치하는 사무소·공연장·점포·차고·창고, 그 밖에 대통령령으로 정하는 것을 말한다.

- 국토의 계획 및 이용에 관한 법률 시행령

제61조(도시·군계획시설부지에서의 개발행위)

법 제64조제1항 단서에서 "대통령령으로 정하는 경우"란 다음 각 호의 어느 하나에 해당하는 경우를 말한다.

1. 지상·수상·공중·수중 또는 지하에 일정한 공간적 범위를 정하여 도시·군계획시설이 결정되어 있고, 그 도시·군계획시설의 설치·이용 및 장래의 확장 가능성에 지장이 없는 범위에서 도시·군계획시설이 아닌 건축물 또는 공작물을 그 도시·군계획시설인 건축물 또는 공작물의 부지에 설치하는 경우. 끝.

서 울 고 등 법 원
제 3 행 정 부
판 결

사 건 2017누31 도로점용허가처분무효확인등

원고, 항소인겸피항소인 1. 황일근

소송대리 법무법인 이제
담당변호사 유정훈

2. 조성두
3. 강신종
4. 김진옥
5. 김정근
6. 송수진

원고들 소송대리인 법무법인 신아
담당변호사 김형남, 신선혜

원고들 소송대리인 법무법인 이공
담당변호사 허진민, 양홍석, 장경훈,
김소리, 황영민

피고, 피항소인겸항소인 서울특별시 서초구청장

소송대리인	법무법인 세종
	담당변호사 변희찬, 김형수
	소송수행자 임선호, 박후서, 이종오
피고보조참가인,항소인	대한예수교장로회 사랑의교회
소송대리인	법무법인(유) 율촌
	담당변호사 박해성, 이승민, 임재연, 배기철, 박해식
소송대리인	법무법인(유한) 로고스
	담당변호사 김건수, 이승훈, 최윤성
소송대리인	법무법인 지평
	담당변호사 이공현, 권창영
소송대리인	변호사 김오수
환송전제1심판결	서울행정법원 2013. 7. 9. 선고 2012구합28797 판결
환송전당심판결	서울고등법원 2014. 5. 15. 선고 2013누21030 판결
환송판결	대법원 2016. 5. 27. 선고 2014두8490 판결
환송후제1심판결	서울행정법원 2017. 1. 13. 선고 2016구합4645 판결
변론종결	2017. 10. 19.
판결선고	2018. 1. 11.

주 문

1. 원고들과 피고 및 피고보조참가인의 항소를 모두 기각한다.
2. 항소비용은 각자 부담한다.

청구취지 및 항소취지

1. 청구취지

주위적으로 피고가 2010. 4. 9. 피고보조참가인(이하 '참가인'이라 한다)에 대하여 한 도로점용허가처분이 무효임을 확인한다. 예비적으로 피고가 2010. 4. 9. 참가인에 대하여 한 도로점용허가처분을 취소한다.

2. 항소취지

가. 원고들: 환송 후 제1심 판결(이하 '제1심 판결'이라 한다) 중 원고들 패소 부분을 취소한다. 피고가 2010. 4. 9. 참가인에 대하여 한 도로점용허가처분이 무효임을 확인한다.
나. 피고 및 참가인: 제1심 판결 중 피고 패소 부분을 취소하고, 그 부분에 해당하는 원고들의 청구를 기각한다.

이 유

1. 이 법원의 심판범위

원고들은 당초 ① 지방자치법 제17조 제2항 제2호에 기한 2010. 4. 9.자 도로점용허가처분(이하 '이 사건 도로점용허가'라 한다)에 대한 무효확인(주위적 청구), ② 이 사건 도로점용허가에 대한 취소(예비적 청구), ③

지방자치법 제17조 제2항 제4호에 기한 손해배상청구의 소 제기 이행, ④ 지방자치법 제17조 제2항 제2호에 기한 2010. 6. 17.자 건축허가처분에 대한 취소 등을 청구하였다.

그런데 환송 전 제1심에서 건축허가처분에 대한 취소청구 부분의 소에 대하여 각하판결이 선고되었고, 이에 대한 원고들의 항소 및 상고가 각각 기각됨으로써 제1심의 각하판결이 그대로 확정되었다.

그리고 환송 후 제1심에서 이 사건 도로점용허가 무효확인 청구, 손해배상청구의 소 제기 이행청구는 원고들이 패소하였고(청구기각), 이 사건 도로점용허가 취소 청구는 원고들이 승소하였는데(청구인용), 원고들은 원고들 패소[33]부분에 대하여, 피고 및 참가인은 피고 패소 부분에 대하여 각각 항소를 제기하였다. 그런데 원고들은 환송 후 당심에서 2017. 4. 19.자 항소일부취하서를 제출하여 손해배상청구의 소 제기 이행 청구 부분에 대한 항소를 취하하였으므로, 이 법원의 심판

---

[33] 원고들은 2017. 1. 31.자로 제출한 항소장에서 항소취지를 "제1심 판결 중 원고들 패소 부분을 취소한다. 피고는 2010. 4. 9. 대한예수교장로회 사랑의교회에 대하여 한 도로점용허가처분과 관련하여 박성중, 옥육표 등을 포함하여 위 처분에 관하여 서울특별시시 서초구청 공무원들, 대한예수교장로회 사랑의교회에 대하여 손해배상청구의 소 제기를 이행하라."라고 기재하여 이 사건 도로점용허가무효확인 청구 부분에 대하여 항소를 제기하였는지 명확하지 아니하나, 위 항소취지에서 '제1심 판결 중 원고들 패소 부분' 전부에 대하여 취소를 구하는 취지로 기재한 점, 2017. 4. 19.자로 제출한 '항소일부취하서'에서 항소일부 취하에 따른 정정된 청구취지를 "주위적으로 피고가 2010. 4. 9. 참가인에 대하여 한 도로점용허가처분이 무효임을 확인한다. 예비적으로 피고가 2010. 4. 9. 참가인에 대하여 한 도로점용허가처분을 취소한다."라고 기재한 점 등에 비추어 보면, 이 사건 도로점용허가 무효확인 청구(주위적 청구) 부분에 대하여도 항소한 것으로 봄이 타당하다.

범위는 주위적 청구인 이 사건 도로점용허가 무효확인 청구 및 예비적 청구인 이 사건 도로점용허가 취소 청구 부분에 한정된다.

2. 제1심 판결의 인용

이 법원의 판결 이유는 다음과 같이 일부 내용을 추가하거나 고치고, 피고 또는 참가인이 항소심에서 제기한 주장에 관하여 다음 제3.항에서 판단하는 것 외에는 환송 후 제1심 판결의 이유와 같으므로, 행정소송법 제8조 제2항, 민사소송법 제420조 본문에 의하여 이를 인용한다.

〈추가하거나 고치는 부분〉

○ 제1심 판결 제3쪽 제17행의 "6,861.2㎡" 다음에 "(이하 '이 사건 교회부지'라 한다)"를 추가한다.
○ 제1심 판결 제3쪽 제17행의 "위 토지에"를 "이 사건 교회부지에"로 고친다.
○ 제1심 판결 제4쪽 제5행의 "참나리길" 다음에 "(이하 '이 사건 도로'라 한다)"를 추가한다.
○ 제1심 판결 제4쪽 제7행, 제9행의 각 "위 참나리길"을 "이 사건 도로"로 각각 고친다.
○ 제1심 판결 제4쪽 제13행의 "(이하 '이 사건 도로점용허가'라 한다)"를 삭제한다.
○ 제1심 판결 제5쪽 제18행의 "자판하여" 다음에 "환송 전 제1심 판결을"을 추가한다.

○ 제1심 판결 제5쪽 제18행의 "이 법원으로"를 "제1심 법원으로"로 고친다.
○ 제1심 판결 제5쪽 제19행의 "확정되었고, 이 판결의 심판범위는 위 청구취지에 한정된다."를 "확정되었다."로 고친다.
○ 제1심 판결 제6쪽 제4행의 "가."와 제10행부터 제12행까지를 각각 삭제한다.
○ 제1심 판결 제9쪽 제7~8행의 "해당된다고 볼 수 있는 점"의 다음에 아래와 같은 내용을 추가한다.

【 ⑤ '지하실'의 개념에 원상회복 가능성이 전제되거나 영구시설물에 준하는 정도가 아니어야 하는지에 관하여 보건대, ㉠ 구 도로법 시행령 제28조 제1항 [별표 1의2] 제2호 나목은 지하에 설치하는 점용물의 구조는 "견고하고 내구력 있으며, 다른 점용물에 지장을 주지 아니하며, 차도에 매설하는 경우에는 도로의 구조안전에 지장을 주지 아니하여야 한다."고만 규정하고 있을 뿐, 지하에 설치하는 점용물이 반드시 원상회복 가능성이 있어야 한다거나 영구시설물에 준하는 정도가 아니어야 한다고 규정하고 있지 않은 점, ㉡ 구 도로법 시행령 제28조 제5항 제9호에서도 '도로구조의 안전과 교통에 지장이 없다고 인정한 공작물·물건 및 시설'이라고 규정하고 있는 점에 비추어, 같은 항 제5호 소정의 '지하실'의 의미를 해석함에 있어서는 '도로구조의 안전과 교통에의 지장 여부'가 그 판단 기준으로 해석되는 점, ㉢ 구 도로법 제43조 제1항 본문에서 점용기간 만료 시 원상회복의무를 규정하고 있고, 구 도로법 제28조 제1항 제7호에서 점용허가신청 시 '도로의 복구방법'에 관한 사항을 적어야 한다고 규정하고 있으나, 구 도로법 제43조 제1항 단서는 "원상회복할

수 없거나 원상회복이 부적당한 경우에는 그러하지 아니하다."고 규정하고 있는 점에 비추어, 도로점용허가의 대상이 되는 구 도로법 시행령 제28조 제5항 각 호의 시설물이 반드시 원상회복 가능성이 있어야 한다고 보기는 어려운 점, ㉣ 원고들은 '지하실'의 의미를 해석함에 있어서 구 공유재산법 제13조에서 정한 '영구시설물'의 개념이 적용되어야 한다고 주장하나, 이는 구 도로법 제38조 제2항, 같은 법 시행령 제28조 제5항 제5호의 법문의 범위를 넘어서는 해석으로서 타당하다고 볼 수 없는 점, ㉤ 이 사건 도로 지하 부분에 설치된 이 사건 예배당 등이 원상회복이 불가능하고 영구시설물에 해당하여 이 사건 도로점용허가가 위법한지 여부는 구 도로법 시행령상 '지하실'의 개념을 해석하는 데 있어서 문제되는 것이 아니라, 이 사건 도로점용허가의 재량권 일탈·남용 여부를 판단하는 데 있어서 고려되어야 할 사항인 점 등에 비추어 보면, 구 도로법 시행령 제28조 제5항 제5호 소정의 '지하실'이 반드시 영구시설물에 준하는 정도가 아니어야 한다거나 원상회복이 가능한 것이어야 한다고 보기는 어려운 점】

○ 제1심 판결 제9쪽 제15행의 아래에 "가) 관련 법리"를 추가한다.
○ 제1심 판결 제10쪽 제1행의 "행정청의 재랑에"를 "행정청의 재량에"로 고친다.
○ 제1심 판결 제10쪽 제7~8행의 "기부에 조건이 수반된 것인 경우에는 기부채납을 받아들여서는 아니되고(제7조 제2항)."를 삭제한다.
○ 제12쪽 제2행의 아래에 "나) 판단"을 추가한다.
○ 제1심 판결 제12쪽 제3행부터 제14쪽 제9행까지를 다음과 같이 고친다.

【(1) 갑 제7, 8, 11, 19, 20호증, 을가 제5 내지 8호증, 을나 제22호증의 각 기재 및 변론 전체의 취지를 종합하면, 다음과 같은 사실이 인정된다.

① 피고는 2009. 12. 18. 국토해양부장관에게 이 사건 예배당 등을 포함한 이 사건 교회 건물이 영구시설물로서 도로점용허가가 가능한지 질의하면서, 영구시설물이더라도 구 공유재산법 시행령 제9조 제9호에 의하여 도로점용허가가 가능하다는 견해(갑설)와 도로 일부분이 아닌 한 블록 전체를 점유하는 것으로서 건축규모도 대형건축물이어서 향후 도시계획사업 시행 시 변경에 따른 원상복구가 불가능하므로 점용허가를 하여서는 안 된다는 견해(을설)를 제시하였다. 이에 국토해양부장관은 2010. 1. 26. 피고에게 "도로법령 및 점용허가에 대한 타당성, 공익상의 영향 등을 종합적으로 검토하여 도로관리청에서 적의 판단하여야 한다."고 회신하였다.

② 서초구 도로관리과는 2010. 2. 22. 이 사건 도로점용허가신청과 관련된 내부 검토보고서를 작성하였는데, 도로점용허가가 가능하다는 제1안과 불가능하다는 제2안을 제시하면서 지하점용에 관해서는 상·하수관로, 가스관, 통신선 등 지하매설 유무 및 매설물 이전 시 절차 등을 수도사업소, 한국전력공사, 가스공사 등 유관기관과 사전협의 절차를 거쳐야 한다는 검토의견을 밝혔다.

③ 서초구 도로관리과의 2010. 2. 18.자 협의사항 문의에 대하여, 주식회사 케이티는 2010. 2. 24. 피고에게 "도로 후퇴로 인한 통신시설물이 저촉될 가능성이 있으며, 저촉에 따라 이설하여야 할 통신시설물은 공사소요기간이

많이 필요하다."고 회신하였다. 서초구 재난치수과는 서초구 도로관리과의 협의요청 내용을 영구점용으로 파악하면서 2010. 2. 26. "현장확인 결과 이 지역에는 공공하수시설이 매설되어 있어 하수처리를 위해 반드시 필요한 부지이므로 점용이 불가하다."고 회신하였다. 서울도시가스 주식회사는 2010. 2. 26. 피고에게 "현재 설치된 배관 철거 시 다수의 공급중단 수용가가 발생하고 도시가스 고객에 불편을 초래하게 되므로, 도시가스 배관을 철거하지 않고 사용할 수 있도록 협조를 부탁드린다."는 내용으로 회신하였다. 강남수도사업소는 2010. 3. 2. 피고에게 '상수도분야 협의사항'을 회신하였는데 위 협의사항 회신 중에는 "과도한 도로절취 및 성토 시에는 상수도관 유지관리상 많은 문제점이 발생할 수 있다."는 내용이 있다.

④ 서초구 도로관리과는 2010. 2. 24. 이 사건 도로점용허가신청과 관련하여 아래와 같은 내용의 제2차 내부 검토보고서를 작성하였다.

□ 검토 결과
○ 공유재산법 제13조 및 같은 법 시행령 제9조 제9호에 의거 충분한 검토가 요구됨
- 공유재산에는 영구시설물을 축조할 수 없음. 단 예외규정인 시행령 제9조 제9호에서 '지방자치단체의 현재의 공유재산 사용 및 이용에 지장을 주지 않는 범위 내에서 해당 공유재산의 공중·지상·지하에 공작물을 설치하는 경우는 수용할 수 있으나,

＊ 서울도시가스 지하시설물이 동 지번 내 중압배관 150A 107m 외 3개관 및 정압실 1개소가 설치되어 있어,

가. 이에 대한 가스공급 수용가가 … 다수가 공급받고 있는 실정으로 대체도로 이관 설치가 가능하다고 전제가 될 경우이며,

나. 또한 이관 시 특정 3개소 사유지를 경유하여 배관을 통과하여 공급되어야 하는 어려움이 있음

- 따라서 공유재산법 시행령 제9조 제9호에 의거 현재의 공유재산 사용 및 이용에 지장을 주게 되므로, 해당 도로 지하에 영구시설물 축조가 불가함.

○ 또한, 도로지하 점용허가의 경우, 통상 공공을 위한 지하철과의 연결통로, 지하상가, 공공매설물 등을 대상으로 하여 이루어지고 있으나, 본건처럼 사적 전용 영구시설물을 위한 타구(他區) 허가 사례가 없으며,

○ 해당 건축물은 영구시설물로서 도로의 일부분만을 점용하는 것이 아니고 도로의 한 블록 전체를 점유하는 것으로서, 건축규모도 지상 12층, 지하 7층의 대형건축물이므로, 향후 도시사업계획 등 국가 및 시·구 공공사업 시행 시 변경에 따른 원상복구가 불가능함

⑤ 피고는 2010. 2. 24. 및 2010. 3. 4. 서울특별시장에게 이 사건 도로점용허가와 관련된 질의를 하였는데, 서울특별시장은 2010. 3. 8. 피고에게 "도로점용허가는 도로를 건설하여 일반의 통행을 위한 공공의 목적을 위하여 제공되어야 할 행정재산을 사익을 위하여 허가(특허)하는 경우이므로, 공익을 정

지 또는 침해하는 범위가 최소한 및 단기간에 그치는 것이 필요하고, 당해 지역의 제반환경과 상황을 종합적으로 고려하여 도로관리청에서 허가 여부를 판단하여야 한다."고 회신하였다.

⑥ 피고는 2010. 3. 4. 행정안전부장관에게 '도로의 지하점용과 관련하여 공유재산법 제13조 및 같은 법 제9조 제9항이 적용되는지'에 관하여 질의하였고, 행정안전부장관은 2010. 3. 10. "지방자치단체의 소유재산인 행정재산에 속하는 공공용재산 중 도로법 등 개별 법률에 근거한 시설은 그 법률의 적용을 받고, 그 밖의 재산에 대하여는 공유재산에 관한 일반법인 공유재산법이 적용되며, 본 사안은 도로의 지하에 건물 또는 공작물을 설치할 수 있는지에 관하여 근거 법률인 도로법 또는 국토의 계획 및 이용에 관한 법률 등 관련 법률을 종합적으로 검토하여 처리하여야 한다."고 회신하였다.

⑦ 참가인은 2010. 3. 3. 피고에게 이 사건 도로점용허가신청을 하면서 '양해각서(안)'를 첨부하여 제출하였고, 2010. 3. 16. 피고에게 '도로 지하점용에 따른 공공성 제공방안'을 제출하였다. 이후 참가인은 2010. 3. 19. 피고에게 양해각서 수정안을 제출하였는데, 위 양해각서 수정안 제4조 제1호는 "참가인은 어린이집을 설치하기 위한 공간을 마련하고 이를 피고에게 제공한다."고 기재되어 있고, 같은 조 제5항은 "피고는 상기 제1호 내지 제4호에 의거하여 이 사건 도로 지하 부분의 영구점용을 허가한다."고 기재되어 있으며, 제6조 제3호는 "제4조에 한하여 양 당사자에 대하여 법적인 구속력을 가진다."고 기재되어 있다.

⑧ 참가인은 2010. 3. 22. 피고에게 신축하는 교회 건물 중 325㎡를 기부채납하는 내용의 확약서를 제출하였고, 서초구 도로관리과는 같은 날 기부채납을 조건으로 도로점용허가 및 건축허가를 추진할 계획이라는 내용의 내부 공문을 작성하여 피고의 결재를 받았다.

⑨ 참가인은 2010. 4. 9. 기부채납을 조건으로 하여 이 사건 도로 지하 부분에 관한 도로점용허가를 받았고, 2010. 6. 17. 이 사건 교회건물에 관한 건축허가를 받았다.

⑩ 강남수도사업소는 2010. 12. 16. 이 사건 도로 지하에 매설된 상수도관의 이설을 승인하였고, 서초구 재난치수과는 2011. 1. 7. 이 사건 도로 지하 부분의 굴착에 따른 하수관 등 하수시설물의 이설 및 준설에 관하여 협의사항을 회신하였다. 서울도시가스 주식회사도 2011. 1. 24. 이 사건 도로 지하 부분에 매설된 도시가스배관의 이설을 승인하였다.

⑪ 참가인은 2014. 9. 3. 이 사건 교회 건물에 관하여 사용승인을 받았다.

(2) 위와 같은 인정사실과 갑 제37호증의 기재, 환송 전 제1심 법원 및 이 법원의 각 현장검증결과에 변론 전체의 취지를 종합하여 인정할 수 있는 다음과 같은 사정들에 비추어 보면, 도로관리청인 피고는 이 사건 도로점용허가를 하면서 공익과 사익을 비교·형량함에 있어 비례·형평의 원칙을 위반하여 재량권을 일탈·남용한 위법이 있다고 할 것이므로, 이 사건 도로점용허가처분은 취소되어야 한다. 따라서 원

고들의 이 사건 도로점용허가처분에 관한 예비적 청구는 이유 있다.

① 참가인은 이 사건 도로 지하 부분을 포함한 이 사건 교회부지 지하 부분에 지하 1층부터 지하 5층까지 예배당, 영상예배실, 교리공부실, 성가대실, 방송실 등의 시설, 지하 6층부터 지하 8층까지 주차장, 기계실, 창고, 진입램프 등의 시설을 각각 설치하였다. 위와 같은 지하구조물 설치를 통한 지하의 점유는 그 원상회복이 쉽지 아니할 뿐만 아니라 그 유지·관리 및 안전에 상당한 위험과 책임이 수반될 수 있는바, 피고가 제출한 자료들만으로는 그러한 문제점이 발생할 여지가 없다거나 완전히 해소할 수 있다고는 보이지 아니한다.

② 이 사건 예배당 등은 교회 건물 및 그 관련 시설의 이용에만 주로 제공되고 있을 뿐, 도로 본래의 용법에 따른 사용 또는 인근 주민의 공적 또는 공공적 이용에는 반드시 필요하다고 볼 수 없을 뿐만 아니라, 공공적 이용에 제공되는 정도도 미미한 것으로 보인다. 이에 대하여 참가인이 이 사건 예배당 등에서 무료 음악회 등을 개최하여 인근 주민들에게 개방하고 있으므로 공공의 목적으로 사용하고 있다고 주장하나, 이 사건 예배당 등은 종교시설인 교회에서 소속 교인들이 예배하거나 종교 관련 활동을 하는 공간으로서 참가인의 주장과 같은 이용 또는 장소제공은 언제든지 제한될 수 있으므로, 참가인의 주장만으로는 이 사건 예배당 등이 공공적 이용에 제공되고 있다고 보기 어렵다.

③ 도로의 지하 부분 점용을 허가한 유사 사례의 경우 그 관련 시설이 당해

지방자치단체에서 차지하는 사회·경제·문화적 측면들을 모두 고려한 행정적·정책적 판단의 소산인 반면에, 이 사건 도로점용허가에 의하여 이 사건 도로 지하 부분에 설치된 이 사건 예배당 등은 피고에게 필요한 시설물도 아니고 참가인의 독점적·사적 이용에 제공되는 예배당의 일부 내지 예배당 이용의 편익을 주목적으로 하는 것으로서 사회·경제·문화적 의미가 매우 제한적인 시설물이어서 이를 이 사건에 원용하기에 적절하지 않다.

④ 그런데도 앞서 본 바와 같이 어린이집 기부채납을 조건으로 하였다는 이유로 이 사건 도로 지하 부분에 대한 점용을 허가하여 줄 경우 향후 유사한 내용의 도로점용허가신청을 거부하기 어렵게 되고, 그 결과 공중의 이용에 이용되어야 할 도로의 지하 부분이 무분별하게 사적으로 사용되게 됨으로써 공중안전에 대한 위해가 발생할 우려가 점증하게 되는 역기능 내지 부작용이 발생한다. 그리고 도로는 그 주변 지역의 제반 환경의 변화에 따라 그 지하 부분을 포함하여 주변지역을 개발하거나 그 지하 부분에 각종 매설물을 매설하고 시설물을 설치할 필요가 얼마든지 있을 수 있는데, 이 사건 도로 지하 부분이 이 사건 도로점용허가로 인하여 이 사건 교회 건물의 일부로 영구적, 전속적으로 사용되도록 함으로써 위와 같은 변화에 탄력적·능동적으로 대처할 수 없게 된다.

⑤ 앞서 살펴본 바와 같이 이 사건 예배당 등은 구 공유재산법 제13조에서 원칙적으로 축조를 금지하고 있는 영구시설물에 해당한다고 할 것인데, 이 사건 도로점용허가처분 당시 피고 소속 소관부서인 서초구 도로관리과는 이 사건 예배당 등을 사적 전용을 위한 영구시설물로 파악하여 사적 전용 영구

시설물을 위한 점용허가 사례가 없고 현재의 공유재산 사용 및 이용에 지장을 주게 되는 점에 비추어 공유재산법 제13조, 같은 법 제9조 제9호에 의하여 도로점용허가가 불가능하다는 취지로 검토의견을 작성하기도 하였다. 당시 서초구 도로관리과는 이 사건 도로 지하 및 인접한 부분에 이미 설치되어 있는 통신시설물, 상수도관, 도시가스 배관, 하수시설 등과 관련하여 유관기관과의 사전협의 및 문의 절차를 거쳤는데, 다른 소관부처인 서초구 재난치수과, 유관기관인 주식회사 케이티, 서울도시가스 주식회사, 강남수도사업소는 모두 부정적이거나 제약이 따른다는 취지로 회신하였다. 그리고 실제로 이 사건 도로점용허가 및 건축허가 이후 이 사건 교회건물의 공사 과정에서 이 사건 도로 지하 부분에 있던 상·하수도 시설, 통신시설, 가스시설 등이 인근 토지로 이설된 것으로 보이는데, 인근 주민들에게 이 사건 예배당 등을 포함한 이 사건 교회건물의 공사로 인해 도로점용 부분의 지상을 통행할 수 없는 불편을 끼치면서까지 도로점용허가가 이루어져야 할 당위성이 있다고 보기 어렵다.

⑥ 참가인은 이 사건 도로점용허가신청을 하는 과정에서 양해각서안 및 수정안을 송부하였는데, 수정안의 내용에 이 사건 교회 건물의 일정 부분을 기부채납하는 조건으로 도로점용을 허가한다는 조항이 들어 있고(제4조 제1, 5호), 실제로도 피고는 이 사건 교회건물 중 325㎡를 기부채납을 받는 것을 조건으로 하여 이 사건 도로점용허가를 하였던 점에 비추어 보면, 피고가 실질적으로 참가인이 제출한 양해각서 수정안을 승인하였거나 참가인과 사이에 그와 같은 내용의 합의를 한 것으로 보인다. 더욱이 양해각서 수정안 제4조 제5호는 이 사건 도로 지하 부분의 영구점용을 허가한다고 규정하고 있을 뿐

만 아니라 제6조 제3호에 따라 양해각서 수정안 제4조는 법적 구속력까지 가지는 것으로 기재되어 있다.

⑦ 참가인은 이 사건 도로점용허가를 받기 위한 조건으로 이 사건 교회건물 중 325㎡를 피고에게 어린이집 시설을 위한 공간으로 기부채납하였는데, 피고는 이와 같은 기부채납으로 영유아 보육시설 확충이라는 공익적 목적을 달성하였다고 주장한다. 그러나 특정 종교시설의 건물 내에 설치된 어린이집 시설은 통상적으로 해당 종교를 가지고 있는 교인들에게 친숙하게 느껴질 수 있어 그와 다른 종교를 가지고 있거나 종교가 없는 인근 주민들이 이를 이용하기가 정서상 쉽지 않을 것으로 보여 일반인들이 거부감이나 제한 없이 자유롭게 이용할 수 있는 영유아 보육시설을 확충하였다고 평가하기도 어렵다.

⑧ 그리고 이 사건 도로점용허가로 인하여 그 성질상 일반 공중의 이용이라는 공익적 목적에 제공되어야 하는 이 사건 도로 지하 부분을 사인인 원고의 독점적·배타적 이용에 제공되게 되었다. 즉 이 사건 도로 지하 부분 자체는 도로 본래의 용법인 일반공중의 통행에 제공되는 대상이 아니어서, 그에 관한 점용허가는 일반 공중의 통행이라는 도로 본래의 기능 및 목적과 직접적인 관련성이 없으므로, 이 사건 도로점용허가는 그 목적이나 점용의 용도가 공익적 성격을 갖는 것이라고 볼 수도 없다.

⑨ 참가인은 이 사건 교회를 건축함에 있어서 이 사건 도로 지하 부분을 이용하지 않고도 얼마든지 그 목적을 달성할 수 있으므로 이 사건 도로 지하 부분

의 점용이 반드시 필요하다고 할 수도 없다. 그런데도 참가인이 이 사건 도로 점용허가를 추진한 데에는 대형교회를 지향하여 거대한 건축물을 건축하려는 의도가 상당 부분 반영된 결과라고 볼 여지도 있다.

⑩ 대법원은 교회가 지방자치단체장을 상대로 교회 건물 부지와 8m 도로를 사이에 두고 마주한 별도의 토지 지상에 지하 7층, 지상 14층, 연면적 12,929.97㎡의 가칭 '비전센터' 건물신축허가를 받은 다음 위 교회 건물 지하주차장과 비전센터 지하 2층을 연결하는 지하연결통로의 개설을 위해 지방자치단체 소유의 위 도로 지하의 점용을 전제로 한 건축허가변경을 신청하였으나 불허가처분을 한 사건(이하 '비교 사건'이라 한다)에서 위 불허가처분이 재량권을 일탈·남용한 위법이 없다고 판단하면서 그와 다른 취지의 원심판결을 파기하였다(대법원 2008. 11. 27. 선고 2008두4985 판결 참조). 비교 사건과 이 사건의 사안을 대비해 보면, ㉠ 비교 사건에서는 점용허가 대상 도로의 지하에 별도의 매설물이 없었으나 이 사건 도로 지하 부분에는 상·하수도 시설, 통신시설, 가스시설 등이 매설되어 있었던 점, ㉡ 비교 사건에서는 교회 건물의 지하주차장과 비전센터 지하출입구를 각 출구 또는 입구 전용으로 사용함으로써 오히려 일대 교통의 소통 및 안전에 도움이 될 수 있는 상황이었으나, 이 사건에서는 이 사건 도로점용허가로 인하여 주변 교통의 소통이나 안전에 도움이 될 수 있는 상황이 전혀 아닌 점, ㉢ 비교 사건에서 건축하고자 하였던 비전센터 건물은 사회복지시설이나 이 사건에서 건축한 이 사건 교회 건물은 사적 종교단체의 종교시설인 점, ㉣ 비교 사건에서 지하연결통로를 설치하기 위하여 점용허가를 받고자 한 지하 부분은 폭 6.4m, 길이 8m로서 전체 면적이 51.8㎡에 불과하나 이 사건 도로점용허가의 대상인 이 사건

도로 지하 부분은 폭 7m, 길이 154m로서 전체 면적이 1,078㎡에 이르는 점 등을 알 수 있는바, 이 사건 도로점용허가는 비교 사건의 지하연결통로 설치를 위한 점용허가보다 재량권을 일탈·남용하였다고 볼 여지가 훨씬 크다.】

○ 제1심 판결 제14쪽 제10행부터 제15쪽 마지막 행까지를 삭제한다.
○ 제1심 판결 제17쪽 제2행의 아래에 다음과 같은 내용을 추가한다.

【제16조(주민의 감사청구)
① 지방자치단체의 19세 이상의 주민은 시·도는 500명, 제175조에 따른 인구 50만 이상 대도시는 300명, 그 밖의 시·군 및 자치구는 200명을 넘지 아니하는 범위에서 그 지방자치단체의 조례로 정하는 19세 이상의 주민 수 이상의 연서로, 시·도에서는 주무부장관에게, 시·군 및 자치구에서는 시·도지사에게 그 지방자치단체와 그 장의 권한에 속하는 사무의 처리가 법령에 위반되거나 공익을 현저히 해친다고 인정되면 감사를 청구할 수 있다. (단서 생략)
② 제1항에 따른 청구는 사무처리가 있었던 날이나 끝난 날부터 2년이 지나면 제기할 수 없다.】

○ 제1심 판결 제17쪽 제3행의 아래에 다음과 같은 내용을 추가한다.

【① 제16조 제1항에 따라 공금의 지출에 관한 사항, 재산의 취득·관리·처분에 관한 사항, 해당 지방자치단체를 당사자로 하는 매매·임차·도급 계약이나 그 밖의 계약의 체결·이행에 관한 사항 또는 지방세·사용료·수수료·과태료 등 공금의 부과·징수를 게을리 한 사항을 감사청구한 주민은 다음 각 호의 어

느 하나에 해당하는 경우에 그 감사청구한 사항과 관련이 있는 위법한 행위나 업무를 게을리 한 사실에 대하여 해당 지방자치단체의 장(해당 사항의 사무처리에 관한 권한을 소속 기관의 장에게 위임한 경우에는 그 소속 기관의 장을 말한다. 이하 이 조에서 같다)을 상대방으로 하여 소송을 제기할 수 있다.】

○ 제1심 판결 제17쪽 제13행의 아래에 다음과 같은 내용을 추가한다.

【④ 제2항에 따른 소송은 다음 각 호의 어느 하나에 해당하는 날부터 90일 이내에 제기하여야 한다.
2. 제1항 제2호의 경우: 해당 감사결과나 조치요구내용에 대한 통지를 받은 날
제1항에 따른 소송에 관하여는 이 법에 규정된 것 외에는 행정소송법에 따른다.

제143조(재산의 관리와 처분)
지방자치단체의 재산은 법령이나 조례에 따르지 아니하고는 교환·양여·대여하거나 출자 수단 또는 지급 수단으로 사용할 수 없다.

■ 행정소송법

제20조(제소기간)

① 취소소송은 처분등이 있음을 안 날부터 90일 이내에 제기하여야 한다.(단서 생략)

② 취소소송은 처분등이 있은 날부터 1년(제1항 단서의 경우는 재결이 있은 날부터 1년)을 경과하면 이를 제기하지 못한다. 다만 정당한 사유가 있는 때에는 그러하지 아니하다.】

○ 제1심 판결 제17쪽 제14행의 아래에 다음과 같은 내용을 추가한다.

【제3조(사권의 제한)

도로를 구성하는 부지, 옹벽, 그 밖의 물건에 대하여는 사권을 행사할 수 없다. 다만 소유권을 이전하거나 저당권을 설정하는 것은 그러하지 아니하다.】

○ 제1심 판결 제19쪽 제16행의 아래에 다음과 같은 내용을 추가한다.

【3. 점용물의 구조

나. 지하에 설치하는 점용물의 구조는 다음 기준에 적합하여야 한다.

1) 건고하고 내구력이 있으며, 다른 점용물에 지장을 주지 아니할 것

2) 차도에 매설하는 경우에는 도로의 구조안전에 지장을 주지 아니할 것

■ 구 서울특별시 서초구 도로 점용허가 및 점용료 등 징수 조례(2014. 12. 18. 서울특별시서초구조례 제966호로 개정되기 전의 것)

제2조(도로점용허가)

① 도로를 점용하고자 하는 자는 구청장의 허가를 받아야 한다.

② 공작물·물건·그 밖에 시설물로서 영 제24조 제5항 제11호[34]의 규정에 의하여 도로관리청이 정하는 도로 점용허가 대상시설물은 다음 각 호와 같다.

1. 광고탑, 광고판, 사설안내표지판 그 밖에 이와 유사한 것

---

[34] 구 도로법 시행령 제28조 제5항 제9호는 과거 2008. 12. 31. 대통령령 제21234호 전부개정 이전에는 그 내용이 시행령 제24조 제5항 제11호에 규정되어 있었다.

2. 가로판매대, 구두수선대, 버스카드판매대 그 밖에 이와 유사한 것】

3. 피고 또는 참가인의 항소심 주장에 관한 판단

가. 본안전항변

1) 건축허가처분 취소청구에 대한 각하판결의 확정에 따라 이 사건 도로점용허가에 대한 무효확인·취소 청구가 부적법하게 되었다는 주장(피고)

가) 주장 요지
이 사건 도로점용허가를 통하여 이 사건 도로 지하 부분에 설치하는 시설물은 건축허가에 의하여 축조하는 건물 일부에 포함되어 있으므로, 이 사건 건축허가처분과 이 사건 도로점용허가처분은 불가분의 관계에 있다. 그런데 이 사건 2010. 6. 17.자 건축허가처분에 대한 취소청구는 환송 전 제1심에서 각하판결을 받았고, 원고들의 항소 및 상고가 각각 기각되어 확정되었으므로, 원고들은 더 이상 이 사건 도로점용허가처분의 위법성을 다툴 수 없다고 할 것이어서 이 사건 소는 부적법하다.

나) 판단
주된 인·허가가 있는 경우 법률 규정에 의하여 관련 인·허가가 의제된다고 하더라도 의제되는 인·허가가 주된 인·허가와 별개의 행정처분으로 존재하는 것은 아니어서, 의제되는 인·허가의 하자를 주장하고자 하는 경우 주된 인·허가처분을 대상으로 항고소송을 제기하여야 한다(대법원 2001. 1. 16. 선고 99두10988 판결 등 참조). 따라서 건축허가를 받음에 따라 구 건축법(2009. 6. 9. 법률 제9770호로 개정되어 2010. 7. 1. 시행되기 전의 것) 제11조 제5항 제8호에 의하여 구 도로법 제38조에 따른 도로점용허가를 받은 것으로 의제되는 경우에는 그 건축허가에 도로점용허가도 포함되는 것이어서 건축허가를 다투면서 도로점용허가 관련 하자를 주장하여야 하므로, 이 경우 건축허가에 대한 선행 취소소송이 확정되면 별도로 도로점용허가에 대하여 취소소송을 제기하면서 그 위법성을 주장하는 것은 불가능하다고 할 것이다.

그러나 도로점용허가를 받은 것으로 의제되는 경우가 아니라 건축허가 이외에 도로점용허가를 신청하여 도로점용허가가 별도로 존재하는 경우에는 건축허가 및 도로점용허가에 존재하는 개별적인 위법성에 대하여 각각 다투어야 하고, 건축허가를 다투면서 도로점용허가의 위법성 내지 하자를 주장할 수는 없다고 할 것이다. 따라서 건축허가에 대한 취소소송이 확정되었다고 하더라도, 도로점용허가에 대하여 별도로 취소소송을 제기할 수 있고 그 소송에서 도로점용허가의 위법성을 다툴 수 있다고 할 것이다.

이 사건에 관하여 살피건대, 갑 제20, 21호증, 을 제6호증의 1, 을 제7호증의 1의 각 기재 및 변론 전체의 취지를 종합하면, 참가인이 2010. 3. 피고에게 이 사건 도로 지하 부분에 관한 이 사건 도로점용허가를 신청하였고, 피고는 2010. 4. 9. 이 사건 도로점용허가를 내어준 사실, 참가인은 2010. 4. 28. 피고에게 이 사건 도로 지하 부분을 포함한 부지 위에 교회 건물을 신축하기 위한 건축허가를 신청하였고, 피고는 2010. 6. 17. 건축허가를 내어준 사실을 인정할 수 있고, 원고들은 환송 전 제1, 2심에서 이 사건 청구 외에 건축허가처분 취소도 같이 청구하였으나, 환송 전 제1심은 주민소송의 대상적격이 인정되지 않는다는 이유로 소각하판결을 선고하였고 환송 전 제2심이 원고들의 항소를 기각하였으며 상고심에서 위 청구에 한하여 원고들의 상고를 기각하는 판결이 선고됨으로써 위 청구에 대한 부분이 확정된 사실은 앞서 본 바와 같다.

위 인정사실에 의하여 알 수 있는 다음과 같은 사정들, 즉 ① 이 사건 건축허가와 별도로 이 사건 도로점용허가가 존재하고, 이 사건 건축허가가 반드시 이 사건 도로점용허가를 전제한다거나 위 각 처분의 관계가 반드시 단계적인 관계에 있다고 보기 어려운 점, ② 건축허가 취소청구와 도로점용허가 취소청구는 그 소송물이 다름이 명백하므로 원고들로서는 주민소송으로써 도로점용허가의 취소를 구할 수 있는 점, ③ 이 사건 건축허가 취소청구는 주민소송법 제17조 제1항 소정의 '재산의 관리·처분에 관한 사항'에 해당되지 않아 대상적격이 인정되지 않다는 이유로 각하판결이 확정된 것일 뿐, 위 청구 부분이 확정된다고 하여 건축허가 및 도로점용허가가 실체적 위법성 존부가 확정되었다고 보기 어려운 점 등에 비추어 보면, 피고의 이 부분 주장은 이유 없다고 할 것이다.

2) 제소기간 도과로 예비적 청구인 이 사건 도로점용허가취소 청구가 부적법하다는 주장(참가인)

가) 주장 요지

이 사건 도로점용허가일은 2010. 4. 9.인데 원고들은 그로부터 1년 6개월이 지난 2011. 12. 7.에 이르러 주민감사청구를 하였다. 한편 주민감사청구는 주민소송의 전제가 되므로, 주민감사청구에 대하여도 행정소송법 제20조 제1항의 제소기간이 적용된다고 보아야 하는바, 원고들의 주민감사청구는 이 사건 도로점용허가처분을 안 날로부터 90일이 지난 시점에 이루어진 것이어서 부적법하다. 따라서 주민감사청구를 전제로 하는 이 사건 주민소송, 즉 이 사건 도로점용허가에 관한 취소청구도 마찬가지로 부적법하다.

나) 판단

이 사건 도로점용허가처분이 있었던 날이 2010. 4. 9.임은 앞서 본 바와 같고, 갑 제1, 5, 22호증의 각 기재 및 변론 전체의 취지를 종합하면, 원고 황일근이 2011. 12. 7. 서울특별시장에게 주민감사청구를 한 사실, 원고 황일근은 주민대표자로서 지방자치법 시행령 제20조 제1항, 제13조 제1항에 따라 서초구 주민들에게 청구인명부에의 서명을 요청하였고, 원고 조성두, 강신종, 김진옥, 김정근, 송수진은 2011. 12. 26.부터 2012. 1. 4.까지 사이에 청구인명부에 서명한 사실, 서울특별시장은 2012. 6. 1. 원고들에게 주민감사청구 결과를 통보한 사실을 인정할 수 있고, 이 사건 주민소송이 2012. 8. 29. 제기된 사실은 기록상 명백하다.

살피건대, 다음과 같은 사정들, 즉 ① 주민소송이 주민감사청구를 전제로 하고 있다고 하더라도, 주민감사청구 자체는 소의 제기라고 볼 수 없어 행정소송법 제20조의 제소기간을 그대로 적용하기에 적절하지 아니한 점, ② 만약 참가인의 주장과 같이 주민감사청구에 대하여 행정소송법상의 제소기간(처분이 있음을 안 날로부터 90일, 처분이 있은 날로부터 1년)을 적용한다면, 주민감사청구 기간을 "사무처리가 있었던 날이나 끝난 날부터 2년"이라고 별도로 정하고 있는 지방자치법 제16조 제2항의 입법 취지가 몰각되는 점, ③ 원고들은 이 사건 도로점용허가처분이 있었던 2010. 4. 9.부터 2년 이내인 2011. 12. 7. 주민감사청구를 하였으므로, 지방자치법 제16조 제2항의 주민감사청구 기간을 준수하였던 점 등에 비추어 보면, 참가인의 위 주장은 이유 없다.

나. 주민소송에서 대상행위의 위법성 판단 기준이 재무회계적 관점에 제한되는지

1) 피고와 참가인의 주장 요지

재무회계행위의 위법성을 심사하는 주민소송의 경우, 경제적 측면에서 대상행위가 주민들에 대한 관계에서 배임에 상응하는 위법성이 존재하는지 여부에 따라 판단해야 한다. 즉 주민소송에서 대상행위의 위법성 심사기준은 '일반적인 행정행위로서의 위법성 전반'이 아니라 '재무회계행위로서의 위법성'으로 보아야 하므로, 재무회계적 관점에서 대상행위가 지방자치단체에 부당하게 재정적인 손실을 초래하였는지 여부에 따라 판단하여야 한다. 아울러 이 사건 도로점용허가처분이 재무회계행위로서 예외적으로 주민소송의 대상이 되는 이유는 그것의 행정처분으로서의 성격 때문이 아니라 재무회계적 성격(재산의 관리·처분적 성격) 때문이므로, 주민소송에서 대상행위의 위법성 판단은 재무회계적 관점에서 당해 지방자치단체에 '경제적 손해'를 초래하였는지에 따라 심사되어야 하고, 일반적인 취소소송에서 이루어지는 심사방법, 즉 '행정처분의 객관적 위법성 일반'이 그 척도가 될 수 없다.

2) 판단

가) 주민소송의 대상적격

지방자치법 제17조에서 규정하고 있는 주민소송제도는 주민이 해당 지방자치단체의 위법한 재무회계행위의 방지 및 시정을 구함으로써 지방 재무회계에 관한 행정의 적법성을 확보하려는 데 그 목적이 있다. 따라서 주민소송은 지방자치단체의 재무회계에 관한 사항의 처리를 직접 목적으로 하는 행위에 대하여 제기할 수 있는데, 재무회계에 관한 사항인 '재산의 관리·처분에 관한 사항'이란 지방자치단체의 소유에 속하는 재산의 가치를 유지·보전 또는 실현함을 직접 목적으로 하는 행위를 의미한다.

구 도로법 제38조 제1항에 의한 도로점용은 일반 공중의 교통에 사용되는 도로에 대하여 일반 공중의 자유로운 통행이라는 도로 본래의 용법인 일반사용과는 별도로 특정인에게 도로의 특정 부분(지상·지하 불문)에 유형적·고정적인 시설을 설치하여 이를 계속적으로 사용할 수 있는 특별한 권리를 부여하는, 이른바 특별사용을 의미한다. 한편 도로의 재산적 가치(사용가치)에 착안한 도로점용허가라고 하더라도, 통상 도로점용허가가 도로의 구조상의 안전과 기능, 도로의 본래 목적인 일반공중의 통행에 직접적인 영향을 미치는 점에 비추어, 도로관리청의 도로행정상 공물관리행위의 성격이 수반되거나 중첩되는 경우가 많다. 그러므로 구체적·개별적 사안에서 당해 점용허가의 목적, 점용허가에 의하여 형성되는 사용관계의 실질, 점용허가와 도로 본래의 기능과 목적의 유지·보전·향상과의 관련성 등을 종합적으로 고려했을 때, 당해 도로점용허가가 주로 도로의 재산적 가치(사용가치)에 착안하여 이루어졌다는 측면, 즉 도로의 통행 및 기능과 관계없는 부분에 대하여 이루어졌고 도로의 재산적 가치(사용가치)의 일부가 특정인에게 배타적으로 이전되는 효과가 발생하여 공중의 일반사용이 제한되는 성격이 좀 더 강하게 나타난다면, 이러한 경우의 도로점용허가처분은 단순한 공물관리행위의 성격을 넘어서 지방자치단체의 소유에 속하는 재산의 경제적 가치를 실현함을 직접 목적으로 하는 행위로서 '재산의 관리·처분 행위', 즉 재무회계행위에 해당한다고 할 것이다.

나) 이 사건 도로점용허가의 위법성 판단 기준

앞서 거시한 증거들과 앞서 살펴본 사실들을 종합하여 알 수 있는 다음과 같은 사정, 즉 점용허가의 대상인 이 사건 도로 지하 부분은 본래 통행에 제공되는 대상이 아니어서 그에 관한 점용허가는 일반 공중의 통행이라는 도로 본래의 기능 및 목적과 직접적인 관련성이 없는 점, 이 사건 점용허가의 목적은 특정 종교단체인 참가인으로 하여금 그 부분을 지하에 건설되는 종교시설 부지로서 배타적으로 점유·사용할 수 있도록 하는 데 있는 것으로서 그 허가의 목적이나 점용의 용도가 공익적 성격을 갖는 것이라고 볼 수는 없는 점, 이 사건 도로점용허가로 인해 형성된 사용관계의 실질은 전체적으로 보아 도로부지의 지하 부분에 대한 사용가치를 실현시켜 그 부분에 대하여 특정한 사인에게 점용료와 대가관계에 있는 사용수익권을 설정하여 주는 것인 점 등에 비추어 보면, 이 사건 도로점용허가는 실질적으로 위도로 지하 부분의 사용가치를 제3자로 하여금 활용하도록 하는 임대유사한 행위로서, 지방자치단체의 재산인 도로부지의 재산적 가치에 영향을 미치는 '재산의 관리·처분에 관한 사항', 즉 재무회계에 관한 사항이다.

나아가 재무회계에 관한 사항의 위법성 심사 기준에 관하여 보건대, 지방자치법 제143조는 '재산의 관리와 처분'이라는 표제 아래 "지방자치단체의 재산은 법령이나 조례에 따르지 아니하고는 교환·양여·대여하거나 출자 수단 또는 지급 수단으로 사용할 수 없다."고 규정하고 있고, 같은 법 제9조 제2항 제1호 (자)목은 '공유재산관리'를 지방자치단체의 자치사무로 예시하고 있다. 그리고 지방자치단체의 공유재산 관련 재무회계행위를 규율하는 재무회계법규로는 과거 구 지방재정법(2005. 8. 4. 법률 제7663호로 전부개정되기 전의 것, 이하 '구 지방재정법'이라 한다) 제72 내지 89조에서 규정하고 있었으나, 2005. 8. 4. 법률 제7665호로 공유재산 및 물품 관리법이 제정되면서 구 지방재정법상의 공유재산 관련 규정은 대부분 공유재산 및 물품 관리법에 규정되었다. 한편, 지방자치법 제38조 제1항 제6, 7호는 지방의회의 의결사항으로서 '대통령령으로 정하는 중요 재산 및 공공시설의 취득·설치 및 처분'을 규정하고 있고, 구 지방자치법 시행령(2014. 7. 7. 대통령령 제25441호로 개정되기 전의 것) 제36조 제1, 2항은 중요 재산 및 공공시설의 취득·설치 및 처분의 범위를 정하면서 그 기준으로 공유재산 및 물품 관리법 시행령을 들고 있다. 따라서 이러한 지방자치법의 관련 규정과 공유재산법·지방재정법의 개정 취지에 비추어 보면, 지방자체단체의 공유재산 관련 재무회계행위를 규율하는 기본적인 재무회계법규는 공유재산 및 물품 관리법이라 할 것이다. 그렇다면 이 사건에서 주민소송의 대상행위인 재무회계행위의 위법성을 판단함에 있어서는 기본적으로 관련 재무회계법규인 공유재산 및 물품 관리법을 위반한 위법이 있는지가 중요한 심사기준이 된다고 할 것이다.

그리고 지방자치법 제9조 제2항 제1호 자목에 의하면 공유재산의 관리는 지방자치단체의 자치사무에 해당하는데(대법원 2003. 5. 27. 선고 2002두7135 판결 참조), 지방자치법 제169조 제1항 단서는 자치사무에 관한 처분에 대하여는 '법령을 위반하는 경우'에 한하여 상급 행정기관이 위법·부당한 명령 또는 처분을 서면으로 시정할 것을 명하고 그 기간 내에 이행하지 아니하면 취소 또는 정지할 수 있다고 규정하고 있다. 또한 시·군·구의 장의 사무의 집행이 명시적인 법령의 규정을 구체적으로 위반한 경우뿐만 아니라 그러한 사무의 집행이 재량권을 일탈·남용하여 위법하게 되는 경우를 포함하므로(대법원 2007. 3. 22. 선고 2005추63 판결 참조), 지방자치법 제16조 제1항 단서의 '법령위반'에 재량권의 일탈·남용이 포함된다. 이처럼 재무회계행위의 위법성을 판단함에 있어서는 법의 일반원칙을 당연히 고려할 수 있다고 봄이 타당하다. 그 뿐만 아니라 지방자치법 제17조 제2항 제2호의 주민소송에서의 위법한 재무회계행위, 즉 재산의 위법한 관리·처분행위라 함은 일반적인 항고소송에서의 '처분의 위법성 일반'과 마찬가지로 해석하여야 하므로, 대상행위가 명시적인 재무회계 관련 법규를 위반한 경우뿐만 아니라, 비례의 원칙, 평등의 원칙, 신뢰보호의 원칙 등 법의 일반원칙을 위반하여 재량권을 일탈·남용한 경우도 포함된다고 보는 것이 타당하다.

위와 같은 사정들에 비추어 보면, 이 사건 주민소송에서 대상행위인 도로점용허가처분의 위법성을 판단함에 있어 지방자치단체의 재무회계행위 관련 법규인 공유재산법 등의 위반 여부 및 비례의 원칙, 평등의 원칙 등 법의 일반원칙 위배 여부를 고려하여서는 안 된다는 피고의 주장은 받아들일 수 없다.

다. 특별계획구역 내 도로점용허가의 경우 행정청에게 보다 폭넓은 재량이 인정되는지

1) 참가인의 주장 요지

이 사건 도로점용허가의 대상이 된 이 사건 부지는 '특별계획구역 내'에 위치하고 있다. 그런데 특별계획구역은 일반적인 방법으로는 개발이 어려운 지역에 대하여 전략적·창의적·효율적 개발을 유도하기 위하여 지정되는 곳으로 행정청의 고도의 계획재량이 인정되므로, 절차상 하자가 있거나 현저하게 합리성을 결하였다고 볼 만한 사정이 없다면 위법성을 인정하여서는 아니 된다.

2) 관련 법리

도시계획은 도시정책상의 전문적·기술적 판단에 기초하여 도시의 건설·정비·개량 등과 같은 특정한 행정목표를 달성하기 위하여 서로 관련되는 행정수단을 종합·조정함으로써 장래의 일정한 시점에 있어서 일정한 질서를 실현하기 위한 활동기준을 설정하는 것으로서 재량행위라 할 것이므로 재량권의 일탈 내지 남용이 없는 이상 그 도시계획결정을 위법하다고 할 수 없다. 그런데 행정주체가 구체적인 도시계획을 입안·결정함에 있어서 비교적 광범위한 계획재량을 갖고 있지만, 여기에는 도시계획에 관련된 자들의 이익을 공익과 사익에서는 물론, 공익 상호간과 사익 상호간에도 정당하게 비교·교량하여야 한다는 제한이 있는 것이므로, 행정주체가 도시계획을 입안·결정함에 있어서 이익형량을 전혀 하지 아니하거나 이익형량의 고려대상에 마땅히 포함시켜야 할 사항을 누락한 경우 또는 이익형량을 하였으나 정당성·객관성이 결여된 경우에는 그 행정계획결정은 재량권을 일탈·남용한 위법한 처분이라 할 수 있고, 또한 비례의 원칙(과잉금지의 원칙)상 그 행정목적을 달성하기 위한 수단은 목적달성에 유효·적절하고 또한 가능한 한 최소침해를 가져오는 것이어야 하며 아울러 그 수단의 도입으로 인한 침해가 의도하는 공익을 능가하여서는 아니 된다 할 것이다(대법원 1996. 11. 29. 선고 96누8567 판결, 대법원 1997. 9. 26. 선고 96누10096 판결, 대법원 1998. 4. 24. 선고 97누1501 판결 등 참조).

행정계획이라 함은 행정에 관한 전문적·기술적 판단을 기초로 하여 도시의 건설·정비·개량 등과 같은 특정한 행정목표를 달성하기 위하여 서로 관련되는 행정수단을 종합·조정함으로써 장래의 일정한 시점에 있어서 일정한 질서를 실현하기 위한 활동기준으로 설정된 것으로서, 도시계획법 등 관계 법령에는 추상적인 행정목표와 절차만이 규정되어 있을 뿐 행정계획의 내용에 대하여는 별다른 규정을 두고 있지 아니하므로 행정주체는 구체적인 행정계획을 입안·결정함에 있어서 비교적 광범위한 형성의 자유를 가지는 한편, 행정주체가 가지는 이와 같은 형성의 자유는 무제한적인 것이 아니라 그 행정계획에 관련되는 자들의 이익을 공익과 사익 사이에서는 물론이고 공익 상호간과 사익 상호간에도 정당하게 비교·교량하여야 한다는 제한이 있는 것이고, 따라서 행정주체가 행정계획을 입안·결정함에 있어서 이익형량을 전혀 행하지 아니하거나 이익형량의 고려 대상에 마땅히 포함시켜야 할 사항을 누락한 경우 또는 이익형량을 하였으나 정당성·객관성이 결여된 경우에는 그 행정계획결정은 재량권을 일탈·남용한 것으로서 위법하게 된다(대법원 2000. 3. 23. 선고 98두2768 판결 참조).

3) 인정되는 사실

을나 제1, 7호증의 각 기재에 변론 전체의 취지를 종합하면 다음과 같은 사실을 인정할 수 있다.

가) 이 사건 교회부지를 포함한 서초구역(꽃마을지역) 특별계획구역 Ⅱ 구역(이하 '이 사건 특별계획구역'이라 한다)은 불법 비닐하우스의 무단점유로 인하여 장기간 주변지역에 비해 상대적으로 낙후되어 있

었던 지역이었는데, 1999년 말경 불법 비닐하우스의 이주 및 철거가 완료됨으로써 비로소 체계적인 개발의 필요성이 대두되었다.

나) 이에 2002. 6. 24.자 서울특별시 지구단위계획 결정 고시 제2002-269호는 이 사건 특별계획구역에 관하여 주변지역과 조화를 이룰 수 있는 체계적인 도시개발을 위하여 여러 지침을 정하였고, 대림산업이 2006년경 이 사건 특별계획구역에 주상복합건물의 건축을 추진하였으나, 지구단위계획에 따른 도시기반시설 등의 각 계획과 사업성 미비 등으로 인하여 사업에 실패하였다. 이로 인하여 이 사건 특별계획구역에 대하여 개발을 진행할 사업시행자가 등장하지 못하여 또다시 위 구역은 장기간 미개발 상태로 방치되어 있었다.

다) 그러던 중 참가인은 2009. 6. 1. 대림산업으로부터 이 사건 특별계획구역 중 일부인 이 사건 교회부지를 매수한 후, 2009. 10. 30. 및 같은 해 12. 2. 피고에게 주민제안 방식으로 지구단위계획의 변경을 제안하였다. 이에 피고는 주민의견 청취 및 서초구 도시계획위원회의 자문을 거쳐, 2009. 12. 31. 서울특별시장에게 지구단위계획 변경을 신청하였으며, 서울특별시장은 2010. 2. 4. 서울특별시 고시 제 2010-31호(이하 '2010년 고시'라 한다)로 이 사건 특별계획구역 지구단위계획(세부개발) 변경계획을 결정·고시하였다.

라) 2010년 고시에는 건축물용도 결정 조서 부분에서 권장용도를 '교

육연구 및 복지시설 중 생활권수련시설, 도서관', '문화 및 집회시설 중 공연장, 전시장'으로 정하고 있다. 그리고 2010년 고시의 "다. 건축물용도·높이·건폐율·용적률 등에 관한 계획, 6) 기타 사항에 관한 결정 조서, ■ 도로 및 차량동선에 관한 계획" 부분에서, 서초로, 반포로변에 '간선가로변 차량출입 금지구간 설정'이라는 도로 및 차량동선 변경내용 아래 부분에 "※ 추후 지하부분에 통로 등 필요한 시설을 설치할 때는 도로법에 의한 도로점용허가를 득할 것"이라고 명시하였다.

4) 판단

가) 살피건대, 앞서 살펴본 법리에 의하면, 행정계획은 행정에 관한 전문적·기술적 판단을 기초로 하여 도시의 건설·정비·개량 등과 같은 특정한 행정목표를 달성하기 위하여 서로7.408mm 관련되는 행정수단을 종합·조정함으로써 장래의 일정한 시점에 있어서 일정한 질서를 실현하기 위한 활동기준을 설정하는 것으로서 행정주체에게 비교적 광범위한 형성의 자유가 인정된다고 할 것이다.

나) 그러나 이 사건 중 예비적 청구 부분은 행정계획 자체의 취소를 구하는 사건이 아니라 이 사건 도로점용허가의 취소를 구하는 사안으로서, 아래와 같은 사정들을 고려하면, 단지 이 사건 도로가 특별계획구역 내에 위치한다는 이유만으로 이 사건 도로점용허가를 행정계획과 동일시하여 폭넓은 재량이 인정된다고 보기는 어렵다.

① 행정주체가 가지는 광범위한 계획재량에서 나오는 이익형량 심사기준(이른바 '형량명령')은 전문적, 기술적 판단을 기초로 하는 행정계획의 성격, 관련 법령의 추상성 등에 의하여 광범위한 형성의 자유가 인정되는 행정계획 자체에 대한 사법심사에서 해당 행정계획의 위법성을 심사함에 있어 적용되는 심사방법일 뿐이고, 행정계획 그 자체 또는 그 행정계획과 직접 관련이 있는 처분을 넘어서 행정계획에 간접적으로 영향을 받는 개별 처분의 위법성 심사에도 적용되는 법리라고 보기는 어렵다. 따라서 이 사건 특별계획구역 내에서 이 사건 도로점용허가 등 별도의 인·허가를 하는 경우에도 고도의 계획재량이 인정되어야 한다고 보기는 어렵다.

② 이 사건 2010년 고시 중 도로 및 차량동선에 관한 계획결정(변경)사유서 부분에 "추후 도로의 지하 부분에 통로 등 필요한 시설을 설치할 때는 도로법에 의한 도로점용허가를 득할 것'이라고 기재되어 있는 점은 앞서 본 바와 같으나, 위와 같은 문구만으로 2010년 고시가 이 사건 도로점용허가를 예정하고 있다거나 2010년 고시에 도로점용허가가 포함되는 것으로 볼 수는 없고, 단지 '통로'를 예로 들고 있는 점에 비추어 지하철역과 건물 또는 건물과 건물 사이의 통로와 같은 경우를 예정한 것으로서 이 사건 도로 지하 부분의 이용현황과 같이 대형 교회건물의 지하주차장 진출입램프, 예배당, 공조실, 전기배선실, 통신배관실, 방재실, 전기실, 창고 등의 일부로 사용할 것을 예정한 것으로 볼 수도 없다.

오히려 위 문구는 2010년 고시에 따른 도시계획을 시행함에 있어서 이후 도로의 지하부분에 통로 등 필요한 시설을 설치하게 될 경우 도로법에 따른 요건을 갖추고, 적법한 절차를 거쳐 도로점용허가를 얻어야 한다는 취지로 보인다.

③ 참가인은 국토계획법 제52조 제3항에서 용도지역 및 용도지구 안에서의 건축제한, 건폐율제한, 용적률제한 등을 완화할 수 있다고 정하고 있고, 이 사건 도시계획과 같은 제1종 지구단위계획 안에서는 공공시설부지를 제공하거나 공개공지 또는 공개공간을 설치하는 경우 건폐율 또는 용적률과 높이 제한을 완화할 수 있는 점 등을 고려할 때, 지구단위계획 구역 내에서 개별 행정행위를 사법심사하는 경우에는 행정청의 재량권을 폭넓게 인정하여야 하고 지구단위계획의 종합적인 접근이 필요하다는 취지로 주장하나, 2010년 고시에서는 '특별계획구역 용적률 완화항목 및 완화내용'에 관하여는 구체적으로 정하고 있으나, 이 사건 도로에 관해서는 어떠한 내용도 규정하고 있지 않고, 용적률을 완화하는 것과 이 사건 도로의 점용허가 요건을 완화하는 것은 별개의 문제이다.

④ 오히려 2010년 고시의 Ⅱ구역의 지구단위 계획지침에 따르면, 권장용도는 '교육연구 및 복지시설 중 생활권수련시설, 도서관' 및 '문화 및 집회시설 중 공연장, 전시장' 등인데, 참가인이 이 사건 특별계획구역 내에서 교회 건물을 건축한 것이 위와 같은 권장용도에 따른 것인지도 의문이다.

라. 구 공유재산법 제13조의 영구시설물 축조금지 규정 위반 여부

1) 주장 요지

원고 황일근은 구 도로법 시행령상의 '지하실'은 영구시설물의 축조를 금지하고 있는 구 공유재산법 제13조에 비추어 원상회복의 가능성이 있음을 전제로 하는 것인데, 이 사건 도로 지하 부분에 설치된 이 사건 예배당 등은 위에서 본 바와 같이 실질적으로 원상회복의 가능성이 있다고 볼 수 없어서 구 공유재산법 제13조를 위반한 건축물에 해당하므로, 이 사건 도로점용허가는 구 공유재산법 제13조를 위반하여 위법하다고 주장한다.

2) 관계 법령

■ 구 공유재산 및 물품 관리법(2010. 2. 4. 법률 제10006호로 개정되어 2010. 8. 5. 시행되기 전의 것)

제13조(영구시설물의 축조 금지)

해당 지방자치단체의 장 외의 자는 공유재산에 건물, 도랑·교량 등의 구조물과 그 밖의 영구시설물을 축조하지 못한다. 다만 그 공유재산의 사용 및 이용에 지장이 없는 경우로서 대통령령으로 정하는 경우에는 그러하지 아니하다.

■ 구 공유재산 및 물품 관리법 시행령(2014. 7. 7. 대통령령 제25441호로 개정되기 전의 것)

제9조(영구시설물의 축조 금지)

법 제13조 단서에 따라 공유재산에 영구시설물을 축조할 수 있는 경우는 다음 각 호의 어느 하나에 해당하는 경우로 한정한다.

9. 지방자치단체의 현재의 공유재산 사용 및 이용에 지장을 주지 않는 범위

에서 해당 공유재산의 공중·지상·지하에 공작물을 설치하는 경우

■ 지방자치단체 공유재산 운영기준(2016. 8. 3. 행정자치부고시 제2016-30호로 제정된 것)

제7조(영구시설물의 축조)
① 지방자치단체의 장은 해당 지방자치단체 외의 자에게 영구시설물 축조를 허용할 경우 그 설치하는 시설물로 인해 사용용도·목적 등에 장애가 발생하지 않는 범위 내에서 허용하여야 한다.
② 영구시설물 축조를 허용할 경우 〈별표 2〉의 내용을 참고하여 업무를 처리하여야 한다.

[별표 2] 영구시설물 축조 기준 (제7조 관련)
3. 시행령 제9조 제1항 제9호에 따라 지방자치단체의 현재 또는 장래의 공유재산 사용 및 이용에 지장을 주지 않는 범위에서 공중·지상·지하에 공작물을 설치하는 경우란 지상권이 설정되는 건물 등이 아닌 지하매설관로, 송전철탑, 공중선로, 건물에 부착하는 휴대전화 기지국 등의 공작물을 설치하는 경우 등을 말한다.

3) 판단

가) 구 공유재산법 제13조는 공유재산에 영구시설물을 축조하는 것을 원칙적으로 금지하면서, 예외적으로 축조가 허용되는 영구시설물의 범위를 대통령령에 위임하고 있다. 이에 구 공유재산법 시행령

제9조 제9호는 지방자치단체의 현재 당해 공유재산의 사용 및 이용에 지장을 주지 않는 범위에서 그 지하에 영구시설물을 축조할 수 있다고 규정하고 있다. 한편 '영구시설물'이란 통상적으로 '건물·구거·교량과 같이 일단 건설하게 되면 해당 공유재산과 사실상 불가분의 관계가 되고 영속적인 성격을 가지고 있어 공유재산의 훼손 없이 이를 쉽게 제거하는 것이 불가능하거나 막대한 비용이 요구되는 시설물' 또는 '일반적으로 공유지에 고착되어 용이하게 이동할 수 없는 시설물로서 그것의 해체가 물리적으로 심히 곤란하여 재사용이 불가능하거나 해체비용이 막대하여 해체 시 오히려 더 많은 손실을 가져올 수 있는 시설물' 등을 의미하는 것으로 해석된다.

나) 살피건대, 갑 제9호증의 2, 갑 제19, 29, 37호증, 을가 제5호증의 3, 을가 제8호증의 2의 각 기재, 환송 전 제1심 법원 및 이 법원의 각 현장검증결과에 변론 전체의 취지를 종합하여 알 수 있는 다음과 같은 사정들, 즉 ① 참가인의 도로점용허가신청서에는 이 사건 도로 지하 부분에 설치되는 이 사건 예배당 등의 구조가 '철근콘크리트' 구조로 기재되어 있고, 실제로 철근콘크리트 구조로 설계 및 건축된 것으로 보이는 점, ② 참가인이 2010. 3. 19. 피고에게 송부한 '양해각서 수정안' 제4조 제5항에 '도로 지하 부분의 영구점용'이라는 기재가 있는 점, ③ 서초구 재난관리과장이 서초구 도로관리과장에게 보낸 2010. 2. 25.자 회신에는 점용목적 및 내용, 점용기간이 '영구점용'이라고 기재되어 있고, 서초구 도로관리

과가 2010. 2. 24. 작성한 내부 검토보고서에도 "해당 건축물은 영구시설물로서 건축규모도 지상 12층, 지하 7층의 대형 건축물이다."라는 기재가 있는바, 이에 의하면 피고도 이 사건 도로점용허가 당시 이 사건 예배당 등을 사실상 영구시설물로 파악하였던 것으로 보이는 점, ④ 이 사건 지하실을 포함한 교회건물에 관한 평면도와 환송 전 제1심 법원 및 이 법원의 각 현장검증결과에 의하면, 참가인이 점용허가를 받은 이 사건 도로 지하 부분의 면적은 약 1,078㎡(= 너비 7m × 길이 154m)로서, 이 사건 교회건물 지하 1층부터 지하 8층까지는 예배당, 영상예배실, 교리공부실, 방송실, 주차장, 기계실, 창고, 공조실, 화장실 등이 설치되어 있는데, 위 시설들 중 일부가 이 사건 도로점용 부분에 위치하거나 인접해 있는 것으로 보이고, 건축공법 및 건축구조에 비추어 이 사건 교회건물 지하에 있는 시설물들은 유기적·구조적으로 연결되어 있어 도로점용 부분만 분리하여 해체하는 것이 사실상 어려울 뿐만 아니라, 교회건물 지하층 전체의 구조안전에도 지장을 줄 우려가 있어 보이는 점 등에 비추어 보면, 이 사건 도로 지하 부분에 설치된 이 사건 예배당 등은 일단 건설될 경우 공유재산인 이 사건 도로 지하 부분에 고착됨으로써 사실상 불가분의 관계가 될 가능성이 높고, 이를 해체하는 것이 물리적으로 심히 곤란하여 해당 도로 지하 부분의 훼손 없이는 이를 쉽게 제거하기란 사실상 어려워 보이며, 해체비용도 상당하여 해체 시 오히려 더 많은 손실을 가져올 것으로 판단된다. 그렇다면 이 사건 예배당 등은 구 공유재산법 제13조에서 정한 축조가 금지되는 영구시설물에 해당하고,

참가인이 제출한 자료인 을나 제16, 17호증의 각 기재만으로는 위 인정을 뒤집기에 부족하다. 한편, 앞서 살펴본 사실에 의하면, 이 사건 도로점용허가 당시 이 사건 도로 지하에는 공공하수관, 하수시설물, 상수도관, 도시가스배관 등이 매설되어 있었으므로 이 사건 도로점용허가에 따른 후속 절차로 위와 같은 공공시설물을 이설하고 이 사건 예배당 등을 건축하는 과정에서 필연적으로 이 사건 도로는 파헤쳐질 수밖에 없어 도로로서 제대로 된 기능을 할 수 없는 것은 분명하다. 따라서 이 사건 도로점용허가가 지방자치단체의 현재의 당해 공유재산 사용 및 이용에 지장을 주지 않는 경우에 해당한다고 보기도 어려우므로 구 공유재산법 시행령 제9조 제9호 소정의 예외사유에도 해당하지 않는다. 그러므로 이 사건 도로점용허가는 구 공유재산법 제13조 본문을 위반하여 위법하다고 할 것이다.

다) 이에 대하여 피고는, 도로점용허가의 경우 특별법인 도로법이 적용되는 이상 공유재산법 위반 여부는 문제될 수 없다는 취지로 주장한다. 살피건대, 2010. 2. 4. 법률 제10006호로 신설되어 2010. 8. 5. 시행된 공유재산법 제2조의2는 "공유재산 및 물품의 관리·처분에 관하여는 다른 법률에 특별한 규정이 있는 경우 외에는 이 법에서 정하는 바에 따른다."고 규정하고 있고, 을나 제12호증의 2의 기재에 의하면 행정안전부장관은 2010. 3. 10. 공유재산법과 도로법의 관계에 대하여 "지방자치단체 소유재산인 행정재산에 속하는 공공용 재산 중 도로법 개별 법률에 근거한 시설은 그 법

률의 적용을 받고, 그 밖의 재산에 대하여는 공유재산에 관한 일반법인 공유재산법이 적용된다."는 의견을 밝힌 사실이 인정되기는 한다.

한편 이와 관련하여 서울특별시 도시안전실은 아래와 같은 유권해석을 하고 있다.

> ※ 서울특별시 도시안전실, "2014년 도로점용허가 매뉴얼"
>
> - 도로법은 적정한 도로관리를 위해 일반 공중의 도로에 대한 일반사용을 확보하기 위한 사명을 갖고 있기 때문에, 일반사용에 지장을 주는 한 도로구역 내에서는 도로법의 규정 내용과 상충되는 타 법의 규정이 적용될 수 없고 도로법이 우선 적용되는 이유임. 다만 국유재산법이나 공유재산법에서 국유(공유)재산은 결국 국민의 기여로 형성되어 장래의 재산적 가치 저하를 방지하기 위해 해당 재산에 사적 영구시설물을 원칙적으로 금지하는 규정에 대해서는 도로점용허가 시 준수해야 함.
> - 특히나 공공용으로 사용하는 행정재산에 대해서는 국유재산법이나 공유재산법에서 금지하고 있는 사적 영구시설물 축조를 도로법상 점용허가로 허용하는 것은 국유재산법령이나 공유재산법령의 금지규정을 위반한 것임.
> - 도로점용허가로 일반사용이 배제되고 건물관계자(근무자나 고객)만 사

용한다면, 도로점용허가의 대상이 아니고 도로법의 영역이 아니라 공유재산법의 영역임을 말하는 것임.

살피건대, 앞서 살펴본 바와 같이 지방자치단체의 공유재산의 취득·관리에 관한 기본 법규는 공유재산법으로 볼 수 있고, 도로법이 도로의 점용·관리에 관하여는 공유재산법의 특별규정이라고 할 것이지만, 도로법에서 특별히 규정하고 있지 않은 경우에는 일반법인 공유재산법이 적용될 수 있다. 한편 도로법 제3조는 도로에 대한 사권행사를 원칙적으로 금지하고 있고, 같은 법 제43조 제1항 본문은 점용기간 만료 시 원상회복의무를 규정하고 있는 점에 비추어, 영구시설물 축조 금지에 관한 공유재산법 제13조는 이를 배제하거나 달리 규정하는 도로법상의 특별규정이 없는 이상, 도로점용허가에 관하여 적용된다고 할 것이다. 따라서 피고의 이 부분 주장은 받아들이지 아니한다.

마. 사정판결 주장에 대하여

1) 피고 및 참가인의 주장 요지

설령 이 사건 도로점용허가가 위법하다고 하더라도 이를 취소한다는 판결이 확정되어 그에 따라 이 사건 도로 지하 점용 부분을 원상회복하게 된다면, ① 이미 환송심에서 확정된 건축허가처분과의 관계에서 모순이 발생하는 점, ② 복구기간 동안 이 사건 교회의 수많은 교인이 예배당을 사용하지 못하게 되어 종교활동에 상당한 지장을 주는 점, ③ 원상회복을 위한 대규모 복구공사로 인하여 인근 주민의 통행불편, 교통체증을 초래하는 점, ④ 참가인으로서는 원상복구비용으로서 수백억 원을 지출하여야 하고 이로 인해 이 사건 교회건물의 기능이 전체적으로 제한받는 직접적인 불이익을 입을 수 있는 점, ⑤ 주민인 원고들이 입는 피해는 무형적·관념적인 것에 불과하여 이러한 피해는 연 4억 원을 상회하는 도로점용료로 충분히 보전되는 점 등에 비추어, 이 사건 도로점용허가를 취소하는 것은 현저히 공공복리에 적합하지 아니한다. 따라서 당심에서 행정소송법 제28조 제1항에 의한 사정판결이 선고되어야 한다.

2) 관계 법령

■ 지방자치법

제17조(주민소송)
제1항에 따른 소송에 관하여는 이 법에 규정된 것 외에는 행정소송법에 따른다.

■ 행정소송법

제28조(사정판결)
① 원고의 청구가 이유 있다고 인정하는 경우에도 처분 등을 취소하는 것이 현저히 공공복리에 적합하지 아니하다고 인정하는 때에는 법원은 원고의

청구를 기각할 수 있다. 이 경우 법원은 그 판결의 주문에서 그 처분 등이 위법함을 명시하여야 한다.

② 법원이 제1항의 규정에 의한 판결을 함에 있어서는 미리 원고가 그로 인하여 입게 될 손해의 정도와 배상방법 그 밖의 사정을 조사하여야 한다.

3) 관련 법리

사정판결은 행정처분이 위법함에도 불구하고 이를 취소·변경하게 되면 그것이 도리어 현저히 공공의 복리에 적합하지 않은 경우에 극히 예외적으로 할 수 있는 것이므로, 그 요건에 해당하는지 여부는 위법·부당한 행정처분을 취소·변경하여야 할 필요와 그 취소·변경으로 발생할 수 있는 공공복리에 반하는 사태 등을 비교·교량하여 엄격하게 판단하되, ① 해당 처분에 이르기까지의 경과 및 처분 상대방의 관여 정도, ② 위법사유의 내용과 발생원인 및 전체 처분에서 위법사유가 관련된 부분이 차지하는 비중, ③ 해당 처분을 취소할 경우 예상되는 결과, 특히 해당 처분을 기초로 새로운 법률관계나 사실상태가 형성되어 다수 이해관계인의 신뢰 보호 등 처분의 효력을 존속시킬 공익적 필요성이 있는지 여부 및 그 정도, ④ 해당 처분의 위법으로 인해 처분 상대방이 입게 된 손해 등 권익 침해의 내용, ⑤ 행정청의 보완조치 등으로 위법상태의 해소 및 처분 상대방의 피해 전보가 가능한지 여부, ⑥ 해당 처분 이후 처분청이 위법상태의 해소를 위해 취한 조치 및 적극성의 정도와 처분 상대방의 태도 등 제반 사정을 종합적으로 고려하여야 한다. 나아가 사정판결은 해당 처분이 위법하나 공익상 필요 등을 고려하여 취소하지 아니하는 것일 뿐 그 처분이 적법하다고 인정하는 것은 아니므로, 사정판결의 요건을 갖추었다고 판단되는 경우 법원으로서는 행정소송법 제28조 제2항에 따라 원고가 입게 될 손해의 정도와 배상방법, 그 밖의 사정에 관하여 심리하여야 하고, 이 경우 원고는 행정소송법 제28조 제3항에 따라 손해배상, 제해시설의 설치 그 밖에 적당한 구제방법의 청구를 병합하여 제기할 수 있으므로, 당사자가 이를 간과하였음이 분명하다면 적절하게 석명권을 행사하여 그에 관한 의견을 진술할 수 있는 기회를 주어야 한다(대법원 2016. 7. 14. 선고 2015두4167 판결 참조).

4) 판단

살피건대, ① 이 사건 도로점용허가에 이르기까지의 경과에 비추어 보면, 처분상대방인 참가인이 적극적으로 요청하여 이 사건 도로점용허가에 이르게 된 점, ② 이 사건 도로점용허가가 위법하게 된 것은 구 공유재산법 제13조의 영구시설물 축조 금지 규정에 위반하여 이 사건 도로 지하 부분에 영구시설물에 해당하는 이 사건 교회를 건축하도록 하였고, 나아가 참가인으로 하여금 영구시설물인 이 사건 교회를 점유·사용하도록 하여 공물인 이 사건 도로의 지하 부분을 오로지 특정 사인이나 단체의 이용에만 제공되게 된 데에 따른 것이고, 위와 같은 위법사유와 관련된 부분이 이 사건 도로점용허가에서 차지하는 비중이 결코 작다고 할 수 없는 점, ③ 이 사건 도로점용허가를 취소할 경우 이 사건 교회 중 이 사건 도로점용 부분에 해당되는 일부분을 철거하여야 하고, 그로 인하여 참가인이 많은 비용을 지출하여야 할 뿐만 아니라 이 사건 교회의 소속 교인이 상당기간 예배당을 이용할 수 없게 되며, 위 철거공사 중 공중의 통행이 제한되는 결과가 발생한다고 하더라도, 이와 같은 결과는 참가인의 적극적인 요청에 의해 이루어졌고 이 사건 도로점용허가를 기초로 형성된 새로운 법률관계나 사실상의 상태는 참가인이 이 사건 예배당을 사용하지 못하는 것을 넘어 추가적인 법률관계를 형성한 것으로 보기는 어려워 다수 이해관계인의 신뢰보호 등 이 사건 도로점용허가의 효력을 존속시킬 공익적 필요성이 있다고 보기는 어려운 점, ④ 도로관리청인 피고의 보완조치로써 이 사건 도로점용허가의 위법상태를 해소하기는 어려울 것으로 보이는 점, ⑤ 이 사건 도로점용허가 이후 피고가 위법상태의 해소를 위해 조치를 취했다고 볼 만한 증거가 없는 점, ⑥ 위법한 이 사건 도로점용허가에 관하여 그 위법성을 인정하면서도 사정판결을 하게 되면, 행정행위의 위법성을 제거함으로써 위법성을 해소함은 물론 정당한 행정행위에 대한 일반 국민의 신뢰를 회복하고자 하는 공익을 해하고, 향후 행정청이 위법한 행정행위를 방지하고 이미 발생한 위법상태를 해소하고자 하는 노력을 소홀히 할 위험성이 있는 점 등 위법·부당한 행정처분을 취소·변경하여야 할 필요와 그 취소·변경으로 발생할 수 있는 공공복리에 반하는 사태 등을 비교·교량하여 보면, 이 사건 도로점용허가처분을 취소하는 것이 현저히 공공복리에 적합하지 아니하다고 인정하기 어려우므로, 행정소송법 제28조 제1항 소정의 사정판결을 할 당위성이 인정되지 않는다. 따라서 피고 및 참가인의 이 부분 주장은 받아들이지 아니한다.

4. 결론

그렇다면, 제1심 판결 중 이 사건 도로점용허가에 대한 주위적 청구 및 예비적 청구에 관한 부분은 정당하므로, 원고들과 피고 및 참가인의 항소는 이유 없어 이를 모두 기각하기로 하여 주문과 같이 판결한다.

재판장 판사 문용선
판사 김복형
판사 남양우

7-6 대법 2018두104

대 법 원
제 3 부
판 결

사 건	2018두104 도로점용허가처분무효확인등
원고, 피상고인	1. 황일근
소송대리인	법무법인 이제
담당변호사	유정훈
소송대리인	법무법인 인앤인
	담당변호사 경수근, 소순길, 이상강, 하상수
	2. 조성두
	3. 강신종
	4. 김진옥
	5. 김정근
	6. 송수진
원고들 소송대리인	신아 법무법인(유한)
	담당변호사 김형남, 신선혜
피고, 상고인	서울특별시 서초구청장
소송수행자	정관웅, 윤국주, 송주희, 김지우

소송대리인	법무법인 세종
담당변호사	변희찬, 김형수, 송시원

피고보조 참가인, 상고인

대한예수교장로회 사랑의교회

대표자	담임목사 오정현
소송대리인	법무법인(유한) 율촌
담당변호사	김능환, 윤용섭, 박해성, 박해식, 이승민, 배기철
소송대리인	법무법인(유한) 로고스
담당변호사	오세창, 김건수, 조원익
소송대리인	법무법인 참본
담당변호사	이한주, 김동규, 이용호
환송판결	대법원 2016. 5. 27. 선고 2014두8490 판결
원심판결	서울고등법원 2018. 1. 11. 선고 2017누31 판결
판결선고	2019. 10. 17.

주 문

상고를 모두 기각한다.

상고비용 중 보조참가로 인한 부분은 피고 보조참가인이, 나머지는 피고가 각 부담한다.

이   유

상고이유(상고이유서 제출기간이 지난 후에 제출된 상고이유보충서의 기재는 상고이유를 보충하는 범위 내에서)를 판단한다.

1. 이 사건 도로점용허가처분이 주민소송의 대상이 되는지 여부

가. 행정소송법 제8조 제2항, 민사소송법 제436조 제2항 후문에 의하면, 사건을 환송받거나 이송 받은 법원은 상고법원이 파기의 이유로 삼은 사실상 및 법률상 판단에 기속된다. 따라서 대법원 2016. 5. 27. 선고 2014두8490 파기환송 판결의 기속력에 따라 이 사건 도로점용허가처분이 지방자치법 제17조 제2항의 '재산의 관리·처분에 관한 사항'에 해당함을 전제로 본안으로 나아간 원심의 판단에 상고이유 주장과 같이 이 사건 도로점용허가의 법적 성격과 주민소송의 대상에 관한 법리를 오해한 잘못이 없다.

나. 지방자치법 제17조 제1항은 '재산의 취득·관리·처분에 관한 사항'을 감사청구한 주민이 그 감사청구한 사항과 관련이 있는 위법한 행위나 업무를 게을리 한 사실에 대하여 해당 지방자치단체의 장을 상대방으로 하여 소송을 제기할 수 있다고 규정하고 있을 뿐 주민소송의 대상을 '지방재정에 손해를 야기한 재산의 취득·관리·처분'에 관한 사항으로 한정하고 있지 아니하다. 따라서 이 사건 도로점용허가처분이 지방재정에 손해를 초래한 바 없으므로 주민

소송의 대상이 되지 않는다는 상고이유 주장은 주민소송의 대상을 규정한 위 지방자치법 조항의 분명한 문언에 배치되므로 받아들이지 않는다.

2. 제소기간 도과 여부

원심은, 원고들이 피고가 이 사건 도로점용허가처분을 한 2010. 4. 9.부터 2년 이내인 2011. 12. 7. 주민감사청구를 제기하였으므로 지방자치법 제16조 제2항의 주민감사청구 기간을 준수하였고, 서울특별시장이 감사결과를 통보한 2012. 6. 1.부터 90일 이내인 2012. 8. 29. 이 사건 주민소송을 제기하였으므로 지방자치법 제17조 제4항의 주민소송 제소기간을 준수하였으며, 주민감사청구 및 이를 전제로 한 주민소송에 대해서는 행정소송법 제20조 제1항에서 정한 일반 취소소송의 제소기간이 적용되지 않는다고 판단하였다.

이러한 원심 판단은 관련 법률의 규정에 따른 것으로서 정당하고, 거기에 상고이유 주장과 같이 주민감사청구 및 주민소송의 제소기간에 관한 법리를 오해하는 등의 잘못이 없다.

3. 건축허가처분에 대한 불가쟁력이 발생하여 소의 이익이 소멸하였는지 여부

가. 어떤 행정처분을 위법하다고 판단하여 취소하는 판결이 확정되면 행정청은 취소판결의 기속력에 따라 그 판결에서 확인된 위법

사유를 배제한 상태에서 다시 처분을 하거나 그 밖에 위법한 결과를 제거하는 조치를 할 의무가 있다(행정소송법 제30조, 대법원 2015. 10. 29. 선고 2013두27517 판결 등 참조). 그리고 행정처분이 불복기간의 경과로 인하여 확정될 경우 그 확정력은, 처분으로 인하여 법률상 이익을 침해받은 자가 해당 처분이나 재결의 효력을 더 이상 다툴 수 없다는 의미일 뿐, 더 나아가 판결에 있어서와 같은 기판력이 인정되는 것은 아니어서 그 처분의 기초가 된 사실관계나 법률적 판단이 확정되고 당사자들이나 법원이 이에 기속되어 모순되는 주장이나 판단을 할 수 없게 되는 것은 아니다(대법원 2004. 7. 8. 선고 2002두11288 판결 등 참조).

나. 이 사건 주민소송에서 이 사건 도로점용허가를 취소하는 판결이 확정되면, 피고는 취소판결의 기속력에 따라 위법한 결과를 제거하는 조치의 일환으로서 피고 보조참가인에 대하여 도로법 제73조, 제96조, 제100조 등에 의하여 이 사건 도로의 점용을 중지하고 원상회복할 것을 명령하고, 이를 이행하지 않을 경우 행정대집행이나 이행강제금 부과 조치를 하는 등 이 사건 도로점용허가로 인한 위법상태를 제거하는 것이 가능하게 된다.

또한, 취소판결의 직접적인 효과로 이 사건 건축허가가 취소되거나 그 효력이 소멸되는 것은 아니지만, 이 사건 도로점용허가가 유효하게 존재함을 전제로 이루어진 이 사건 건축허가는 그 법적·사실적 기초를 일부 상실하게 되므로, 피고는 수익적 행정행위의 직권취소 제한에 관한 법리를 준수하는 범위 내에서 일정한 요건하에 직권으로 그 일부를 취소하거나 변경하는 등의 조치를 할 의무가 있다. 따라서 이 사건 주민소송에서 원고들이 이 사건 건축허가의 효력을 직접 다툴 수 없다고 하더라도, 원고들이 이 사건 도로점용허가의 취소를 구할 소의 이익을 부정하는 근거는 될 수 없다.

다. 같은 취지에서 원심은, 이 사건 주민소송에서 이 사건 건축허가에 대한 취소청구 부분을 각하하는 판결이 확정되어 원고들이 이 사건 건축허가의 효력을 직접 다툴 수 없게 되었다고 하더라도 이 사건 도로점용허가의 취소를 구할 소의 이익까지 소멸하는 것은 아니라고 판단하였다. 이러한 원심 판단은 앞서 본 법리에 기초한 것으로, 거기에 상고이유 주장과 같이 소의 이익, 행정처분의 불가쟁력에 관한 법리를 오해하는 등의 잘못이 없다.

4. 주민소송에서 처분의 위법성 심사기준

가. 지방자치법 제16조는 지방자치단체와 그 장의 권한에 속하는 사무의 처리가 '법령에 위반되거나 공익을 현저히 해친다고 인정되면' 해당 지방자치단체의 일정 수 이상의 주민들이 감사를 청구할 수 있도록 규정하고, 제17조 제1항은 제16조 제1항에 따라 공금의 지출에 관한 사항, 재산의 취득·관리·처분에 관한 사항, 해당 지방자치단체를 당사자로 하는 매매·임차·도급 계약이나 그 밖의 계약의 체결·이행에 관한 사항 또는 지방세·사용료·수수료·과태료 등

공금의 부과·징수를 게을리 한 사항을 감사청구한 주민은 '그 감사청구한 사항과 관련이 있는 위법한 행위나 업무를 게을리 한 사실에 대하여' 해당 지방자치단체의 장을 상대방으로 하여 소송을 제기할 수 있다고 규정하고 있다.

나아가 지방자치법 제17조 제2항 제2호는 제1항에 따라 주민이 제기할 수 있는 소송의 유형으로 '행정처분인 해당 행위의 취소 또는 변경을 요구하거나 그 행위의 효력 유무 또는 존재 여부의 확인을 요구하는 소송'을 규정하고, 제17조 제17항은 제1항에 따른 소송에 관하여는 지방자치법에 규정된 것 외에는 행정소송법을 따르도록 규정하고 있다.

나. 이러한 관련 규정들의 내용과 체계에다가 아래에서 보는 바와 같은 주민소송 제도의 입법취지와 법적 성질 등을 종합하면, 주민소송에서 다툼의 대상이 된 처분의 위법성은 행정소송법상 항고소송에서와 마찬가지로 헌법, 법률, 그 하위의 법규명령, 법의 일반원칙 등 객관적 법질서를 구성하는 모든 법규범에 위반되는지 여부를 기준으로 판단하여야 하는 것이지, 해당 처분으로 인하여 지방자치단체의 재정에 손실이 발생하였는지만을 기준으로 판단할 것은 아니다.

(1) 지방자치법은 제17조 제1항에서 주민소송의 대상을 열거하고 있을 뿐 주민소송에서 처분의 위법성 심사기준을 별도로 규정하고 있지 않으며, 제17조 제2항 제2호에서도 행정처분의 취소 또는 변경을 요구하기 위한 요건으

로 지방자치단체의 재정에 손실을 야기하였을 것을 요하도록 규정하고 있지 않다.

(2) 주민소송은 2005. 1. 27. 법률 제7362호로 개정된 지방자치법에서 지방자치단체의 주민이 해당 지방자치단체의 위법한 '재산의 취득·관리·처분' 등을 시정하여 줄 것을 법원에 청구함으로써 주민참여를 확대하여 지방행정의 책임성을 높이려는 목적에서 도입된 제도로서, 행정소송법상 민중소송에 해당한다. 민중소송이란 "국가 또는 공공단체의 기관이 법률에 위반되는 행위를 한 때에 직접 자기의 법률상 이익과 관계없이 그 시정을 구하기 위하여 제기하는 소송"으로서 "법률이 정한 경우에 법률에 정한 자에 한하여" 제기할 수 있다는 점에서(행정소송법 제3조 제3호, 제45조), 처분의 취소를 구할 법률상 이익이 있는 자가 제기할 수 있는 항고소송과 구별된다(행정소송법 제3조 제1호, 제12조).

이와 같이 주민소송은, 지방자치단체에 속한 일반 주민의 경우 그 취소를 구할 법률상 이익이 인정되지 않아 해당 지방자치단체의 위법한 '재산의 취득·관리·처분' 등의 취소를 구하는 항고소송을 제기할 수 없는 문제점을 보완하기 위하여, 일정 수 이상의 주민들이 지방자치법 제16조에 따라 감사를 청구하는 절차를 거칠 것을 전제로 처분의 취소 등을 요구하는 소송을 제기할 수 있는 법률상 지위를 특별히 인정하기 위한 목적에서 도입된 제도이다. 여기에 지방자치단체의 재정에 손실을 야기하였는지 여부로 주민소송의 본안심사척도를 제한하려는 입법의도가 반영되었다고 볼 만한 근거는 찾기 어렵다.

(3) 앞서 본 바와 같이 지방자치법 제17조 제17항은 주민소송에 관하여 지방

자치법에 특별히 규정된 것 외에는 행정소송법을 따르도록 규정하고 있고, 행정소송법 제46조 제1항은 민중소송으로서 처분의 취소를 구하는 소송에는 그 성질에 반하지 아니하는 한 취소소송에 관한 규정을 준용하도록 규정하고 있다. 따라서 주민소송의 대상, 제소기간, 원고적격 등에 관하여 지방자치법에서 달리 규정하지 않는 한 주민소송과 취소소송을 다르게 취급할 것은 아니므로, 행정처분의 취소를 요구하는 주민소송에서 위법성 심사는 특별한 사정이 없는 한 취소소송에서의 위법성 심사와 같은 방식으로 이루어져야 한다.

(4) 취소소송의 소송물은 '처분의 위법성 일반'이라는 것이 대법원의 확립된 견해이다(대법원 1990. 3. 23. 선고 89누5386 판결, 대법원 1994. 3. 8. 선고 92누1728 판결 등 참조). 취소소송에서 법원은 해당 처분이 헌법, 법률, 그 하위의 법규명령, 법의 일반원칙 등 객관적 법질서를 구성하는 모든 법규범에 위반되는지 여부를 기준으로 처분의 위법성을 판단하여야 하고, 이는 주민소송에서도 마찬가지이다.

다. 같은 취지에서 원심은, 주민소송에서 처분의 위법성은 항고소송에서의 '처분의 위법성 일반'과 마찬가지로 해석하여야 하고, 해당 처분이 명시적인 재무회계 관련 법률을 위반한 경우뿐만 아니라 비례·평등·신뢰보호의 원칙 등 법의 일반원칙을 위반함으로써 재량권을 일탈·남용하여 위법한 경우에도 해당 처분을 취소하여야 한다고 판단하였다. 이러한 원심 판단에 상고이유 주장과 같이 주민소송에서 처분의 위법성 심사기준에 관한 법리를 오해하는 등의 잘못이 없다.

5. 구 공유재산 및 물품관리법(2010. 2. 4. 법률 제10006호로 개정되기 전의 것, 이하 '구 공유재산법'이라 한다) 제13조를 위반하였는지 여부

가. ⑴ 구 공유재산법은 공유재산 및 물품을 보호하고 그 취득·유지·보존 및 운용과 처분의 적정을 도모함을 목적으로 제정된 법률로서(제1조), 공유재산 및 물품의 취득·유지·보존·운용 및 처분에 관하여는 다른 법률에 특별한 규정이 있는 경우 외에는 구 공유재산법에서 정하는 바에 따르도록 규정하고 있다(제2조).

한편, 도로법은 도로망의 정비와 적정한 도로관리를 위하여 도로에 관한 계획의 수립, 노선의 지정 또는 인정, 관리, 시설기준, 보전 및 비용에 관한 사항을 규정함으로써 교통의 발달과 공공복리의 향상에 기여함을 목적으로 제정된 법률로서(제1조), 국유재산법과 지방재정법상의 행정재산 및 일반재산에 속하는 도로뿐만 아니라 도로 부지가 개인의 소유에 속하는 경우까지 포함하여 포괄적으로 통합규율하고 있다.

⑵ 위와 같은 관련 규정들의 내용과 체계에다가 두 법률의 입법목적 등을 종합하면, 공유재산법은 공유재산 및 물품의 취득, 관리·처분에 대한 사항 일반을 규율하는 일반법의 성격을 지니는 반면, 도로법은 일반 공중의 교통에 제공되는 시설이라는 도로의 기능적 특성을 고려하여 그 소유관계를 불문하고 특수한 공법적 규율

을 하는 법률로서 도로가 공유재산에 해당하는 경우 공유재산법 보다 우선적으로 적용되는 특별법에 해당한다고 보아야 한다(대법원 1981. 11. 10. 선고 80누618 판결, 대법원 2011. 5. 26. 선고 2010두28106 판결 등 참조).

나. ⑴ 구 공유재산법 제13조는 해당 지방자치단체의 장 외의 자는 공유재산에 건물, 도랑·교량 등의 구조물과 그 밖의 영구시설물을 축조하지 못한다고 규정하면서 그 단서에서 '공유재산의 사용 및 이용에 지장이 없는 경우로서 대통령령으로 정하는 경우'에는 해당 지방자치단체의 장 외의 자도 공유재산에 건물, 도랑·교량 등의 구조물과 그 밖의 영구시설물을 축조하는 것을 허용하고 있다. 그 위임에 따른 구 공유재산 및 물품 관리법 시행령(2014. 7. 7. 대통령령 제25441호로 개정되기 전의 것) 제9조는 '지방자치단체의 현재의 공유재산 사용 및 이용에 지장을 주지 않는 범위에서 해당 공유재산의 공중·지상·지하에 공작물을 설치하는 경우'(제9호) 등에는 공유재산에 영구시설물을 축조할 수 있다고 규정하고 있다.

반면 구 도로법(2010. 3. 22. 법률 제10156호로 개정되기 전의 것, 이하 '구 도로법' 이라 한다) 제38조는 도로 구역에서 공작물이나 물건, 그 밖의 시설을 신설·개축·변경 또는 제거하거나 그 밖의 목적으로 도로를 점용하려는 자는 관리청의 허가를 받도록 하면서(제1항), 도로점용허가를 받을 수 있는 공작물·물건, 그 밖의 시설의 종류 등에 관하여 필요한 사항은 대통령령으로 정하도록 위임하고 있다(제2항). 그 위임에 따른 구 도로법 시행령(2012. 11. 27. 대통령령 제24205호로 개정되기 전의 것, 이하 '구 도로법 시행령'이라 한다) 제28조 제5항은 도로점용허가를 받을 수 있는 공작물·물건, 그 밖의 시설의 종류에 관하여 규정하고 있다.

(2) 위와 같은 구 도로법 제38조, 구 도로법 시행령 제28조 제5항 각호, 그리고 도로점용허가의 대상이 되는 공작물 또는 시설의 구조기준을 정한 구 도로법 시행령 [별표 1의2]의 내용과 체계에다가 공유재산법과 도로법의 관계 등을 종합하면, 도로법령은 구 공유재산법 제13조에 대한 특별 규정이므로, 도로의 점용에 관해서는 위 도로 법령의 규정들이 우선적으로 적용되고 구 공유재산법 제13조는 적용되지 않는다고 보아야 한다.

다. 원심은, 지하구조물의 설치를 위하여 도로점용허가를 받을 수 있다고 보면서도, 이 사건 도로점용허가에 구 공유재산법 제13조가 적용되고 이 사건 도로점용허가를 통하여 피고 보조참가인이 설치하려는 도로 지하의 영구시설물이 구 공유재산법 제13조 단서에 따라 공유재산에 축조가 허용되는 영구시설물에 해당하지 아니하므로 이 사건 도로점용허가는 구 공유재산법 제13조를 위반하여 위법하다고 판단하였다.

앞서 본 법리에 비추어 이러한 원심 판단에는 공유재산법과 도로법의 관계 등에 관한 법리를 오해한 잘못이 있기는 하나, 뒤에서 보는 바와 같이 이 사건 도로점용허가가 재량권을 일탈·남용하여 위법하다는 원심의 결론을 정당하다고 보는 이상 판결에 영향을 미친 잘못은 없다.

6. 재량권을 일탈·남용한 위법이 있는지 여부

가. 기록과 원심판결 이유에 의하면 다음 사실을 알 수 있다.

(1) 피고 보조참가인은 2009. 6. 1. 당시 지구단위계획구역으로 지정되어 있던 서울 서초구 (주소 생략) 일대 토지 중 서초구역(꽃마을지역) 특별계획구역 Ⅱ 토지 6,861.2㎡를 매수한 후 교회 건물을 신축하는 과정에서, 서울특별시 서초구 소유의 국지도로인 참나리길 지하에 지하주차장 진입 통로를 건설하고 지하공간에 건축되는 예배당 시설 부지의 일부로 사용할 목적으로, 피고에게 위 참나리길 지하 부분에 대한 도로점용허가를 신청하였다.

(2) 이에 피고는 2010. 4. 6. 신축 교회 건물 중 남측 지하 1층 325㎡를 어린이집으로 기부채납할 것을 내용으로 하는 부관을 붙여, 위 참나리길 중 지구단위계획상 피고 보조참가인이 확장하여 피고에게 기부채납하도록 예정되어 있는 너비 4m 부분을 합한 총 너비 12m 가운데 '너비 7m × 길이 154m'의 도로(이하 '이 사건 도로'라 한다) 지하 부분을 2010. 4. 9.부터 2019. 12. 31.까지 피고 보조참가인이 점용할 수 있도록 하는 내용의 이 사건 도로점용허가처분을 하였다.

(3) 피고 보조참가인은 이 사건 도로점용허가 이후 이 사건 도로 지하 부분을 포함한 신축 교회 건물 지하에 지하 1층부터 지하 5층까지 본당(예배당), 영상예배실, 교리공부실, 성가대실, 방송실 등의 시설을, 지하 6층부터 지하 8층까지 주차장, 기계실, 창고 등의 시설을 설치하였다.

나. 원심은 예배당, 성가대실, 방송실과 같은 지하구조물 설치를 통한 지하의 점유는 원상회복이 쉽지 않을 뿐 아니라 유지·관리·안전에 상당한 위험과 책임이 수반되고, 이러한 형태의 점용을 허가하여 줄 경우 향후 유사한 내용의 도로점용허가신청을 거부하기 어려워져 도로의 지하 부분이 무분별하게 사용되어 공중안전에 대한 위해가 발생할 우려가 있으며, 이 사건 도로 지하 부분이 교회 건물의 일부로 사실상 영구적·전속적으로 사용되게 됨으로써 도로 주변의 상황 변화에 탄력적·능동적으로 대처할 수 없게 된다는 등의 사정을 들어, 이 사건 도로점용허가가 비례·형평의 원칙을 위반하였다고 판단하고, 특별계획구역 내의 도로점용허가에는 행정계획의 입안·결정과 마찬가지로 폭넓은 계획재량이 인정된다는 피고의 주장을 배척하였다.

다. 원심판결 이유를 앞에서 본 규정과 관련 법리 및 기록에 비추어 보면, 위와 같은 원심의 판단에 상고이유 주장과 같이 재량권 일탈·남용이나 계획재량 등에 관한 법리를 오해한 잘못이 없다.

7. 나머지 상고이유 주장

가. 취소소송에 수익적 행정처분 취소에 관한 법리가 적용되는지 여부

수익적 행정처분에 대한 취소권 등의 행사는 기득권의 침해를 정당화할 만한 중대한 공익상의 필요 또는 제3자의 이익보호의 필요가 있는 때에 한하여 허용될 수 있다는 법리(대법원 1991. 5. 14. 선고 90누9780 판결 등 참조)는, 처분청이 수익적 행정처분을 직권으로 취소·철회하는 경우에 적용되는 법리일 뿐 쟁송취소의 경우에는 적용되지 않는다. 같은 취지의 원심의 판단에 수익적 행정처분의 취소·철회 제한 법리를 오해한 잘못이 없다.

나. 사정판결의 대상이 되는지 여부

원심은, 행정소송법 제28조 제1항에서 규정한 사정판결은 위법한 행정처분을 취소·변경하게 되면 그것이 도리어 현저히 공공의 복리에 적합하지 않은 경우에 극히 예외적으로만 인정되어야 하는데, 이 사건 도로점용허가는 그 효력을 존속시킬 공익적 필요성이 있다고 보이지 않고, 도로관리청인 피고의 보완조치로써 그 위법상태를 해소하기도 어려울 것이라는 등의 사정을 들어 이 사건 도로점용허가에 사정판결을 할 당위성이 인정되지 않는다고 판단하였다.

원심판결 이유를 관련 법리에 비추어 살펴보면, 이러한 원심 판단에 상고이유 주장과 같이 사정판결의 요건에 관한 법리를 오해하거나 공·사익 형량에 관하여 필요한 심리를 다하지 아니한 잘못이 없다.

다. 지방자치법 제17조 제1항 중 '재산의 취득·관리·처분에 관한 사항' 부분(이하 '이 사건 법률조항'이라 한다)이 위헌인지 여부

⑴ 법치국가 원리의 한 표현인 명확성원칙은 모든 기본권제한 입법에 대하여 요구되나, 명확성원칙을 산술적으로 엄격히 관철하도록 요구하는 것은 입법기술상 불가능하거나 현저히 곤란하므로 입법기술상 추상적인 일반조항과 불확정개념의 사용은 불가피하다. 따라서 법문

언에 어느 정도의 모호함이 내포되어 있다 하더라도 법관의 보충적인 가치판단을 통해서 법문언의 의미내용을 확인할 수 있고 그러한 보충적 해석이 해석자의 개인적인 취향에 따라 좌우될 가능성이 없다면 명확성원칙에 반한다고 할 수 없다(헌법재판소 2013. 12. 26. 선고 2012헌바375 결정 등 참조).

이 사건 법률조항이 '재산의 취득·관리·처분'이라는 일반·추상적 용어를 사용하고 있다 하더라도, '재산', '취득', '관리', '처분' 개념은 다수의 법률에서 널리 사용하는 용어이고, 특히 지방자치단체의 재산에 관한 사항을 규율하고 있는 지방자치법과 구 공유재산법 등 관련 법률의 조항들을 통해 그 의미를 파악하는 것이 가능하며, 어떤 '재산의 취득·관리·처분'에 관한 행위가 주민소송의 대상이 되는지 여부는 결국 법원이 주민소송 제도의 입법취지를 고려하여 구체적으로 심리하여 판단해야 할 영역이다.

나아가 대법원은 "도로 등 공물이나 공공용물을 특정 사인이 배타적으로 사용하도록 하는 점용허가가 도로 등의 본래 기능 및 목적과 무관하게 그 사용가치를 실현·활용하기 위한 것으로 평가되는 경우에는 주민소송의 대상이 되는 재산의 관리·처분에 해당한다고 보아야 한다."라고 판시하여(대법원 2016. 5. 27. 선고 2014두8490 판결 참조) 주민소송의 대상에 관하여 구체적인 판단기준을 제시한 바 있다.

따라서 이 사건 법률조항은 명확성원칙에 반하지 아니한다.

(2) 나아가 이 사건 도로점용허가가 취소됨으로써 피고 보조참가인이 입게 되는 불이익은, 지방자치법 제17조 제2항 제2호가 위법한 행

정처분의 취소 또는 변경을 요구하거나 행정처분의 효력 유무 또는 존재 여부의 확인을 요구하는 주민소송 제도를 마련하고 있는 점과 이 사건 도로점용허가가 본래 위법한 것이어서 애당초 허가하지 않았어야 할 것이라는 점이 상호 결합하여 발생하는 효과일 뿐, 이 사건 법률조항 자체에 의해서 초래되는 위헌적 결과라고 볼 수 없다.

(3) 따라서 이 사건 법률조항이 명확성원칙에 반하고, 처분상대방의 신뢰에 반하여 관련 기본권의 중대한 제한을 초래하여 위헌이라는 상고이유 주장은 받아들이지 않는다.

8. 결론

그러므로 상고를 모두 기각하고, 상고비용 중 보조참가로 인한 부분은 피고 보조참가인이, 나머지는 피고가 각 부담하도록 하여, 관여 대법관의 일치된 의견으로 주문과 같이 판결한다.

재판장 　판사 　김재형

판사 　조희대

판사 　민유숙

주　심 　판사 　이동원